用智慧成就孩子的未来

范静泊　编著

金盾出版社

内容提要

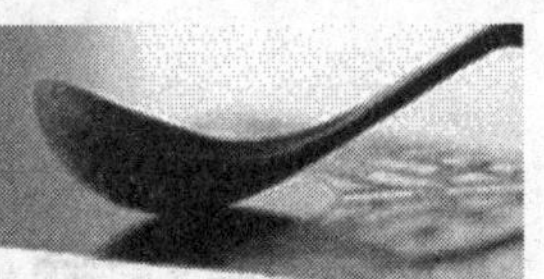

本书详述了孩子迈向成功可能遇到的瓶颈，并为父母如何教育孩子提供了切实可行的方法，家长通过本书能学到一些充满智慧而又卓有成效的教子之道。

书中以心理学为主线，围绕孩子不同年龄生理、心理特点，从胎教、幼教到小学、中学教育，为家长提供了教子的知识、方法和经验，帮助家长用创造性的思维去理解孩子、沟通孩子、培养孩子，为孩子茁壮成长和健全人格打下坚实的基础，激励孩子发现并运用自己的能力，向着成功的目标前进。

图书在版编目(CIP)数据

用智慧成就孩子的未来/范静泊编著.-- 北京：金盾出版社，2011.3
ISBN 978-7-5082-6814-9

Ⅰ.①用… Ⅱ.①范… Ⅲ.①家庭教育 Ⅳ.①G78

中国版本图书馆 CIP 数据核字(2011)第 019504 号

金盾出版社出版、总发行
北京太平路 5 号(地铁万寿路站往南)
邮政编码:100036 电话:68214039 83219215
传真:68276683 网址:www.jdcbs.cn
北京蓝迪彩色印务有限公司印刷、装订
各地新华书店经销
开本:787×1092 1/16 印张:13 字数:227 千字
2011 年 3 月第 1 版第 1 次印刷
印数:1～8 000 册 定价:25.00 元

前言

教育孩子，把孩子培养成人，是一件快乐的事，因为在孩子的身上，寄托着父母的殷切希望。

教育孩子又是一件苦恼的事，许多做父母的费尽了心血，孩子却总不能让父母如愿。有的父母望子成龙，孩子却不爱学习；有的父母节衣缩食满足孩子的各种需求，孩子却满不在乎；有的父母对孩子谆谆教导，而孩子却视其为啰嗦……做家长的不禁要问：现在的孩子怎么了？自己小时候可不是这样的。

在家长们感到困惑的同时，许多孩子也觉得苦恼：为什么作业越来越多？为什么快乐越来越少？为什么怎么努力也不能让大人满意？为什么许多想法不能被理解？为什么不想与家长讲话？

随着孩子的日渐长大，自我意识越来越强，家长与孩子的矛盾好像也日益严重。沟通中发生这种不幸，常常不是因为父母对孩子缺乏爱心，而是缺乏对孩子的理解；不是因为缺乏关注，而是缺乏教子的智慧。

我国著名教育家陶行知先生曾说：“我们对于儿童有两种极端的心理，都于儿童有害。一是忽视；二是期望太切。忽视则任其像茅草样自生自灭，期望太切不免揠苗助长，反而促其夭折。所以，合理的教导是解除儿童痛苦、增进儿童幸福之正确路线。”

普天下父母对孩子最根本的愿望就是希望孩子的人生能够快乐、成功。培养相应的能力，有意识地为孩子的未来作准备，可以使孩子在教育资源有限、生存竞争日趋激烈的社会上保有立足之地，拥有美好的人生。孩子的学习成绩与孩子心理健康情况关系很大，因此，家长在关心孩子成长过程中，更要关注孩子心灵的健康，细心呵护。今天家长怎样教育孩子，明天孩子就会成为怎样的人。

怎样了解孩子的内心世界并有效引导呢？家庭教育对孩子的影响是深远并伴随其一生的。对孩子的教育，应当注意从孩子的一言一行、一举一动上去培养、塑造和要求，从而在潜移默化中培养出一个优秀的孩子。

本书汇集了一些孩子成长过程中让家长头疼的常见问题，以及培养孩子综合素质的科学途径，家长们能学到一些充满智慧而又卓有成效的教子之道。书中所展现的经验和榜样会帮助家长用创造性的思维去理解孩子，帮助孩子树立远大理想，为孩子打下一个让他们得以茁壮成长、发展进步和健全人格的基础，鼓励孩子发现、运用自己的能力，向着成功的目标前进。

孩子的内心世界好比一本书，需要父母用心去阅读才能理解其中的意思。对孩子的教育是一个双向互动的过程，家长在理解孩子的同时也要为孩子创造一个良好的成长空间，未来的竞争不仅是知识和创新的竞争，也必将是智慧的竞争。对于父母来讲，要有智慧地针对子女的需要选择一种爱的方式。每个父母心中都蕴涵着伟大的爱的力量，智慧的爱有时就像一把万能钥匙，很多问题遇到它都能迎刃而解。

每一位家长都希望孩子有幸福的一生，拥有财富、知识和地位，这些或许是一个人幸福的必要条件，但绝不是幸福本身。孩子的幸福永远要靠孩子自己去感受、去追求、去实现，父母所能做的只是引导孩子一步步追求与实现属于他自己的幸福。当孩子自动自发地知道要如何构建自己的人生、如何争取自己的幸福时，才能够获得真正的幸福。

第一章　教育理念

第二章　教育方法

第一章 教育理念

古人教子理念:重德修身

中国古人非常注重家风、家教,注重对子女的德性培养,以传统文化中的仁义礼智信、向道、向善等理念正面引导,“重德修身”成为各家家训的核心内容。古圣先贤们对子女的仁慈关爱和严格要求,使其在任何时候能够择善而从,走正人生之路而无怨无悔。古人家教的智慧,为后世留下了很多宝贵的经验。以下举些例子。

孔子教子学《诗》、《礼》

孔子是我国春秋时的思想家、教育家,相传他有三千学生。《论语·季氏》中记载了这样一个故事:他的一个学生陈亢有一天问孔子的儿子孔鲤:“你在老师那里听到有与别人不同的教诲吗?”孔鲤说:“没有啊。有一次我父亲曾独自站在庭院中,我快步走过,父亲问我:‘学《诗》没有?’我说:‘没有。’父亲说:‘不学《诗》,无以言。’我马上就去学《诗》。又有一次,遇到父亲一个人在那里,我快步走过,父亲问我:‘有没有学《礼》?’我说:‘没有。’父亲说:‘不学《礼》,无以立。’我马上又去学《礼》。我只听到这两件事。”陈亢下来高兴地说:“我问一个问题,却得到三个收获,知道了学《诗》的道理和学《礼记》的道理,还知道了君子对待自己的儿子与别人的孩子是一样的。”

的确,诗和礼,都是孔子教育学生的重要内容。孔子说:“诗言志,歌咏言”,认为利用文艺形式对学生进行具体形象的教育,比说教往往有效的多。相传《诗经》三百零五篇,就是他亲自删定的,内容多和修身、知命、追随道义有关。

孔子认为人的道德修养就应从这里开始，可以提高人的观察力，另外，通过读诗也能够学到许多历史、自然、社会知识。孔子说："兴于《诗》，立于《礼》，成于《乐》"。他所说的礼，就是社会的道德礼仪行为规范，从学礼开始，教育学生树立自己的德行，从实践中逐渐培养出学生的自觉的道德主体意识，进而成为日后通达天道、经世济民的基础。

孔子教育儿子学"诗"学"礼"，和对其他学生的要求是一样的，并没有因为孔鲤是自己的儿子就放松对他的要求，这一点可以看出孔子对学生的一视同仁和对儿子寄予着很高的希望。后代的读书人，把孔子教子的方法称做"诗礼传家"。

颜之推与《颜氏家训》

颜之推是南北朝时的思想家、教育家，出身士族，深受儒家名教礼法影响，又敬信神佛，笃信因果。《颜氏家训》是他对自己一生有关立身、处世、为学经验的总结，被后人誉为家教规范，影响很大。全书二十篇，各篇内容涉及的范围相当广泛，主要强调道德修养，以"诚意、正心、修身、齐家、治国、平天下"的传统儒家思想教育子弟，并宣扬伦理纲常以及佛家因果报应思想等，是一部有着丰富文化内蕴的作品。认为教育后代要确立远大的志向、理想，象尧舜那样实践仁义道德的准则，经得起任何磨难，注重气节的培养。他说："有志尚者，遂能磨砺，以就素业"。

颜之推认为学习目的主要是为了开启心扉、完善德行、行道利世，首先动机要端正，学习内容提倡读圣贤之书，实践道义。在学习方法方面，提出了专心、勤学、切磋、踏实的主张。他非常重视对子女进行早教，而且越早越好，不要失去机会。颜之推的几个孩子三岁开始读书，并背诵经典，当孩子们问道："我们知道了要读书，但为什么要这样早呢?"颜之推告诉孩子："接触圣贤之书越早越好啊，小时记忆力好，背会的书往往终生不忘。"颜之推还教育子女一生都要学习，勤勉惜时，无论时逢战乱或生活窘迫时，他都督促孩子们勤习经史，并说："读书明理，在任何时候，尤其在紧要关头或每到有大事时就知道怎么去做。"他的几个孩子后来在经史方面都很有成就，都是重节操、做事有责任感的人。

唐太宗重视教子

唐太宗非常重视对子女的教育培养，亲自撰写《帝范》十二篇赐予太子李

治，即包括君体、建亲、求贤、审官、纳谏、去谗、诫盈、崇俭、赏罚、务农、阅武、崇文等为君应当遵守的十二条准则，指出："此十二条者，帝王之大纲也。安危兴废，咸在兹焉"、"修身治国，备在其中"，谆谆告诫李治：效法尧、舜、禹、商汤、周文王等古代圣哲贤王，"非威德无以致远，非慈厚无以怀人"，"倾己勤劳，以行德义"。《帝范》也被历代帝王奉为家教圣经。唐太宗还写了《诫吴王恪书》、《戒皇属》等经典名篇，教导子女"人之立身，所贵者惟在德行"，指出修养德行的重要性，多做善事、美德充盈才能福泽绵延；教导子女"夫帝子亲王，先须克己"，要自勉自制，严于律己，他讲述了自己数年"外绝游观之乐，内却声色之娱"，把时间放在勤勉朝政上；教导子女"每着一衣，则悯蚕妇；每餐一食，则念之耕夫"，每穿一件衣服、吃一顿饭，都不要忘记蚕妇农夫的辛勤，要培养节俭朴素的品德。

唐太宗给几个儿子选择的老师都是德高望重、学问渊博的人，如房玄龄、李纲、张玄素、李百药、魏征等，并专门下诏书规定了对待老师的礼仪。他一方面教诫子女要尊师重教，"见师如见父"，要"宜加尊敬，不得懈怠"。一方面支持老师严格管教，鼓励老师对太子及诸王的过失极言切谏。老师们都能够坚定地履行职责，与唐太宗的理解、支持和鼓励是分不开的。

唐太宗非常注意以小见大、深入浅出地进行道德教育，遇事必诲，使子女在日常生活中逐渐培养良好的品质。如有一次，他看到李治在一棵弯曲的树下休息，就教诲他说："这树虽然弯曲，打上墨线就可以取直成材。做君主的即使本身并不高明，但是能接受别人的规谏，也可以变得圣明。"唐太宗还注意结合史实进行教育，他让魏征编录了《自古诸侯善恶录》，分赐诸子，要他们把书"置于座右，用为立身之本"，从前人善者成、恶者败的事例中汲取经验教训，得到鼓励，从而更加重视自己的德行修养，做正人君子和爱护百姓的人。

范仲淹教子重德行

范仲淹是北宋时思想家和教育家，熟读儒、道经典，并崇信佛法，官任参知政事，他在《岳阳楼记》中写的"先天下之忧而忧，后天下之乐而乐"的名句家喻户晓。他治家甚严，教子有方。教导子女做人要正心修身，积德行善。在他的教导下，他的四个儿子都从小就熟读经书，学有所成，为人正直。范家家风俭朴，乐善好施。

一次，范仲淹让次子范纯仁到苏州去往四川运麦子。范纯仁回来时碰见了

熟人石曼卿,得知他因逢亲之丧,无钱运柩返乡,故停留在此。范纯仁便将一船的麦子全部送给了石曼卿,助其得以还乡。范纯仁回到家中,因无法向父亲交差,所以久久地站立在父亲身旁,没敢提及此事。范仲淹问他道:"你在苏州遇到朋友了吗?"范纯仁回答说:"路过丹阳时,碰到了石曼卿,他因亲人丧事,没钱运柩回乡,而被困在那里。"范仲淹立刻说道:"你为什么不把船上的麦子全部送给他呢?"范纯仁回答说:"我已经送给他了。"范仲淹听后,对儿子的做法非常高兴,并夸奖他做的对。

范仲淹虽然身居高位,俸禄丰厚,但他却不为子女留下钱财,而是全部用于扶危济困了,把乐于助人之仁德传给了子孙。他的长子范纯佑十六岁随父防御西夏,屡立战功,是其得力助手;次子范纯仁,后任宰相,在五十年的为官生涯中,恪尽职守;三子范纯礼官至尚书右丞;四子范纯粹官至户部侍郎,受其父言传身教,他们都正义敢言,关爱百姓,以清正廉洁著称,俭朴的作风始终从未改变,把做官得来的俸禄,大多用在了扩大父亲范仲淹创建的扶危济困的义庄上了,而自己与家人却过着非常俭朴的生活。

古代家庭教育自始至终都是以伦理道德作为教育的最高价值取向的。为人父母,总想把最好的东西留给子女。其实不管给其多少财物都是身外之物,只有教其重德向善,才是为子女长远打算,因为德是做人最根本、最本质、最美好的东西,是一切福份的源泉,是留给孩子的最可靠的财富。

司马光教子"以俭为美德"

北宋史学家司马光正直坦荡,为官廉俭,平生没有不可对人说的事。他教育儿子司马康"以俭为美德",用家书的形式写了一篇题为《训俭示康》的文章。围绕着"成由俭,败由奢"这个古训,结合自己的生活经历和切身体验,旁征博引了许多典型事例进行教诲。文章一开篇,司马光就说:"吾本寒家,世以清白相承……众人皆以奢靡为荣,吾心独以俭素为美。"司马光接连举了李亢、鲁宗道和张文节等官员的俭约作风事迹,教育孩子力戒奢侈,谨身节用。他说道:"平生衣取蔽寒,食取充腹。读书人应志于真理,充实道德,不追求外在浮华。近年风气尤其奢侈浪费,风气败坏,正人君子能助长这种恶劣风气吗?只有道德高尚之人才会有深谋远虑"。

一次,司马光看到儿子随意用手翻书看,就教导他说:"君子喜读圣贤书,首

先要爱护书籍。读书前,先要把手洗干净,把书桌擦干净,垫上桌布;读书时,要坐的端端正正,态度要恭敬,静心学习不走神儿。为人要质朴,做事要踏实,具备这些道德品质,才能修身、齐家,乃至治国、平天下。”在他的教育下,司马康潜心读书,修真养性,并以俭朴自律,后来历任校书郎、著作郎等,在为人、治学方面酷似其父。当时,京洛一带流传着这样一句佳话:“可为人师表者,司马父子也”。

陆游教子“学贵身行道”

南宋杰出的诗人陆游,刚正不阿,心系百姓,因不事权贵而屡遭贬谪。他有六子一女,他非常重视对子女做人的教育。他告诫孩子们说:“但愿你们长大成人之后,乡亲们称赞你们是有道德的人。即使做一个老百姓,与那些高官显爵相比,也是无愧的。”他教育子女要知书达理,在《五更读书示子》中写道:你们现在正是读书的好时机,要刻苦攻读,莫失良机。学习古人的高风亮节,不媚权贵,正直无私,时刻想着报效祖国。他还告诉孩子们“汝果欲学诗,功夫在诗外”,即作文先做人。要注重修身,时常检查自己,有错必改;看到别人有好的行为,要主动自觉的学习;不要与那些华而不实的人结交在一起。

《冬夜读书示子聿》是陆游在冬夜里教小儿子陆子聿[yù]读书时所作,他手把手地教陆子聿写字,教导他读书学习一定要孜孜不倦、持之以恒:“古人学问无遗力,少壮工夫老始成……”《送子龙赴吉州掾》是他为二儿子陆子龙到吉州赴任地方官时写的赠言,诗中说:“汝为吉州吏,但饮吉州水;一钱亦分明,认能肆馋毁!”要求儿子清清白白地做官。他还告诫儿子说,在吉州有我的一些朋友,他们不但有学问,而且品德也好。你到那里后,可以去拜访他们,但不要向他们提出什么要求,可以同他们相互勉励;要不干利禄,廉洁自守,成为一个一身正气、真正为百姓谋福的人。陆游的子女后来都成为远近闻名的贤德之士。

张英教子“做人立品”

清代大学士张英,敬信神佛,乐善好施,为官清正,对民生疾苦、四方水旱知无不言,深获康熙的信任。他写的家训《聪训斋语》中屡次提及做人要“立品”:“读经书、修善德、慎威仪、谨言语”。他在家教中从来不主张疾言厉色,而是使

用日常的浅白语言，细致耐心。他在教导儿子张廷玉如何为人处世时说："与人相交，一言一事，皆须有益于人，便是善人"。张廷玉牢记父亲教导，从小就熟读经书，待人宽厚恭俭，后任职大学士、军机大臣。后来张廷玉之子张若霭参加殿试中一甲三名探花，张廷玉闻知后，提出"天下人才众多，三年大比莫不望鼎甲，官宦之子不应占天下寒士之先"，认为儿子还年轻，还该努力学习、磨砺，积攒福德，这样才踏实可靠，恳请将其子列为二甲，雍正从其请，将张若霭改为二甲一名。张若霭后来在南书房、军机处任职，尽职尽责，谦虚自处，颇有乃父遗风。人们都称赞张家家风淳厚，谦卑公允之心昭昭可鉴日月，祖孙三代都是为官清廉、人品端方、深受百姓爱戴的清官。

古人教育子女要重德向善，寄托了对后代的关切与期望，令后人借鉴，因为他们找到了做人最根本的最本质的东西。他们对子女的仁慈关爱和严格要求，使其在任何时候都能够明辨是非，选择正确的人生之路，这是为其未来负责，使其终身受益，是留给孩子的最可靠的财富。

陶渊明教子做好人

晋朝人陶渊明一生贫穷，年轻时曾经外出做过官，生活条件得到了一点改善。他马上给孩子们雇了一个童子，给孩子们写信说：这个人可以服侍你们，但他也是好人家的孩子，你们要好好对待他。

陶渊明从小好学，读书一有收获就欣然忘食。但五个孩子都资质平平，不喜欢读书，陶渊明也不强迫他们，说："天运苟如此，且進杯中物"。

陶渊明临终时给孩子们写信说：你们虽然不是一母所生，但应当想到四海之内皆兄弟的情义。从前鲍叔和管仲一起合伙做生意，出钱的时候管仲总是少出，分钱的时候，却总是多拿，但是鲍叔不认为他贪财，因为知道他家里穷。他人尚且如此，何况是同一父亲所生的人呢？

陶渊明的孩子们在历史上都没有留下事迹来，但相信他们都是善良的人，因为从小他们的父亲就是这样教他们的。

中国家庭道德教育

中国在家庭道德教育上，传统的思想是“家教”。

中国父母擅长历史教育。一则古往今来的圣贤多强调“厚德载物”和人际和谐，“对国尽忠，对家尽孝”；二则家训的书籍、文章数不胜数；三则是历代道德楷模在人们心中树立了不可磨灭的丰碑，世代相传的佳话激励每个家庭和谐圆融，形成民族的社会心理积淀，用高尚的精神塑造人，用优秀的作品鼓舞人，中国浑厚的传统历史文化熏陶着每一个家庭。

中国的父母善于说服教育。他们过分重视孩子，以忽视和牺牲自己为代价；他们甚至任劳任怨地承担着帮助孩子成长的责任。他们希望孩子站在他们的人生起点上往前走，他们力图使孩子不走或少走他们的弯路。说服教育在这种动机下发挥得淋漓尽致，父母非常懂得运用在家庭中的权威来争取孩子，也擅长“动之以情，晓之以理”。中国的孩子，从小尊重长辈，尊重经验。而且中国父母要把自己的好品质灌输到孩子身上，就必须严格地遵守自己的内心信仰。强大的行为力量在孩子的道德观念形成期起着“润物细无声”的效力。

中国的餐桌文化

很多父母由于工作繁忙，没有时间管教孩子，于是一日三餐，尤其是晚餐，往往成了教育孩子的好时机。应该说，全家同围一张桌，同吃一锅饭，的确是一个交流思想、倾吐心曲、沟通情感的好机会，良好的餐桌氛围，可使人心情愉悦，对孩子的生活和学习都会有积极的作用。

《论语》说“食不语”、“食勿言”。从生理角度看，吃饭时专心致志细嚼慢咽，有助于食物的消化吸收。当然，家长借聚餐之机给孩子加以善意、积极的启发引导也并非不可，比如三言两语地了解一下孩子的在校情况，讲点有益的文化知识和当天新闻等。做为家长，应努力为孩子营造积极健康、乐观向上的餐桌

文化氛围。最忌讳的是不少家长饭碗一端上桌，便喋喋不休，不是对孩子的学习成绩不理想横加指责，就是对子女活动、交友等刨根问底。这不仅挫伤了孩子的自尊，还使孩子食不知味，对吃饭产生了一种习惯性的惧悚和恐慌，严重扰乱了孩子的生理和心理秩序。

中国传统家庭教育点滴

中国古代有很多以家庭所有成员为对象，教诫他们遵守道德准则和伦理关系，以及治家的方法。中国古代有许多"家训"、"家范"、"家诫"、"家教"等关于家庭教育方面的著作。中国古代的家庭既是全家人共同生活的组织，也是一个从事生产的单位。因此古代的思想家、政治家都把"家"视为社会的基层组织，认为"天下之本在家"(荀悦《中鉴·政体》)，并有"齐家、治国、平天下"之说。他们认为："齐家"，就是要家长首先按照伦理标准，修养自己的身心，然后以身作则教育全家的人。只要一家人教育好了，推而广之，便可以影响一方，一国，从而实现"国治"、"天下平"的政治理想。古人为"齐家"、"治家"、"家教"而写的大量著作，都是为了借以教育子孙为人处世之道，进而求得社会的长治久安。

"家训"、"家教"这类著作，最早见于《三国志·邴原传》裴松之注："杜恕著《家诫》"，而此书已佚。现存最早的是北齐颜之推的《颜氏家训》。它流传最广，最久，被誉为家教之祖，"可家置一册，奉为明训"(王三聘《古今事物考》二；王钺《读书丛残》)，用以教子治家。《新唐书·房玄龄传》称房"治家有法度……，乃集古今家诫，书为屏风，令诸子各取一具……"，可见唐代这类著作已有许多。宋司马光著《家范》，以儒家经典论证治国之本在于"齐家"的道理，并广辑历代人物的史事作为"轨范"、"仪型"，具体阐述了各项道德准则和治家的方法。其后这类著作多采用这种体例，影响较大。

"家训"、"家教"一类的著作，明清最多。明末清初朱柏庐著的《治家格言》，世称《朱子家训》，它以程朱(熹)理学为本，阐述道德观念，主张知行并进，劝人治家勤俭，安分守己。它在清代影响最大，几乎成为一本家庭教育教科书。

"家训"、"家教"这类著作，对子女的教育从宗法制度出发，重男轻女，男女异教，内容以儒家经典为主，多用强记背诵的方法培养子女成为忠臣孝子，贤妻良

母；而且很重视子女的家庭教育，有许多思想、观点还是可取，现择其部分如下。

一是认为对子女的教育应始自“正本”与“胎教”。早在春秋战国时期，就有“男女同姓，其生不蕃”（《左传·僖公二十三年》）和“同姓不婚，恶不殖也”（《国语·晋语》）的记载。这种注意选择配偶以“正本”的思想，证明当时已经懂得近亲结婚，不利于繁衍后代的道理。又周初文王的母亲和后来孟子的母亲在怀孕期间都注意对胎儿实行“胎教”（《列女传》、《大戴礼记·保傅、《贾谊新书·胎教》等书均有记载）。其后随着医学的发展，逐步形成“外象内感”说的胎教理论（陈自明《妇人大全良方·胎教门论》）。“正本”与“胎教”是中国古代的优生思想。

二是认为教育儿童应尽早自为“赤子”时就该开始，理由是：“心未疑而先教谕，则化易成也”；“少成若性，习贯之为常”（《大戴礼记·保傅》）。他们抓了一个“早”字，强调早期教育，是有道理的。

三是认为应重视周围环境、人事的影响。古人为子孙“选左右”、“择邻处”的事很多，认为环境对人所行的是“无言之教”，所起的是“潜移默化”作用。儿童在一个良好的家庭和社会环境中会不知不觉地变化，一个“随遇而化”的效果，是比较巩固的。

四是认为对孩子须要既知爱，也知教。“爱而不教”，必沦于“不肖”；“非他人败之也，母败之也”。因此古人说“慈母败子”（司马光《家范》）。“名曰爱之，其实害之”的历史教训实在不少。

五是认为教子须有一个正确的方向，应有正道。古人有为子孙着想者，多“广置田庐”而不知教以“义方”。春秋时，石□谏卫庄公：爱子，“教之以义方”，因此后世谈家教者多以此为训。西汉太子太傅疏广，要子孙在生活上“与凡人齐”，依靠自己的“勤力”，“以供衣食”，反对“喻之以利”，“遗之以物”（《左传·隐公三年》、《汉书·疏广传》）。

六是认为教育子女不能操之过急，应“量资循序”。既要考虑（量）儿童的“资”，又要按照（循）事物的“序”，把“因材”与“循序”结合起来施教，才能“优而游之，使自得之”，否则必致“欲速则不达”（崔学古《幼训》）。

古人教育子女的高度与深度

古代，诸多名人和有识之士，为了教育下一代，精心撰写出许多含义隽永、

情真意切的家教对联。父母总是期望儿女成才,有所作为,为此,明代作家冯梦龙在《醒世恒言》中说:“种田不熟不如荒,养儿不孝不如无”。但如何使儿孙能健康成长呢?

清代林则徐提出了让儿孙自强自立,不能有所依赖的主张。他写了训子对联曰:“子孙若如我,留钱做什么?贤而多财,则损其志;子孙不如我,留钱做什么?愚而多财,益损其过。”

南宋爱国诗人陆游的“训子联”最感人肺腑:“死去元知万事空,但悲不见九州同。王师北定中原日,家祭无忘告乃翁。”诗人这首绝笔联抒发的爱国主义精神与岳母给岳飞脊背上刺“精忠报国”相映成辉。

清代诗人蒋心余有教子联曰:“宝贵无常,尔小子勿忘贫贱;圣贤可学,我清门但读读书。”他将这幅对联挂在祖宗牌两旁,要子孙永远记取不忘。

教育家陶行知很重视对孩子的教育,他常劝孩子要少年勤奋学习,莫误好时光。他写了一首训子联曰:“人生天地间,各自有秉赋,蹉跎悔歧路,为一大事来,做一大事去,多少白发翁,寄语少年人,莫将少年误。”

这些情真意切的教子对联,底蕴厚重韵味长,或提导为人处事,或勉励勤奋求学,或促其养德积善,皆给后人树立了典范。

少年儿童天真自然,犹如一张白纸,染于黑则黑,染于红则红。这话值得人们认真深思和细细品味。

现代家庭教育“五过”

家庭教育至关重要,“过度教育”危害甚大。这主要表现为以下“五过”。

一是过多干涉。好奇和好动是儿童的天性,其动作难免会有些出格的地方。对此不可过多地加以限制,否则不仅束缚了孩子的个性发展,而且对智力发育会有不良影响。在过多干涉环境中长大的孩子多半胆小怕事、性格孤僻,环境适应性较差。

二是过分强调早期教育。当今有一种片面强调儿童早期教育的倾向,把早期教育等同于天才儿童的培养。事实上“急功近利”、“拔苗助长”的教育只能加重孩子的心理负担,而无益于孩子的身心发展。早期教育的确是不可忽视,但

是同时也要注意不同年龄特点、个体差异和全面发展。早期教育也必须尊重孩子的个性，不能搞那种千篇一律的神童式教育。

三是过分保护。现代家庭中由于子女较少，大多数还是独生子女，因而家长十分宠爱，千方百计满足孩子一切要求，什么事情都一手包办。在这种环境里长大的孩子心中唯有自我，不会考虑别人，缺乏对家庭、社会的责任感，自理能力差，难以适应他所生活的社会。

四是过度期望。许多父母对子女抱太大希望，常常不自觉地给孩子施加压力，强迫孩子在小小的年纪就去学这学那。结果，许多孩子对学习产生了厌恶情绪，有的还严重影响到身心健康。“望子成龙”是许多人的美好愿望，这本无可厚非。但必须明白不是每个人都成得了“龙”的，不能过分苛求自己的孩子，不要让孩子背上沉重的思想包袱。

五是过分处罚。奖与罚，都是需要的。问题在于，罚而至于打骂，就会适得其反。打骂的结果往往伤害孩子的自尊心，限制孩子独立性和创造性的发展，久而久之容易引起孩子个性和行为的改变，有的孩子变得懦弱、胆小，有的则变得固执、蛮横。

以上所列举显然是不可取的。但是，反对过度教育并非放弃教育。所谓过度是指缺乏对孩子主体地位的认识，不懂得尊重孩子的意愿，给孩子自我选择的机会。

给孩子播种创新的种子

一个聪明的孩子不仅学习能力、接受能力强，还要具有创造力。创造力不是一朝一夕就能形成的，它的培养需要贯穿于孩子长期的学习、生活、游戏中。作为孩子的第一任老师，父母要紧紧抓住孩子创造力发展的关键期，在孩子的心中播种创造的种子。

利用孩子的好奇心，播种创造的种子。好奇心总是伴随着创造力的发展，而好奇是孩子的天性，孩子对周围的世界什么都感兴趣，什么都想尝试，在尝试的过程中总会冒出一些创造的火花，也许在你的眼中不足为奇，但对于2～3岁的孩子来说，这是他们以前没有发现的，对他们来说这就是创造，家长就要做个

细心的人，对孩子的模仿和异想天开要及时的给予鼓励。

多问孩子一些开放性的问题，播种创造的种子。为了激发孩子的创造意识，家长在平时和孩子的交流中应该多问孩子一些开放性的问题，这些问题不是简单的回答“是”与“不是”，这些问题需要孩子经过大脑的思考，比如“这只小狗在干什么?”“它会去哪里啊?”“它还会怎样啊?”等，在孩子进行思考的时候，创造力往往就在这瞬间产生。

容忍孩子的“破坏性”行为，播种创造的种子。幼儿的创造力表现出来比较简单，更多的时候在大人的眼中是一些破坏性的行为，把家中搞的乱七八糟，于是对孩子就会有了限制，不允许干这个，不允许动那个，让孩子这个也不敢干，那个也不敢碰，缩手缩脚，孩子的创造力就在“不允许”中扼杀。事实上，这些破坏性的行为就是孩子动手的过程，是孩子创造力发展的必经阶段。家长要容忍接纳孩子的这些破坏性行为，倾听孩子的想法，然后和孩子一起来收拾残局。

培养孩子主动学习十法

(一)孩子每天上学前，告诉他放学回家后要将一天所学的内容讲出来；

(二)每天让孩子在书桌前坐 10 分钟；

(三)将孩子学习每科的时间控制在 20 分钟左右；

(四)在孩子喜欢看的电视节目开始前的 40 分钟左右定为孩子的学习时间；

(五)给孩子制定的学习目标放在“量”而不是“时间”上；

(六)让孩子彻底放松地玩；

(七)当孩子的注意力不在学习上时，最好不要强迫孩子学习；

(八)开始学习前，让孩子整理一下书桌；

(九)饭前和饭后一小时不要让孩子学习；

(十)孩子学习过程中的休息时间不要超过 10 分钟，而且最好让孩子离开书桌。

人性化教育的八个方面

家庭教育的新理念是人性化教育。人性化教育分为四组八个方面，即：尊重、认可，分辨、换位，理性、温和，科学、全面。

一是尊重。尊重是指对孩子的某些认识、观点给予必要的支持与帮助，这些观点、认识可能与父母的观点、认识相矛盾、冲突。而且从客观上来说也是行不通的，即使如此父母也不宜一口否定。父母应该尊重孩子的个体差异，为他创造一些尝试的机会。如果他的立意确实错了，让他接受一些现实性的教育也是值得的。更重要的是：源于生活的多重性，多方位性及多角度性，孩子所看到的往往是父母没有能看到的。父母所拥有的基本素质也可能自己没有及时发现，而最终的结果恰恰证明了孩子是正确的。

二是认可。认可是指对被教育者的信任与赞赏。不管孩子在学习、生活中有什么样的表现与结果，父母应先认定孩子是可以改变的，孩子一定能成为优秀的。之所以出现一些不尽人意的问题，是他遭遇到了不利于学习、生活、成长的各类因素。站在这一角度与立场教育、指导孩子，作父母的就可以冷静、客观地分析孩子的是是非非，找出问题的症结所在。然后切实、有效地帮助他化解生活、学习中的困难或障碍，铲除不利于孩子学习、生活的因素，辅助他获得战胜困难、化解问题的经验与能力，以后就可以少出问题，多出成绩。

三是分辨。分辨是指对孩子的思想、行为的分析、辨别。根据孩子生活、学习中出现的各类问题引导他认识自己思想、行为的漏洞与误区，了解问题产生的细节与过程，阻止相同的问题重复出现。而不是单纯地要求孩子要做什么，不做什么，促进孩子客观地了解自己、了解现实。形成符合现实，符合自身发展需求的思想、意识。在正确的思想、意识支配下取得长足的进步与发展。

四是换位。换位是指把自己与孩子进行角色对换，换位可促进父母与孩子的交流、沟通，让孩子真实地感受到父母对自己的关爱与呵护，从而容易接受父母的指导与教育。当父母与孩子发生了矛盾与冲突时，想想如果自己是孩子会是怎样的表现，又会是怎样的感受。孩子在学习中遇到困难得不到及时的指点，他向父母寻求帮助，结果是父亲推母亲，母亲推父亲，推来推去推得孩子垂

头丧气。想想自己如果是孩子会不会也是如此。

五是理性。理性是指父母要保持冷静、沉稳的情绪，不因孩子固执己见、不听劝解而生气恼怒。即使生气恼怒也不任由情绪的发泄。理性就是耐心、细致地倾听孩子的诉说，了解彼此的分歧所在，然后像剥茧抽丝那样地帮助孩子认识问题的本质，引导孩子明智地认识到自己的失误。自动加以调整、扭转某些不够成熟的认识与见解。

六是温和。温和是指耐心细致地向孩子表达自己的思想意图，让孩子真正地了解自己的目的与心愿，自觉主动地执行，可以说温和是教育的必要手段。有必要说明的是：温和不是没有威严，没有威严的温和是不具备感召力与影响力的。温和所产生的力量可以无所阻挡地剥蚀对方的主张与见解。可以毫不讳言地说：谁先失去温和谁就先失去教育孩子的手段。

七是科学。科学是指换了一种方式，把生硬、僵化的教育转变为柔和、丰富的劝解。所谓"推拉不如引导"，说的是父母在了解孩子的嗜好与需求之后，既不要一口拒绝，也不要满口答应，而应该是在原则允许的范围内给予满足。

八是全面。全面是指父母不是单纯地把教育停留在语言这一种形式，还需要落实到实际的行为上。在教育的初始阶段，父母就必须帮助孩子养成说到做到的良好习惯。帮助孩子形成既善于接纳理论，又善于付诸行动的实际能力。孩子现在表现得比较普遍、比较严重的缺陷就是说起话来头头是道，做起事来虎头蛇尾，归根结底就是父母注重了语言教育而忽了行为塑造。

现代教育六大热门之一——情商(EQ)

同情心和爱心。孩子从出生起就具有同情心，一个 9 个月的婴儿在看到另一个婴儿啼哭时也会触景生情，毫不吝啬地落下眼泪，这是同情心最简单、最原始的表达方式。父母应该帮助孩子在平常的生活中进一步培养这种好的品质。父母可以不定期地问孩子：为了让其他小朋友开心、快乐，你该怎样做？今天你怎么惹小朋友生气了？你为什么会这样做？这个方法可以帮助孩子建立与他人的融洽关系，培养孩子不断为他人付出爱心。

理财习惯。父母可以通过带孩子一起购物让他在潜意识中懂得每一元钱

的价值，开始孩子可能还惊讶钱消费得那么快，慢慢他会明白钱帮了家庭这么多忙！另外，父母也可以把钱交给孩子（至少8岁的儿童），并让他买一些自己喜爱的东西。孩子第一次成为钱的主人并亲自支配它，定会不知所措，你可以为他做一些精心的场外指导。从小养成孩子良好的消费习惯，会使他终身受益。

专注与责任心。鼓励并尽量让孩子全身心地专注于一项爱好或课外活动，如果这星期各种活动蜂拥而至，她既要练芭蕾，又要弹钢琴，还要画画，孩子会身心疲惫，力不从心，结果可能是她什么都学不好；相反，如果父母为她精心挑选一项她喜爱的课外活动，她不但会精力充沛地用心学，而且还会培养一种对自己所从事活动、对自己所在集体的强烈责任感。

学会理解别人。一天，一位家长发现，由于自己6岁的孩子嘲笑并且没有邀请同班的一个同学参加他的生日派对，致使这个同学伤心地哭了。这位家长没有直接指责自己的孩子，而是引导他说：如果没有被邀请的是你，你有什么感受？孩子马上意识到由于自己的行为而给同学造成了伤害，他立即邀请这个同学参加了他的生日派对。通过一件看似微小但却能使孩子受益匪浅的小事，启迪他如何理解、善待他人。

诚实做人。孩子难免会说一两句谎话，这时你要耐心地教导孩子。6～7岁的孩子能很快意识到自己说了谎话，并感到很内疚、惭愧，却又不知所措，家长要做的就是让他摆脱一切心理压力，让他放心地感到家长不会责骂他。如果孩子能坦白地指出他人的错误行为时，家长要对他的勇敢、正直行为进行鼓励、表扬。

如何培养孩子积极的人生观

有些孩子一旦看到人生中的乌云，就忽视了人生的阳光。其实人人都会时不时地有一定的负面情绪，孩子也不例外。所以，家长要教育孩子正确面对生活，树立积极的人生观。要想让孩子做到这一点，家长应该帮助孩子积极面对人生和准确找到自己的人生定位。以下是培养孩子树立积极人生观的一些建议。

审视自己的人生观。人的个性很大程度上是与生俱来的，但是性格的一些

方面却和成长环境有关。如果您的孩子总是很消极，做为家长应该适时检查自己的人生观。父母和照顾孩子的人对孩子世界观的影响往往是最大的。如果父母总是把工作中的负面信息带回家，而从来不谈工作中正面信息和高兴的事，孩子会受您的影响而把注意力集中在生活中的负面事情上。往往家长并不在意或者根本意识不到自己总是谈负面信息，但是时间长了孩子会受您的人生观所影响。

另外，生活中的不如意也能对孩子造成负面影响：比如亲人离世，父母离婚，经济贫困或者失去好友等，都有可能会使孩子人生观发生改变。在人生的困难时期，家长应该给予孩子支持，帮助孩子渡过困难时期，不让痛苦的经历给孩子的人生蒙上阴影。

不要总是指责。如果家长总是指责孩子，孩子往往真的会成为家长所指责的那个样子。如果家长总是指责孩子是家里面消极的人，时间长了，孩子真的会变得很消极。因为家长的举止言行对孩子而言是一种暗示，在潜意识里，孩子会觉得自己真的是家长说的那个样子。

言传不如身教。家长的一举一动孩子会记住和模仿，如果孩子看到家长在艰难时刻的坚强表现，他们也会跟着家长学，用同样积极的方式渡过难关。家长的一举一动确实会对孩子有很大的影响。

教孩子既要积极进取又要顺其自然。人生难免经历挫折，而且现实和理想往往有很大差距，孩子很难不会遇到挫折。当孩子经历挫折时，应告诉孩子受点挫折其实不一定是坏事。一次不成功可以再试，考试没考好可以再努力一些，争取下次考好。面对挫折和坎坷不要气馁，抱着从头再来的态度，可以更好的面对生活中的起起伏伏，从中积累人生经验。

帮助孩子建立自信心。自信心和积极的人生观是相辅相成的。给孩子机会去尝试新的事物，当他取得成绩时，给孩子适当的表扬和鼓励。事情看似不大，但是日复一日孩子就会充满信心。当他得到好成绩或者家务活儿干得不错的时候，要及时给予鼓励，孩子就会从这些看似不起眼的人生经历中树立自己的信心，觉得自己也可以做得很好。

用鼓励代替批评。过度的批评并不会让孩子做得更好，还可能会助长负面情绪。在孩子为功课感到烦恼时，家长可以帮助他，鼓励他所取得的一点一滴成绩。即使成绩不是很理想，也要告诉孩子其实失败和成功都是人生的必修课。不求事事如意，但求无愧于心。其实孩子不一定会样样出色，但是摔摔打

打中的经历才是真实的人生。

积极的人生观从小培养。如果家长发现自己正在成为孩子消极情绪的榜样时,应该先从自己做起,试着用不同的角度看人生,多看积极的一面。实践证明,乐观的人比悲观的人要长寿健康。培养孩子积极的人生观,不但让孩子生活的更快乐,而且身体更健康。

罗素教育箴言

教育应该培养追求真理的愿望,而不是相信某种特殊的信条就是真理。家长应该把目的放在保全独立和冲动上,来代替服从和纪律。教育应该设法发展思想上的公平来代替无情。教育应该慢慢地注人敬意和谅解的态度,来代替轻视。减少空洞抽象的讲授而多从事于讨论,给学生以更多的机会使他们受到鼓励来发表自己的意见,更多地尝试使教育的内容能使学生感到一些兴趣。

一个真正善于施教的人,要使青年生长和发展得完全,一定要十分透彻地充满了尊敬的精神。

教育者不要对一切的人都用相同的教育方法。不要设立一个模型,应用各种方法,叫一切的人皆与这模型相近。一个坏教员,以灌输他的意见为目的,造就一班对于一个疑点,只能有同样答案的学生。

被动地接受教师的智慧,对于大多数的男女孩子是容易的……但是被动接受的习惯,在后来生活中是一个不幸的习惯。它教人寻求一个领袖,而且接受任何一个稳坐在领袖位置上的人作为他的领袖。

在苗圃培育树苗的人,要为树苗提供适宜的土壤,充足的阳光与空气,宽敞的空间。育苗人不能在各别分隔的地窖里把树一棵棵培育出来。然而,只要孩子们呆在现代都市家庭里,他们就只能像在地窖里那样成长。儿童和树苗一样,也需要他们自己的土壤、阳光、空气和伙伴。

第二章 教育方法

家庭是早期教育的学校

无论家长有没有意识到，只要孩子生长在正常的环境中，都不可避免地接受着早期教育。想想我们曾经听过的摇篮曲，还有传统婴儿游戏“抓挠儿”、“斗斗飞”、“拉大据”，那不都是姥姥育孙儿的拿手好戏吗？又有哪个家长没跟孩子讲话，哪个家长没扶着孩子走路呢？广义来讲，这些都属于早期教育的范畴。所有的家长都会凭着经验和本能，自然而然地引导孩子发展基本能力和了解认识世界。

正常的孩子从一出生，就会凭借自己与生俱来的感知能力去看、去听、去闻、去尝、去模仿、去记忆，只要家长不把他圈起来，孩子学习的冲动拦都拦不住。两个月的孩子就会转动头和眼睛跟踪走动的人，不到半岁的孩子听到声音就会找寻声源，一岁的孩子看电视你若关掉他就闹，两岁的孩子最喜欢帮妈妈扫地洗碗……孩子每时每刻都在调动自己的智慧吸收新知识，这也是早期教育。

家长是孩子的第一任老师，家庭是孩子的第一所学校。虽然孩子都在接受教育，这教育的质量可就大相径庭了，正像大学中既有哈佛牛津、北大清华等名牌学府，也有不计其数的平庸学校；既有知识渊博的知名教授，也有学识一般的普通教师一样。在早期教育这所学校里，孩子能学到什么，学到什么程度，关键就看家庭和家长。早期教育表面上是对孩子，实际上是对家长，0～3 岁是孩子大脑发育最快的时期，是身心发展最关键的时期，家长对早期教育的认识和知识将影响孩子一生。

保护和引导孩子学习的积极性。这是关乎孩子一生的大问题，家长应从以

下八个方面着手，不断提高育儿水平。一是客观评价孩子的能力，时时告戒自己孩子能行。二是给孩子提供足够的机会，让他接触新鲜事物。三是尊重孩子自己的选择，给他自由发挥的空间。四是遇到困难的时候，先鼓励孩子努力试一试，然后再给予最低限度的帮助。五是详细讲解孩子专注的事物或活动，配合但不干涉他。六是多向孩子提出简单的问题，启发他去主动思考。七是及时且具体形象地解答孩子的疑问，帮助他去理解。八是随时鼓励孩子的探索冲动和点滴进步，给他以继续努力的动力。每一个孩子都有巨大的发展潜力，因为他们是学习的天才，早产的孩子或遇到其他问题的孩子也不例外。如果孩子的学习积极性从小就得到保护的话，那么家长的育儿水平一定比较高。尽管错过了一段最宝贵的时间，但从现在开始适度加强对孩子学习能力的培养，几个月以后，我们就会看到一个充满活力的孩子大踏步地追赶上他的同龄伙伴。

进入孩子的世界里教学。早期教育没有失学儿童，孩子生活的每一天都在学习，不同的家庭就是不同风格的学校，不同的家长就是不同水平的老师。早期教育这所学校中的"特级教师"就是能够进入孩子世界的家长，理解孩子看世界的眼光，以孩子能理解的方式跟他交流，带着孩子从那绚丽的童话世界走向那丰富多彩的社会。

为了孩子拥有更好的明天，家长就要身体力行，并按照以下原则，努力做一个优秀的教师吧。一是把孩子看到的事物不厌其烦地讲给他听；二是把孩子参与其中的活动简单概括地描述出来；三是让孩子在比较中进行观察和记忆；四是让孩子在活动中接触和感受人与自然；五是邀请孩子参加有趣味的劳动和社交；六是按照把孩子培养成为的希望目标来要求家长自己。

最后还请家长记住这样一个道理：知识是能力发展的工具和结果，能力是获取知识的动力和手段。培养孩子的能力可以帮助他不断获得知识，只有不向孩子灌输知识，才能增加孩子主动获取知识的动力，增长主动获取知识的能力。

把孩子的问题消灭在萌芽状态

大家都知道"亡羊补牢，犹未为晚"的道理。但是养育孩子可不能遵循这样的思路，孩子成长的每一天都是今后发展的基础，培养人不像制造产品，没有返

工重来的可能，因此家长需要树立一个观念，就是把孩子在生活中可能出现的问题解决在萌芽状态。具体方法有以下几点：

1. 认真学习有关儿童疾病和不良行为的预防知识；

2. 有意识地观察和了解自己孩子的特点；

3. 对待特殊的情况和表现做好书面记录；

4. 请教专家鉴别问题的性质；

5. 不要害怕孩子经历挫折，但一定要及时处理；

6. 区别对待不同的问题，既不小题大做，也不得过且过。

不同的教养造就不同的孩子，家长不仅是孩子的第一任教师，也是孩子精神健康的保护神，家长只有恰如其分地帮助孩子，才能让他们经历风雨而茁壮成长。

世间万物总是一分为二的，风雨多了成灾，没有风雨也不行，孩子成长的难题和挫折同样有弊有利，从来不生病未必是好事，好好的孩子不是也要接种病毒做的疫苗进行预防免疫吗？不摔跤也不能算幸事，因为摔倒了不可怕，怕的是摔倒了爬不起来。心理压力听起来满吓人的，孩子也需要承受一点，比如刀子、火柴、电器等，小孩子再有兴趣也不能动，因为这对孩子来说确实危险，尽管它们也可以是创造的工具。

家长要学会平静地对待孩子遭受挫折，坚信风雨过后就是彩虹，要及时、准确、适度地给孩子必要的帮助，引导和支持孩子顺利地渡过难关。为此应该注意以下 6 点：

1. 学习急救知识和技能，以备不时之需；

2. 及时发现意外伤害，立即进行救助；

3. 孩子生病时要及时送诊治疗；

4. 孩子遇到小的挫折，家长只给必要的基本帮助；

5. 发自内心地鼓励孩子战胜困难的努力和成绩；

6. 避免因为帮助孩子而限制了他的能力发展和养成不良习惯。

教育孩子要多示范少说教

父母教给孩子识别和抵御危险时，千万不能性急，也不能空谈道理。孩子

认识任何事物都需要一个过程，而且还必须具体形象地去感知。家长教孩子正面的东西相对容易，我们可以让孩子去看、去听、去触摸、去体验，然后不断重复并总结经验。可是危险的东西就不能这样，躲还来不及呢，怎么可以让孩子身临其境呢？所以“危险”常常是抽象的概念，孩子理解起来会更难一些，家长的努力也就需要更多一些。

父母教孩子识别和抵御危险，包括以下三个方面。

第一，要让孩子认识什么是危险。家长需要提醒孩子注意危险的事物和危险的活动，关键要做到引起孩子的注意而不要激起他的兴趣。

第二，要让孩子理解它们为什么有危险。这时一定要适应孩子的认知能力，利用曾经看到、听到和感受到的不良体验帮助孩子理解。比如孩子曾经被开水烫过或者见过塑料玩具被开水烫变了形，家长就可以利用孩子已经知道的概念来做比喻。

第三，要让孩子学会应对危险的办法。它包括提高运动和操作技能，主动避开危险，积极寻求帮助等等。应该是锻炼孩子增长技能事先抵御危险，而不是让孩子遭受伤害以后简单的发泄情绪。比如，看到小狗冲着自己跑过来，可以站着不动或对它大叫两声，而不是吓得坐在地上大哭。再比如，遇到小朋友之间的冲突，不要教孩子针锋相对，而要教孩子退让一步。要运用形象的示范，教育孩子学会避开危险的本领。

一个有趣的心理学试验，叫做“悬崖”反应。就是在平地上画一个悬崖，让孩子从一侧爬过去，结果几乎所有的孩子都在“悬崖”边上停了下来，有的转身就爬回来，有的坐在“悬崖”边上大哭不止。这个故事是想告诉家长，其实孩子从小就有一定的认识危险和保护自己的本能，家长需要做的是发展这种能力，而不是去简单地代替孩子克服困难。

怎么对孩子进行早期教育

相对于“教什么”而言，“怎么教”是更深的学问。教材是固定的，老师是灵活的，就像送孩子上学一样，同样的一套教材，家长总是千方百计地让孩子上好学校、找好老师，因为良师出高徒。作为孩子早期教育的良师，应该做到以下几点。

一是走在孩子前面，提前一步引导孩子。教孩子最重要的是提前一步，提前得太多会让孩子感到压力，甚至造成伤害。始终走在孩子前面，不断地激发孩子的潜能，就能让他获得充分的发展。

二是用引导的方式而不是灌输的方式。早期教育既是培养能力，更是培养素质，引导的目的是发挥孩子的主动性，让他真正提高本领，而灌输则只是提供了一些智力素材。

三是重视发展孩子的能力，培养孩子良好的素质。人们现在提倡素质教育，而素质教育的根基是早期教育，俗话说“一岁看大，三岁看老”，其实质就是到三岁时孩子就基本确立了个性的基础，孩子心理健康与否，学习能力强弱，从生命最初三年的发展就可以大概预见到未来。

“强将手下无弱兵”。愿天下的父母时时提醒自己，用今天的一思一想、一言一行、一举一动成就孩子的未来，不仅要做孩子的益友，也要做孩子的良师。

生活就是交流与合作的课堂

孩子的交流能力与合作精神应该从小培养，每天的生活都是交流与合作的课堂，日常的活动对象就是最好的教材。家长应该鼓励孩子勇敢地表现，鼓励孩子树立坚定的信心，教给孩子适应环境、克服困难的技巧，培养孩子积极向上的精神，养成主动参与、团结合作的习惯。

为此，家长在与孩子的共同生活中需要注意以下几点：

1. 等待和观察孩子的表现，遇事不要急于插手干预；

2. 在跟孩子游戏的过程中注意变换角色和形式，鼓励孩子主动探索和尝试；

3. 经常问问孩子的想法和感受，将自己的体验与孩子相比较并沟通；

4. 凡事尽可能让孩子配合完成，无论游戏还是生活都让他成为主动的参与者；

5. 让孩子看到和感受到参与合作的成果，使他体会到合作的成绩和快乐。

此外，家长还应经常把能够促进交流与合作的几句话挂在嘴边，比如：“我是这样做的，你是不是还有更好的方法呢？”“为什么是这样，你是怎么想的呢？”

“你帮帮我的忙好吗?”“让我们一起来好不好?”“你问问那个小朋友是不是也想试试”……

怎样教孩子养成良好的生活习惯

良好的生活习惯可以让孩子受益终生。教孩子养成良好的生活习惯是对孩子进行早期教育的重要内容之一,家长必须高度重视并付诸行动。那么怎样养成良好的生活习惯呢?一是积极鼓励和夸奖孩子良好的行为;二是对孩子的不良表现进行冷淡处理或适当限制;三是以身作则为孩子树立模仿的榜样;四是让孩子监督家长是否有不好的习惯;五是有意识的引导和培养孩子良好的行为模式。

家长应该从大处着眼,重视良好习惯的养成;从小处着手,在日常生活中检点孩子的行为和自己的表现,有意识的引导孩子保持良好的行为模式。

在教育孩子时应注意的事项

称职的父母并不是天生的,而是在孩子慢慢长大的过程中,处处做个有心人,逐渐培养而成的。

父母是孩子模仿的对象。家庭教育的特点是潜移默化,言传身教。由于孩子的可塑性大,模仿性强,父母的一言一行、一举一动都在以身示范,时时刻刻都在潜移默化中对孩子产生影响。

别说“人家孩子怎么怎么的”。父母教育孩子,首先要了解孩子的年龄和个性特征。不同年龄阶段的孩子,其生理与心理发展水平及特点是不相同的。如有的孩子性格外向,活泼好动;有的孩子性格内向,腼腆安静。因此,不能采用千篇一律的教育方法。父母学一点儿童心理学知识非常重要,应该经常注意观察和研究自己孩子的个性特征,并站在孩子的角度去观察其所思所为及其心理需要。在家教过程中,父母千万不要用“人家孩子怎么怎么的”来衡量自己的孩

子，因为每个孩子都有自己的个性特点。

孩子一样有自尊心。父母要意识到孩子也是有自尊心的。自尊心是影响孩子健康成长的重要心理因素，尊重孩子不仅能促进其自信心、自尊心的发展，而且还能促进其创新精神与自我行为的控制。自尊心受到损害的孩子，在成长过程中必然会产生心理障碍，如自卑感和对抗心理等，因此，父母必须时刻注意尊重孩子，保护并培养其自尊心。在生活中，发现孩子的点滴进步，就要及时给予肯定和鼓励。对于孩子不及他人之处，不责备，不讽刺，可用其他长处来激励孩子。

良好的品德要从小培养。0～3岁是孩子身心发育最迅速和最重要的时期，此时可塑性大，培养良好的品德最易取得成效。同样，孩子若在此时形成了某种不良行为习惯，纠正起来也容易。但是，如果错过了幼年时期良好品德的培养，再进行教育，难度就大得多。当前，有些中小学生行为品德上出现的问题，都是由于从小缺乏良好教育或教育不当所致。

别盯着孩子的缺点。父母对孩子进行教育时，对其表现出的良好行为给予肯定和表扬，会使孩子感到高兴并以后愿意再重复这种良好行为，这称之为正强化。有的父母眼睛盯着孩子的缺点，并不时地对孩子讲这些缺点，这称之为负强化。负强化不仅改变不了孩子的不良行为习惯，反而易于强化这种习惯。之所以有的孩子出现越管越糟的现象，究其原因，往往是父母用了负强化教育所致。

决不为孩子护短。每个孩子都有优缺点，不少父母喜欢听对自己孩子的表扬和赞颂之辞。如果别人批评自己的孩子，往往很不高兴。自己发现了孩子的缺点，也是大事化小，小事化了，甚至极力为孩子隐瞒。孩子的缺点是客观存在的，总会表现出来。孩子的短处往往是越护越短，将来铸成大错，父母将悔之莫及。

忌用“粗暴”管教孩子。有些父母认为“棍棒之下出孝子，孩子不打不成器”，常用粗暴的态度对待孩子，从而带来许多不良后果。一则孩子的神经系统十分脆弱，粗暴的态度会使其精神紧张，有损其身心健康，并可造成两代人的感情隔阂。二则孩子因慑于暴力，往往不敢向父母讲实话，久而久之，容易养成说谎话、不诚实的习惯。三则孩子的模仿力极强，父母粗暴，孩子以后也会成为粗暴的人。所以，父母采用高压手段来“征服”孩子的做法是很不明智的。

不把电视当“保姆”。现在，有的父母为图省事，把电视当成孩子的全日制

“保姆”，这对孩子的身心健康是不利的。一则让孩子长时间看电视，会直接妨碍亲子间的语言和感情交流，也不利于孩子口头表达能力的发展。二则长时间让孩子看电视，势必减少户外活动和人际交往，对视力也有不良影响。三则看电视用的是被动注意力，若看得太多，不利于认真学习的主动注意力，以致学习时注意力不能持久集中，做事易于出现疲劳。因此，家长要注意把握孩子看电视内容的选择，时间不宜太长。父母首先要管理好自己，别让孩子成为自己的“陪看”，也别让自己成为孩子长时间看电视的诱因。

怎样培养孩子的良好性格

每位父母都希望自己的孩子早日成才。因此，家长除了要对孩子进行智力投资外，还应做到从小培养孩子良好的性格，因为孩子性格如何决定其一生的命运。那么，孩子需要什么样的性格，又如何培养呢？

一是要有信心。一个人相信自己有能力去迎接各种挑战时，他才有可能战胜它。要做到这一点，父母必须经常鼓励自己的孩子，引导自己的孩子对生活充满信心。

二是要有热情。一个人如果缺乏热情，做任何事都不容易成功。热情，对大多数孩子来说，都是生而有之的，然而，要使其不受伤害，继续把热情保持下去，却不容易。因为热情是脆弱的，很容易被诸如考试的分数、他人的嘲笑或接连的失败等挫伤，以致被摧毁。因此，父母要十分注意保护孩子的热情，千万不要随意伤害它。

三是有同情心。大多数孩子都是天生具有同情心的，尤其是对于有生命的动物所遭受的痛苦是很敏感的。如果一个家庭经常关心他人，那么，自然会在孩子幼小的心灵中催发同情的种子。

四是对生活充满希望。要培养孩子对生活充满希望，父母就应该是乐观主义者。要经常教育孩子敢于面对困难，建立自信，意志坚强，具有战胜困难的毅力和忍耐力。

不要随意测试孩子的智商(IQ)

时下,对成绩落后一点的学生,家长和所在学校的教师,都爱从孩子的智商(IQ)上找原因。于是他们请来“专家”,定期或不定期地给孩子进行智商测试。于是,弱智生便被明确出来。随班附读,是学校处理弱智生的一个普遍方法。一些教师为了表明学生成绩差不是教师的责任,总是想法告诉孩子的家长,让他们了解自己的孩子是弱智;部分家长在亲友面前迫于无耐,也只好唉声叹气说孩子是弱智生,有时甚至是当着孩子的面说。

这些被测试出来的弱智生,真的是不可教育的孩子吗?其实并非如此。

首先,从“IQ”表的制定来看,它虽然有一定的科学性,但并非全面完善,其定性和定量的标准也不能说绝对准确;

其次,测定是靠人操作的,其掌握标准的好坏肯定是存在差弃的,那么,测试成绩当然应该打上问号;

其三,测试的方法是以面试为主,其当时、当地环境的影响和被测试者生理心理因素,在一定程度上也影响孩子的测查成绩;

其四,被测试的孩子当时的心理背景,如担心、害怕等肯定对测试结果有重要的影响。这些因素决定了弱智认定的不准确性。再者,即使是真正的弱智儿,也肯定是可以教育的,弱智孩子的智商水平只是与正常孩子有一定的差距而已。

当弱智的孩子知道自己的智商后,他们首先是从心理上出现一个自我认定过程,此时他们会迷惘。接下来,一部分孩子会表现出失望和痛苦,一部分则无动于衷;最后是对智力活动的厌恶,与周围正常的孩子自然地离群,离开群体而孤独存在。

反之,如果学校和家长不随意测试孩子的智商,而注重对落后学生的关心和指导,那么,智力稍差一些的孩子绝大部分是可以转化的。

怎样善待孩子的兴趣

孩子无论大小，都有其鲜活的思想和情感，都有其独特的兴趣。孩子的兴趣有一定的年龄特点，如一岁左右的孩子对撕纸乐此不疲，而两三岁的孩子则热衷于玩水等。

孩子的兴趣具有不稳定性。会随着时间的推移而有所改变，不久前还很感兴趣的东西，现在已经让位给其它更感兴趣的事物了。孩子的兴趣还有一定的可塑性。常听父母报怨说，孩子对什么都感兴趣，就是对学习不感兴趣。其实不然，只要用合适的方法引导，孩子的兴趣在一定程度上是可以塑造和改变的。

孩子的兴趣具有广泛性。孩子的兴趣就好像孩子的胃一样，生来就已经准备好接受任何"食物"，只是由于经过外界环境长期潜移默化的熏陶，而对不同的事物表现出的兴趣程度不同而已。既然兴趣因人而异，那么，父母就应该接受这样的事实：孩子的兴趣和家长的兴趣完全是两回事，两者之间完全是独立的。即使孩子的兴趣显得简单、幼稚，家长也不能因此而无视它的存在。家长需要做的是，积极地接受孩子的兴趣，尊重孩子自己的兴趣，而不是把家长的兴趣强加在孩子身上，还可以积极地创造条件和空间，鼓励孩子发展自己的兴趣。实际上，尊重孩子的兴趣就是让孩子拥有快乐，就是家长给孩子的最好礼物。发展孩子的兴趣就是给孩子提供了成长的沃土。

孩子的兴趣是一种非常宝贵的资源。保护孩子的兴趣是为了更好地合理开发、利用它，任何形式的不尊重、限制或否定态度都不利于保护孩子的兴趣；同样，对孩子的兴趣进行任何形式的过度挖掘都是竭泽而渔，都是极不负责任的行为。试想，家长自己对某些事感兴趣，如果长期沉浸其中，也会感到乏味的，更没有快乐可言。又如爱吃的东西，天天吃，顿顿吃，最后也会败了胃口。将心比心，孩子的感受就可想而知了。

兴趣是在较大的生活背景下，对其中某些事物的偏好和主动关注。

趣味是吸引孩子关注的最佳方式，而快乐是维持孩子兴趣的稳定剂。抓住这两个环节，就掌握了培养孩子兴趣的金钥匙。不要让孩子在许多种兴趣之间穿梭，那样会使孩子应接不暇，疲于应付。不要指望孩子的兴趣会在一夜之间

就奇迹般地开花结果而成为特长，也别认为孩子的偏好越多越有利于培养孩子的兴趣，相反，那将破坏孩子的兴趣。

要注意“前素质教育”

一位心理学家曾说过，要提高孩子的素质，首先要提高父母的素质。父母所接受的素质教育，其实就是“前素质教育”。这种前素质教育的成败，决定着整个素质教育的成败。一个人从他（她）做了父亲或母亲起，就需要一种特殊的素质——教育素质，即教育孩子所需要的观念、方法和能力。这些观念、方法和能力，就构成了父母的教育素质。人们经常会在报纸、电视上痛心地看到，某位教师教育不了自己的孩子，某位博士生导师的子女竟然要留级，某位律师的女儿染上了吸毒恶习，某位校长的女儿专偷同学的物品……为什么很多高学历的人却教子失败呢？这不能不引起我们的深思。

可见，教育子女也是一门学问，并非学历高就一定是好父母。相反，有的父母大字不识几个，却教育出了优秀的子女。为什么会产生这样的现象呢？从生活中一些事例可以看出，教育子女的水平与学历并非完全成正比。由此可以得出这样的观点：高学历的家长未必是高水平的家长，只有那些具备家长教育素质的人，才能真正成为合格的父母。因此，每个身为父母、渴望子女成功的人，都不妨问问自己：我是否具备父母教育素质？

一个人有什么样的理念，就会产生什么样的行为。因此，家长首先要具备的是现代的教育理念。这是父母教育素质的核心，它犹如方向盘或指路灯，对家长在家庭教育中的具体行为起着重要的指导作用。现代教育理念包含的范围很广，例如，儿童观、亲子观、人才观等等。现代的教育理念对父母的要求也很高，要求父母与时俱进，不断学习现代教育知识，更新自己的思想和观念。

下列 9 个现代教育理念或许对提高父母的教育素质有益：

1. 玩不仅是儿童的学习方式，更是儿童的权利；

2. 教育孩子的前提是了解孩子，了解孩子的前提是尊重孩子；

3. 按照孩子的天性培养孩子；

4. 平等是代际沟通的基石；

5.向孩子学习,两代人共同成长;

6.学会做人是教育的核心;

7.孩子也有失败的权利;

8.培养孩子对知识的热爱是学习的根本目的;

9.适合孩子特点的路才是成功的路。

方法是一个人实现目标的重要保证,也是一个人教育理念的主要体现。家长具备了科学的教育方法,在教育子女时就会收到良好的效果。如今,经验型教育方式已经过时,新时代的父母应该掌握科学的教育方法,这样才能使行为更贴近目标,才能帮助家长在实现目标的路上少走弯路。

下面9个科学教育方法或许对提高父母的教育素质有益:

1.经常给孩子倾诉的机会;

2.真诚接受孩子的朋友;

3.在家庭中给孩子一个劳动岗位;

4.让孩子学习一些消费常识;

5.给孩子自由支配的时间;

6.在生活中多给孩子提供体验的机会;

7.鼓励孩子相信自己的眼睛;

8.多带领孩子亲近大自然;

9.用平等的心态与孩子沟通。

父母的心理健康对孩子具有重要的意义,美国心理学家艾理斯认为,父母的心理素质对儿童的心理健康具有深远的影响,一个情绪平稳、心态豁达、行为具有理性的父母,会使孩子的身心得到健康发展,并为他们的健康人格奠定稳固的基础。如果父母的心理不健康,会在不经意中向孩子传递不健康的思维方式和行为模式,那么要求儿童具有健康的心理就成为"空中楼阁"。

现代社会,快节奏的生活、高强度的工作、巨大的精神压力,都有可能使得成年人出现心理上的亚健康状态。及时调整自我心理轨迹,为子女展示健康向上的精神风貌,是为人父母的责任。

让孩子善谈的九个秘诀

第一个秘诀：就是把自己也变成孩子。父母是否拥有一颗童心，是非常重要的。童心未泯，才能抛开“大人”、“父母”、“长辈”等身份，当你接纳了孩子，孩子才有可能接纳你。

第二个秘诀：和孩子密切相处。要想了解孩子，就要多跟孩子接触，从他们的语言及行为中了解他们的想法，了解他们的喜好与内在需要。

第三个秘诀：注意孩子的反应与态度。现代父母由于工作忙碌，在和孩子说话时，常常会急着表示自己的意见和指示，期望孩子乖乖按照自己说的话去做，最好不要有不同意见。所以，往往没有很仔细地把孩子的话听完，孩子感觉与父母沟通不舒服，代沟必然越来越深。

第四个秘诀：体会孩子的感受。当孩子在外面受了委屈、与好朋友或心爱的宠物分离时，他细腻的小心灵会难过半天。若父母一味地告诉他“没关系，坚强一点”，“这没什么好难过的”，会让孩子觉得父母一点都不能体会自己的感受；若父母说：“你很难过吧？我要是你也会有这种感受的”，相信会有截然不同的效果。

第五个秘诀：了解孩子的发展程度。父母与孩子说话，要考虑孩子的年龄特点与心理承受能力。如果父母尽说些孩子难以理解或者无法理解的话，提出一些孩子难以达到或者无法达到的要求，相信不但孩子觉得辛苦、压力大，亲子之间对话也势必难以通畅。

第六个秘诀：回答孩子的问话。孩子提出问题时，应先了解其真正含意，并针对孩子的需要回答。例如孩子问：“妈妈，你要不要去买菜？”这个问题的真正意义是：“妈妈，我想跟你一起去买菜。”假如妈妈知道孩子的真正目的，就可以说：“是啊！你要不要一起去？”孩子听了必定很高兴。此外，对于孩子所提出的知识性问题，父母也要慎重回答，或者带着孩子一起寻找答案，这样，孩子以后不论碰到什么问题，都会主动向父母询问。

第七个秘诀：避免用负面意义的说话语气。不能用“我警告你……”，“你最好赶快……”、“我数到一、二、三……否则……”、“你应该……”，“你真笨”、“你

太让我失望了"、"不可以……"等带有指挥、命令、警告、威胁、责备、谩骂、拒绝等负面意义的说话语气。

第八个秘诀:经常变换新鲜的话题。这样能引起孩子的兴趣,例如:"你猜猜看今天我发生了一件什么事","你知不知道为什么小孩子最喜欢小动物"等问题,相信会比"今天过得好不好","快乐不快乐"更能吸引孩子的兴趣。

第九个秘诀:充实孩子的生活经验。亲子对话的题材,往往来自生活之中,因此培养孩子一颗敏锐、好奇的心是很重要的。父母可以带领孩子观察身边的各种事物,如一花一草一木,路上车子的颜色、造型、品牌,街上行人的穿着打扮、说话内容、百货橱窗、林林总总,都可以成为谈话的素材,孩子的观察力会自然而然地提高。

对三句教子"口头禅"的反思

中国父母对子女教育经常挂在嘴边的三句口头禅是:听话,好好学习,没出息。它可以涵盖中国的父母望子成龙的急切心理。父母的这种期待自然无可厚非了,但它会达到怎样的教育效果,给孩子带来怎样的心理暗示,值得每一位父母认真反思。

关于"听话"。每天清晨上学前,父母总是不忘叮嘱一句"不要顽皮,要听老师的话啊",在日常教育中也总是一再重申"要听大人的话"。在这个强调创造、强调个性发展的现代社会,仅对孩子提出听话的要求,是片面的,是停留在一个落后于时代精神的低层面的。有两个现象值得我们深思:一是许多高学历的父母也把"听话"作为对孩子的主要要求,这说明了讲究尊卑、长幼、孝悌的传统文化影响依然存在,高学历的家长也有素质上的缺陷;二是父母常常会在这种教育面前,表露出一种矛盾心理,既恨铁不成钢,又无可奈何。

所以家长不仅要教育孩子听话,更要教育孩子相信老师,相信真理,教育他们树立"吾爱吾师,吾更爱真理"的思想。同时,还要教育孩子学会思考和比较,在辨别和筛选的过程中形成自己的独立判断。

关于"好好学习"。我们国家的几代人都是在"好好学习,天天向上"的教导中长大的。无论到什么时候,要孩子好好学习都是没错的,问题在于在一个强

调素质教育的时代，仅要求孩子"好好学习"是远远不够的。那为什么这么说呢？如果与父母常讲的另一句话"没出息"联系起来，答案就清楚了，那就是有的父母还是认为"万般皆下品，唯有读书高"，或者"悠悠万事，唯此为大"，只有好好学习才能更有出息，才能成为人上人。这种认识，使得孩子的书包越来越大，越来越沉，许多孩子被家长为他们报的名目繁多的兴趣班压得喘不过气来，享受不到童年灿烂的阳光、翠绿的草地。以后当孩子长大成人，发现对童年的回忆中竟然只是书本、教室和作业，是不是会发出"还我童年"的吼声？

关于"没出息"。父母最爱用这句话训斥孩子。出息，在《现代汉语词典》里释为"指发展途径或志气"。在孩子成长过程中，必然会有无心的失误，会遭遇挫折和失败，做父母的必须学会给他们以明亮的、正面的引导，一味地指责"没出息"是一种负面的心理暗示，家长的反话往往孩子当真，这不是"好心好意地"把孩子往"没出息"的道上推吗？孩子"没出息"是家长所希望的吗？不希望发生的事情为什么喋喋不休地念叨呢？孩提时愚钝、调皮甚至顽劣，但最终成为名垂青史的名家和大师，这样的例子还少吗？那些幼时聪慧，长大却泯然众人的伤仲永之叹，不是言犹在耳吗？

有个孩子一直想不通，为什么他想考全班第一名却只考了第二十一名，他问母亲自己是否比别人笨。母亲没有回答，怕伤了孩子的自尊心，在孩子小学毕业时，带他去看了一次大海，在看海的过程中回答了孩子的问题。后来，当这个孩子以全校第一名的成绩考入清华，母校请他作报告时，他告诉了大家是母亲给他的答案："你看那在海边争食的鸟儿，当海浪打来的时候，小灰雀总能迅速地起飞，它们拍打两三下翅膀就升入了天空；而海鸥总显得非常笨拙，它们从沙滩飞入天空总要很长时间，然而，真正能飞越大海，横过大洋的还是海鸥。"希望所有家长多给孩子一点自信和鼓励吧，相信孩子经过努力一定能够成为飞越大海，横过大洋的海鸥！

家长心理健康是教育子女的通行证

每个做父母的都希望自己的孩子成人成才，为了孩子的成长，为了子女的"成龙成凤"，父母甘愿倾其所有，尽心付出。家长除了想方设法让孩子吃好穿

暖，不生病外，更多的是重视孩子的智力投资和开发，尽其所能让孩子接受各种各样的学习、培训，希望自己的孩子能够成为人中“龙凤”。而家长作为孩子的第一任教师，这些良好的愿望无可非议，但有些家长对子女的教育往往忽视了心理健康的培养，致使越来越多的孩子出现心理偏差，家长也常常钻进了牛角尖，这种在心理上行为上出现的误差，直接影响到对子女的教育效果。可见，父母心理健康是培养孩子健康心理的基石。

瑞典心理学家华生认为，儿童的心理发展是在抚育者的不断强化中逐步形成和巩固起来的。如果孩子在咿呀学语时无意间发出“爸爸”“妈妈”，会被父母以微笑、拥抱、亲吻等形式予以强化和鼓励，孩子也就慢慢地开口说话了。由此可见，孩子的成长与父母和孩子相处时的心态有着直接联系，就如美国心理学家诺尔希描述的那样：

如果儿童生活在批评的环境中，他就学会指责；

如果儿童生活在敌意的环境中，他就学会打架；

如果儿童生活在嘲笑的环境中，他就学会难为情；

如果儿童生活在鼓励的环境中，他就学会自信；

如果儿童生活在公平的环境中，他就学会正义；

如果儿童生活在安全的环境中，他就学会信任他人；

如果儿童生活在赞许的环境中，他就学会自爱；

如果儿童生活在羞辱的环境中，他就学会内疚；

……

所以，在家庭教育中，做为家长应不断地调整心态，保持健康的心理，握牢家庭教育的这枚“通行证”。而在家长中存在的偏常心态是对孩子的期望值过高，有的甚至达到了病态心理，也有的对子女的教育态度消极，不闻不问，顺其自然。而由这种种不正常的心态表现出来的家庭教育方法对孩子一生的成长将产生不可磨灭的影响。

走出高期望值的误区。家长应调正心态，对孩子确定合理的期望值，正确地认识孩子。为人父母，应从生理和心理发展的角度来认识自己的孩子，教育内容、教育方法必须符合孩子的实际，而不能超越现实。要从自己孩子的身心、年龄、兴趣、基础、天赋等多方面考虑，而不能脱离实际。不现实地对孩子提出这样那样的要求，只能是竹篮打水一场空。

孩子也是个大写的“人”。每个人都渴望得到别人的尊重，孩子也是同样。

一个孩子得到大人的尊重，长大后他就懂得该如何尊重他人。尊重孩子是爱孩子的一个具体表现，也是正确爱孩子的一个重要内容。孩子最初受人尊重的感觉是从父母那里得到的，尊重别人的意识也是在日常生活中经过多次训练、教育，不断强化而逐渐建立起来的。现在有些年轻父母由于自身受过良好的教育，对孩子的成长需求认识得比较到位，在日常生活中能尊重孩子。但也有一部分父母却做不到。学会尊重孩子不是一件容易的事，因为它不是一朝一夕的功夫，而是真正发自内心的自觉行为。

尊重孩子，就要遵循孩子成长发展的自然规律。孩子的发展过程是一个自然的过程，无论是孩子的生理还是心理发展，均有其自身发展的内在规律。然而，每一位父母都希望自己的孩子将来学习好、工作好、生活好。受此心愿的驱使，我们越来越急切地想让孩子提前学习各种文化知识，以便他们将来进入小学后，学得更好一点，更轻松一点，将来走得更顺利一些。但是，如果违背了孩子发展的自然规律，往往会把事情弄得很糟，这样不仅达不到父母所设想的预期效果，还会影响孩子的正常发展。

孩子过早进入紧张学习阶段，免不了遭遇种种困境与失败，而不少父母只是一味地批评、责骂孩子，却很少检讨自己的心态和行为。父母在急于求成的心理驱使下，往往只能接受孩子的成功，不能接受孩子的失败。在这种状况下，尊重孩子就谈不上了。

教育家卢梭说过："大自然希望儿童在成人以前，就要像儿童的样子。如果我们打乱这个次序，就会造成一些果实早熟，它们长得既不丰满也不甜美，而且很快就会腐烂。就是说，我们将造就一些年纪轻轻的博士和老态龙钟的儿童。"其实，孩子们需要的是自然发展的时间表，父母应让他们逐个地、循序渐进地走完每一个发展阶段。

尊重孩子，就要尊重孩子的独立人格和自我意识。孩子在两三岁时，其自我意识逐渐形成，他们会提出"我自己来"、"我自己做"的要求，并跃跃欲试地尝试着做每一件事，这是孩子心理发展到一定阶段的正常现象。可是许多父母生怕他们做不好，总是包办代替，从而剥夺了孩子学习与锻炼的机会。当孩子到时候什么也不会做或什么也做不好时，却又受到父母的指责与埋怨，这对孩子来说是不公平的。作为父母应随着孩子年龄的增长和独立意识的增强，通过各种方式以实际行动给予支持，如对孩子表示信任、让孩子拥有独立的空间、给孩子支配时间的自主权、尊重孩子的选择、善待孩子的朋友，等等。

尊重孩子，还要注意保护孩子的自尊心。心理学家认为，自尊是一种精神需要，是人格的内核。维护自尊是人的本能与天性。孩子的自尊心是他们成长的动力。保护好孩子的自尊心，增强他们的自信心，这是做合格父母的责任。父母应懂得孩子的自尊心是他们一生做人的资本，不能伤害与践踏它。

尊重孩子，就要给他们一定的自由空间。孩子除了吃好穿好的需要外，还有渴望得到尊重、渴望独立自主、渴望自由创造的需要。尊重孩子，就要把自由和独立还给孩子，让孩子自主选择自由探索。只有这些需要的满足才能使孩子感到真正的快乐和幸福。孩子在最初的几年里是用身体、用活动、游戏去感觉世界和认识自己的，而不少家长总是以自己的愿望和感受来替代孩子的主观需求，用各种各样的学习安排把孩子活动的时间和空间都占据了，这对孩子的发展十分不利。

为什么现在的孩子备受宠爱，却反而感受不到快乐？为什么父母为了孩子省吃俭用，却得不到孩子的理解？原因就在于，现在的孩子受父母支配太多、指责太多，孩子的自我激励能力很弱，创造能力和想像力的发展受到压制，好奇心也受到打击，他们很难发现自我价值。同时孩子由于过早地承受了太多的学习压力，从而早早地失去了童年的乐趣，没有正常孩子那样的欢乐，这将影响他们的社交能力和其他各种能力的发展及心理发育。

尊重孩子，就要正视孩子间的差异。由于受遗传因素和不同环境的影响，孩子间存在着一定的发展差异，这并不奇怪。可有些父母总喜欢拿自己的孩子与别人的孩子比。当自己的孩子比别人强时，父母就沾沾自喜，反之就不停地数落、讽刺、挖苦孩子，这样很容易使孩子消沉、迷惘。你应该认真研究你的孩子，发现他与其他孩子之间的差异，并且欣赏他的特质。让孩子感觉自己是不能代替别人，别人也无法取代他的，而且也觉得你看到了他身上与众不同之处。

看到别人身上有不同于自己的地方，乃是生命中的一大乐事，那有助于孩子扩展眼界和对生命的看法。而生活中一些关于个人喜好的决定，应该让孩子自己选择。比如让你的孩子挑选衣服和房间的摆设；偶尔晚餐也让他挑选自己的食物，假如他真的非常厌恶某种食物，就不要强迫他吃。如果你的孩子个性很强，那你最好让他在个人的喜好上有自己的决定，而不要教训他什么是对的、什么是错的。

个性强的孩子觉得自己需要对生活有某些控制，如果让他们有个人的喜好，的确能帮助他们建立自尊和自信。为了让孩子有自己的喜好，要对他说：

“我爱你，也爱你与众不同的地方。”当然，尊重孩子并不是一味地顺从孩子，而应追求尊重与要求的和谐统一。作为父母，要放下架子，把自己放在与孩子平等的位置上，努力寻求与孩子心理上的沟通与默契。爱孩子，尊重孩子，使他们从中感受到父母的爱和自身的价值，并由此学会尊重父母、尊重他人，这实在是特别有效的教子良方。

孩子感到压抑时的七种表现

当孩子感到压抑时，他们可能出现以下七种怪异的表现。

哭泣。通常孩子哭泣是由于饥饿或疲劳，但哭泣也是减轻压力的一种自然方式。“孩子试着将所有见到的一切装进心里，试着理解这个世界，这对他来讲有点不堪重负。”发展心理学家阿利瑟·所特这样认为：哭泣是一种自然愈合机制，当孩子受到太强的刺激，不知如何放松时，他们就垮了下来，然后大声啼哭，这就是为什么在生日聚会上总会有很多哭成泪人的孩子。

随着儿童年龄的增长，眼泪仍然是他们在情绪激动时释放压力的一种方式。所以不应该阻止孩子哭泣，也不要忽视他们的哭泣，应该充满爱意，心平气和地对待。如果婴儿啼哭，可抱着他们摇一摇，直到他们恢复平静。研究表明孩子被抱着的时间越长，他们哭泣的次数就越少。即使年龄大一些的孩子在哭泣时，抱着他们也可使其恢复平静。

不安的睡眠。夜晚对孩子来讲是很难度过的。把婴儿或咿呀学语的孩子和他们的父母分开，他们会很自然地感到焦虑和恐惧。在想象力丰富的学龄儿童脑子里，壁橱可能是妖魔鬼怪的藏身之所。如果说你的孩子长期失眠，那一定是有什么事情在困扰着他们。有个孩子在上六年级时就开始经受长期失眠的折磨。那个时期，他的母亲注意到：孩子早晨不愿意起床，整天无精打采，还会常常无故乱发脾气。在医疗检查无异常的情况下，孩子坦言，他总在晚上担心作业没做完，所以很不容易睡着。为了让孩子放松，这位母亲和校长谈了一下，给孩子在白天另外安排一些时间做作业。这样，他晚上就不会再担心作业没完成了。校长答应了她的请求。现在，这个孩子有更多的时间来完成作业，晚上睡得好多了。在睡觉前和你的孩子聊聊天，给他一个机会说出心里话，这

有可能会改善他的睡眠不佳状况。

疾病反复。如果你的孩子叫嚷肚子疼或头疼，但又没任何外在的症状，那么他可能就是精神紧张。曾经有一个父母正在闹离婚的孩子表现得非常焦虑，他不断地去校医务室检查，说自己头疼。作为父母，即使你怀疑孩子在装病，也应该带他去看医生。一旦诊断出疾病，应首先治疗儿童的情绪和心理，而不是身体。家长应尽量安排孩子单独相处而又无人打扰的时间，和他一起度过这段时光，让他感到你是值得信赖的，因为你可以解决那些给他的生活带来压力的难题。

攻击性行为。每个人都知道咿呀学语的孩子也会发脾气，但这些行为不总是古怪的。“语言能力有限的儿童减轻压力的唯一方式就是咬、激怒或欺负他的玩伴。造成这种行为的原因虽然和电视或录像上的暴力情景不无关系，但孩子的愤怒更可能源于心情压抑”。这就是阿利瑟·所特称的“碎饼干现象”——一个两岁的孩子不大可能由于得到一块碎饼干而感到不安，只是将其作为借口释放早晨郁积的沮丧心情。“这种行为传达的主要信息是他需要一切放慢速度，”所特说，“给你孩子安排的活动应当尽量简单，以确保他有足够的时间自由玩耍。”这就是说，你应该尽量少地告诉他做什么以及如何做，否则只能增加他的压力。孩子需要无忧无虑地玩耍，做自己想做的事情。

过度忧虑。孩子因看到新闻中灾难的报道而害怕飓风是情理之中的事，同样，学生害怕临近的考试也是正常的。但如果他们害怕所有的人和事就不正常了，他们越感到软弱无助，害怕的东西就越多。凯利·西克是新墨西哥州教育医疗顾问，她建议给孩子减轻恐惧和忧虑的方法就是正视他们。说“没什么好怕的”是毫无用处的，相反，应该让孩子集中精力应付他们控制范围内的事。

说谎和欺骗。4～5 岁的学龄前儿童有时会撒谎，但他们通常并不知道他们行为的后果。他们只是在区分什么是真实的，什么是虚假的。大一点的孩子在已经能够分清真假的情况下也会撒谎，这大多数是因为他们受到很多的压力。8 岁左右的孩子更关注自己在学校的一切。10 岁的时候他们会有诸如“别人喜欢我吗”这样的社交考虑。归根结底，他们是想取悦于父母，担心会辜负父母的期望。如果承认自己辜负了父母的期望，他们会感到羞愧。因此，他们就编造一些父母喜欢听的话，或让他们高兴，或喜欢讲故事时自己受到关注和赞赏。如果你的孩子听到你吹嘘自己停车没付费，或撒谎以避开工作会议时，你要小心自己在树立坏榜样。最好把诚实的重要性和说谎的后果讲给孩子听，如果说

谎已经成了他的一种习惯，你就应该带他看医学专家了。

拒绝吃饭。很多专家提醒家长应注意孩子的饮食。如果出现厌食或其他表示不满的肢体语言，家长应认真对待。如果对此忽视，就有可能发展成饮食紊乱症。2～8岁的儿童十分挑食，这是人所共知的。一些挑食的孩子胃口小，没有食欲。另一些明确表示不喜欢某些饭菜，但最终他会吃掉喜欢的饭菜；而对于可能患有饮食紊乱症的孩子，他就干脆不去想自己饿不饿。孤立无助的感觉和自卑会引起对食物的反感，但多数情况下，父母一方丑陋的体态或对别人胖瘦指指点点的态度会影响孩子。因此，父母并不总能正确判断孩子是否患饮食紊乱症。

面对孩子对吃饭的抵触，首先家长不要强迫孩子吃饭，而是应该经常改变饭菜的种类；其次鼓励孩子帮你做饭，帮你准备他爱吃的饭菜。如果他在吃饭时的不良倾向持续很长时间或体重减轻很多，最好找治疗饮食紊乱的专家寻求帮助。认识到你的孩子生活中存在压力，耐心地和他一起分析解决这些问题对每位父母来说都是必要的。当然，你不可能解决孩子生活中的所有问题，但你可以为孩子提供处理问题的建议，帮他成长为快乐的、有着良好适应能力的人。

责备和批评孩子的艺术

责备和批评孩子是父母必须掌握的一门艺术。在孩子的天真无邪的世界里，一切都是那么天然，本来无所谓对错；然而在成人的世界里却制定了许许多多的规则，要求每一个人都必须自觉或不自觉地去遵守。因此，为了让孩子长大后能够适应这个世界，做父母的一个基本责任，就是在孩子成长的过程中，逐渐地把这些规则灌输给孩子，让孩子知道自己在什么时候“越了轨”，又在什么时候“犯了错”。这样，就可以使孩子从自己所犯的小过失中，学会如何对一件事物作出正确的评价、采取正确的态度。

责备和批评孩子是父母的一个基本责任，但这并不意味着责备和批评可以滥用。谁都知道，有的批评使孩子心悦诚服，有的批评却招来孩子的不满或愤怒，因此，批评或责备是有分寸的。批评的分寸应该如何把握呢？换句话说，什么时候的批评是具有建设性的，什么时候的批评是具有破坏性的呢？这里的答

案就是：建设性的批评是完全抛开孩子个人品行上否定性特点，而仅限于必须要做的并如何去做。越过了这个临界点，批评便会招致你不愿看到的结果。

好好的一杯牛奶被打翻了，真可惜。小宁不小心把一杯牛奶打倒在饭桌上了。这时妈妈便忍不住责备说："你这么大了，连杯子都不知道该怎么拿！我说过多少遍了你要小心！"而爸爸则附和着说："没办法，他生来就是笨手笨脚的。你怎么说，他都改不了。"小宁只不过打倒了一杯五毛钱不到的牛奶，就招来了这样的一堆刻薄言语，这对孩子的自信心方面的伤害，是用再多的钱也难以弥补的。因此，在事情出了差错的时候，不是就一个人的品行来批评的恰当时间。这时，最好是就事论事，而不论及他个人的品格。

相反，下面这个例子中的批评就具有建设性。

晓明漫不经心，把妈妈刚给他倒好的牛奶打翻在了桌子上。这时，妈妈忍住怒火，镇静地对他说："牛奶打翻了。我去给你再倒一杯来，快拿抹布。"妈妈起身去拿了一块抹布递给儿子，然后再给他倒了一杯牛奶。惊慌的晓明这才放下心，不相信地望着妈妈，呐呐地说："啊，妈，谢谢你。"在妈妈的帮助下，他擦干净了桌子。妈妈没有再补充修正的意见，也没有作无益的训诫。但是，晓明在缄默中却对她充满了感激。

责备和批评孩子的分寸之所以很难掌握，其中一个关键原因，就是做父母的既要传递自己的情绪感受，但又要适度克制自己的愤怒。在责备孩子的时候，父母很难有不生气的。而生气到了一定的程度，也就成了愤怒。

父母应不应该对孩子的过失行为表示"愤怒"呢？从儿童教育的角度来看，显然是应该的，甚至它还是儿童教育过程中不可缺少的一课。因为假若有时父母对孩子的行为一律表示忍耐而不发怒的话，它所给予孩子的印象不是慈爱，而是冷漠。因此，凡是关心子女的人，都不能逃避愤怒。但是，愤怒是一种代价颇高甚至危险的情感，要使它应用得有价值，做父母的就不能只有付出而没有收获。也就是说，对父母而言，你可以对孩子发怒，但你不能随情绪的波动而随意加重你的愤怒。你可以让孩子明白：我的忍耐是有限度的。

发泄愤怒的目的是松弛自己因忧虑和痛苦而引起的紧张感，让孩子产生内心的自省，同时又不至于产生副作用，给双方带来新的伤害和痛苦。因此，当父母对孩子发怒时，所要掌握的分寸就是，既要将自己的真实情感和意图传达到对方，但又不至于引起新的、无休止的侮蔑、仇恨和愤怒。

做父母的当如何才能做到这一点呢？下述三个步骤既简单又实用。

第一步：就是在风平浪静的时候，做父母的一定要做好心理准备，惊涛骇浪是随时可能到来的。这时，父母要接受的三个假定是：承认孩子会使自己发怒是不可避免的，自己也有权发怒。对孩子发怒并不是一种无能的表现，也不是什么耻辱；父母有权在一定的限度内表现自己的内心感受，但是这种表露决不能伤害到孩子的人格。

第二步：当这些假定在父母的内心根深蒂固之后，一旦遇上必须对孩子发脾气的时候，父母便可以判明自己情感的强烈程度，并对孩子警告说："我心里很不高兴了"，"我生气了……"

第三步：如果父母的简短声明不能制止孩子的行为，那么，父母就可以以增加语气的强度来表达自己的愤怒，大多数时候，这样的说明便可以压制住孩子了。但有时候这么做还不行，这时，父母便必须进行到第三步，清楚地说明自己愤怒的由来和感受，并采取适当的行动：

"我一看到你把鞋子和袜子乱丢我就来气，忍不住就想冒火。我真想打开窗子，把你这些乱七八糟的东西扔到楼下去"；"看到你一放下筷子就看电视，把脏盘子脏碗留给我一个人收拾，我就很生气。我真想把电视机卖了，教你压根儿就看不成"，这种接近孩子的方式可以使父母的愤怒找到一条发泄的通道，又不至于引起伤害的后果。孩子在其中也可以了解到，哪些愤怒是安全的，哪些愤怒不可能带来毁灭性的结果。

总之，教育的基本原则是要培养孩子对父母的信赖感。如果孩子真的做了不该做的事，而妈妈也因为这件事情不愉快的话，就应该把这不愉快的心情传达给孩子，这样才能让孩子知道自己做错了事情。而孩子也能因此感受到："啊，原来妈妈不喜欢这样呀！"然后重复去体验那些感受，逐渐了解哪些行为是不能做的。

"你这么晚回家是不对的，你知道妈妈有多担心和焦急吗？"责备和批评孩子既然是父母必须掌握的一门艺术，那么，这就要告诉孩子并让他明白：每一个孩子都需要父母的帮助，来辨别什么事情只是令人不快的或烦恼的，什么事情是悲剧或灾祸。因此，承受责备和批评也是孩子必须主修的一门功课。

如何让孩子坦然地承认错误并承担责备和批评呢？关键的一点就是，在孩子犯错误的时候，做父母的一定要把事情本身与做事情的人分开——这样，你的孩子就会知道自己做了一件不好的事，但这并不意味着自己是个不好的人。在批评孩子的同时，还要告诉他批评的目的是帮助他分清对错，而不是处罚他。

如果能这样想，你也就更容易在孩子的错误面前保持冷静了。

比如，有的小孩很贪玩，有时玩到很晚都不回家。这时，若妈妈一见到他便给他一顿指责甚至辱骂："你也知道还要回家"、"你就干脆别回家了"，效果肯定不理想。相反，假若这时妈妈所传达的信息是："你这么晚回家是不对的，你知道妈妈有多担心和焦急吗；妈妈太爱你了，怕你出了什么意外"。那么，接下来的情景就大不一样了。

尽管孩子在成长的过程中需要得到父母的帮助、责备和教导，但是做父母的切莫就此认为自己可以对孩子"事事关心"、"事事监控"。事实上，在从成长到成熟的过程中，孩子从父母身上学到独立和自治的意识，才是更为重要的。因此，责备和批评孩子的时候，父母须掌握的另一个分寸，就是要对孩子的独立和自治的领域，加以适当的维护。

家长给予孩子的批评不仅是出于爱怜，而且是出于同情。家长要多聆听，少说教。父母只能为孩子指出路来，真正到达目的地，却要靠孩子自己去走。

怎样启发孩子热爱学习

孩子大多是愿意通过学习去了解新东西的。可是，随着年龄的增长，有些孩子的确会变得讨厌念书、讨厌学习。造成这种情况的因素很多，而由家庭因素所致的却占了大多数。

当孩子讨厌上学念书时，家长应先检讨一下自身有无以下行为：容易生气，动不动就打骂孩子；从不称赞孩子；不给孩子娱乐的时间，只要孩子一打开电视，就问"功课做好了没有"，"为什么看电视"，给孩子许多补充练习。除此以外，像父母不和、家庭生活不协调、双亲外出工作等，都会影响孩子的学习情绪，使他无心念书。

那么怎样才能使孩子爱上学习呢？

让孩子保持愉快的学习情绪。家长必须了解，孩子心情愉快时会比较喜欢学习，会学得更好更起劲，因此家长指导孩子学习时应注意：不要操之过急。家长应了解孩子自身的学习能力，和孩子共同设计一个可行的学习目标，切忌因操之过急而给孩子造成压力。

保持自己愉快的心情。家长的心情直接影响到孩子的学习情绪，因此，在帮助孩子学习时，家长一定要保持心情愉快，这种情绪会让孩子感觉到学习本身就是一件愉快的事情。

帮助孩子一起解决问题。家长如果发现孩子能力不及的时候，就要想办法帮助孩子解决问题，否则会使孩子对学习产生畏惧感。

用游戏性的语言对孩子提出要求。家长对孩子用游戏性的语言说话是很有鼓励作用的。有人到一个朋友家做客，见他的孩子玩意正浓，这时，孩子的母亲用微笑的态度，在孩子旁边用儿歌的旋律唱出："乖孩子，要学琴，跟叔叔婶婶再会吧！"然后轻轻拉了拉孩子的手。孩子果然愉快地放下手中的玩具，向客人打了声招呼，跟着妈妈去另一个房间了。这位母亲用游戏性的语言成功地唤起了孩子学习的兴趣。相反地，如果这位母亲用责骂的语气对孩子说："学琴的时间到啦，赶快到房间去！"孩子就算是放下手中的玩具，跟妈妈去学琴，也一定学不好。

让孩子养成自觉学习的习惯。给孩子恰当的关怀和鼓励。家长应为孩子提供一个属于他自己的环境，并适时地关爱、鼓励孩子，让孩子养成自觉学习的习惯。有一家三口，居住面积比较小，爸爸就在他儿子的床边放置了一张小桌子，在桌子的左上角安装了一盏灯。每天晚上，全家人吃过晚饭，就会各自干自己的事情：爸爸静静地坐在沙发上读报；妈妈轻轻地做家务；孩子也就会自动走到他自己的书桌前，坐在椅子上做功课。适当的时机，爸爸妈妈会走到孩子面前，对他说："我知道你一定会把功课做好的。你真乖，不用爸妈担心。"在父母默默的鼓励和支持下，他养成了自觉学习的习惯。

帮孩子建立自信。家长要指出孩子的优点，让他知道自己的潜能，对自己充满自信。有一位很成功的人士，他小时候因入学早，各方面表现都不如意，因此很自卑。有一次他和小朋友在家里玩拍皮球，他比其他小朋友拍得又多又好。他爸爸对他说："孩子，你真行！你是一个很有潜力的孩子。你是班里年纪最小的，如果你晚入学一年就好了。不过，我们一起努力，解决问题，你会赶上别人的。"经过那一次，他对自己恢复了信心，知道自己有潜能，开始努力读书了，很快便成为班里的佼佼者。

用努力而不是用分数去评价孩子。家长不要过分重视孩子的学习成绩，以"分数"论英雄，而要看孩子的整体性表现而加以称赞。如果孩子尽了力，也得不到好成绩，家长应表示理解，不要让他在精神上有过分的压力。

孩子写作业时家长应注意的四个方面

孩子进入学校以后，一些家长开始头痛起来：许多孩子不能安心做功课。望子成龙的父母不能不担忧了。那么，怎样才能很好地处理孩子的这种情况呢？这就要求家长根据孩子的心理特点，采取有针对性的方法，而不能急于求成。其中要注意以下几点。

一是创造良好的家庭学习气氛。要让孩子安心学习，家长首先自己安下心来，可以读读书，看看报，做一些不出声，不惹孩子发生兴趣的事，为孩子创造一个安静的良好的学习气氛。年幼的孩子还不懂得学习为了什么，但他们会仿效父母，从父母那里知道应该热爱学习，应当怎样学习。

二是不要训斥孩子。有些家长看到孩子做作业时心不在焉，或者根本想不起来做作业，许多家长就怒火冲天。许多天资很好的孩子懒于做家庭作业，在学校里的成绩往往也低于他们所能获得的成就，很有可能他就是在这方面下意识地反抗父母，来作为维护自己的独立感的手段的。从这方面看，不管父母责备和批评得有多厉害，压力有多大，孩子本身所需要的独立和自主意识也会驱使孩子走向失败之途。有一个孩子说："父母可以把电视搬走，不给我零用钱，但是他们对我的成绩却毫无办法。"

在这个问题上，只能耐心地培养孩子自身的责任感和独立意识。如果父母对孩子的家庭作业或学业的兴趣表示得稍微淡泊一点，以肯定的语气明白地告诉孩子："家庭作业或学业是你应承担的责任。对你来讲，家庭作业就等于是你的工作，这跟我们的工作是一样的"，可能会避免许多的冲突，给家庭生活增添一分快乐。

三是不要跟孩子唠叨。有的父母出于感情交流的需要，在孩子做作业时总喜欢问这问那。"做几道了？还有几道？""有没有不会做的题？""老师讲的你都听懂了吗？"等等。看起来似乎是关心孩子，殊不知这样不时地干扰孩子，弄得孩子无法集中注意力，思考问题的思路也是总被打断。因此提醒各位家长注意：不要在孩子学习时跟孩子唠唠叨叨。

四是接待客人注意不要影响孩子。对于一个家庭，邻居串门，好友来访，这

是常有的事。可是有的人话匣子一打开就没完没了，全然忘了还有孩子在房内做功课。大人聊天最易影响孩子的注意力，孩子的学习肯定会受影响。因此，父母应尽量地安排在不影响孩子学习的地方或孩子的娱乐时间里接待客人。而亲朋好友也最好在孩子的休息日去登门拜访，如果有事急需登门，应把时间安排得紧凑些，以免影响主人家孩子的学习和休息。

总而言之，父母必须认识到，就像许多家务劳动一样，家庭作业的主要价值是在于给孩子一个机会，让他们自己去获得学习的经验。为了达到这个目的，孩子在懒于做家庭作业的时候，父母只能给他安慰和支持，而不可对他说教，或者帮他的忙。

孩子做不好功课不能只从孩子那里找原因。身为父母，也应时时考虑自己是否有做得不周的地方，有则改之，无则加勉，尽自己最大的可能为孩子创造一个良好的学习环境。

培养孩子学习兴趣的方法

每个家长都希望自己的孩子学得既轻松愉快，又能取得好成绩，但往往很多时候不尽如人意。是什么原因造成孩子学习成绩上不去呢？其实主要就是孩子对学习没有兴趣。学习兴趣是推动孩子学习的一种最实际的动力，它能够促使孩子自觉地去学。一般来说，孩子的学习兴趣与他们的学习成绩、学习信心是相辅相成的。孩子对某门功课有兴趣，学习成绩就会好，学习信心就会足。因此，对孩子学习兴趣的培养很重要。那么，如何去培养孩子学习的兴趣呢？

尊重孩子的兴趣。孩子好比各种树苗，有的像松柏苗，有的像杨柳苗，有的像榕树苗等，不论是什么树苗，都可以长成各种各样的材料。所以做父母的责任，并不在于强迫孩子学这一样，不学那一样，而是应该多给孩子一些自由宽松的空间，让他们自己去选择感兴趣的、喜欢的事。

许多事实证明，小时候培养的兴趣往往为一生的事业奠定了基础。有些做父母的对孩子寄托了很大的希望，但他们往往按照自己的主观意志去"规定"孩子的兴趣，而不是尊重孩子自身的学习兴趣的发展规律培养孩子，这样往往会延误孩子的发展。

注意把孩子原有兴趣与知识学习联系起来，以培养和激发学习的兴趣。事实上，有很多事情孩子真的没有经历过，没有切身的体会，但又不能不写，于是他们只好这本作文书抄抄，那本作文书抄抄，真的找不到可以抄的时候，就马马虎虎写几句来应付，真正成了“作”文。如果孩子喜欢动手操作，家长又支持他做，并为他提供有关书籍，他书看得多了，事做得多了，他写的时候就得心应手了，写出来的文章也必然较具体、真实，有血有肉，他会把自己的制作过程，把自己获得成功的喜悦，遇到困难时怎样想办法克服等等都具体地写出来。所以家长应该让孩子多参加有益的、自己喜欢的活动，并将其与学习联系起来。

准确判断孩子不喜欢学习的原因并帮助解决。孩子不喜欢学习的原因非常复杂。如上学被老师批评了，读错了字遭同学的讥笑，想看自己喜欢的电视节目却被迫离开写作业等等。这些原因逐渐在内心堆积起来后，渐渐地对学习失去了兴趣。

父母首先要和孩子自由沟通，以温和的态度和孩子探讨为什么不喜欢读书。这里，孩子什么话都可以说，不管他的理由多么可笑，父母也不可责骂或取笑。当孩子把不喜欢读书的理由都说出来之后，孩子自己就会发现他不喜欢学习的原因并不是学习本身，而是被老师批评了，被讥笑，想看电视等与读书学习有关的环境。父母了解了他的问题所在，就要为他解决。例如，可以和老师谈谈孩子的情况，在孩子喜欢看的电视节目播放时，先让孩子把电视看完再去学习等，这样可以帮助孩子解决学习上的障碍，恢复孩子对学习的兴趣。

把书桌变成孩子感兴趣的地方。孩子学习做功课需要有一个好的环境，一张自己的书桌是必不可少的。把书桌变成孩子感兴趣的地方，就会使孩子对经常在书桌上进行的学习活动感兴趣。书桌要整洁，抽屉里要备有做各门功课所需的工具，这样当他需要时，立刻就能找到，不会因为缺少某件工具而中断作业，心生烦躁。书桌美观舒适，孩子一有时间就会坐到这里开始他的学习活动。

鼓励孩子获得成功，提高子女的成功感。成功是使孩子感到满足，并愿意继续学习的一种动力。孩子一旦获得成功，就感到满足，并愿意继续学下去。因此，家长应该鼓励、引导孩子，让他们体验到成功的喜悦。每个孩子的智力、接受能力有所不同，家长应该全面去了解自己的孩子，根据自己孩子的具体情况为他们去制定一些容易达到的小目标，这样可以使孩子觉得能够做到，他就有信心、有动力去做，就会获得成功。当他体验到成功的乐趣时，就会有兴趣、有信心去实现下一个目标。随着一个个小目标的实现，孩子就不断取得进步。

试着让孩子多提问题，增强子女的求知欲。孩子一般会对自己理解非常充分或自觉得意的地方提出问题，这对父母来说，就很容易掌握孩子在哪些方面比较擅长，在哪些方面还有欠缺。如果坚持这种学习方法，孩子就会在平常的学习中准确地抓住学习的要求和问题所在。此外，这还有助于提高孩子的表达能力，满足孩子的自尊心，学习自然就会取得良好的效果。

怎样教孩子克服考试怯场

考试怯场是一个比较普遍的现象，在任何有考试的场合都可能出现，在中小学生中更多些。其表现为原来已经熟记的材料、熟练的动作不能重新回忆、再现或再做，严重者还可能出现头晕(俗称晕场)、目眩、心悸、恶心等症状，结果造成考试失利。

产生怯场的原因。怯场是一种短暂性心理失常现象，是由于各种原因造成情绪过度紧张所致，孩子的过度紧张是由于过度的压力造成的，这种压力既有外部的，也有自身的。

首先压力来自家长。家长望子成龙、望女成凤，期望值非常高，而且把期望变成了言语、行动，不断给孩子施加压力："你一定要考好，考好了有奖励"，"考不好就是没出息"，"父母的希望全在你身上，考不好就全完了。"而且在行动上重点保护，准备营养品、补脑液、高级饮料……这些言行成为有形和无形的压力，集中到孩子脑子里去。

其次，压力来自学校。有些学校以及老师运用动员、成绩排队，甚至用倒计时的方式促使学生好好念书，提高成绩。对于面临升学考试的学生，更是双管齐下，造成紧张气氛。这对学生的压力是很大的。

再次，压力来自社会。由于社会上竞争激烈，各种考试成为人们的一个热门话题。亲友们见到孩子，经常会问："书念得怎样，考试得了多少分?"而且还往往鼓励几句："好好念书，将来考大学，当专家。"殊不知这些关切的话语，对孩子都会成为心理压力。如果一个孩子对这些压力能够正确认识，自我调控，变压力为动力，考场上不乱方寸，那么，不但不会影响成绩，有可能考得比较好。如果一个孩子，本来成绩就不好，而且信心不足，对这些压力抱无所谓态度，任

谁怎么说，我行我素，考试也不会有什么起色。

问题在于，有的孩子心很重，把这些“石头”一块一块摞在脑子里，而且自己给自己加压，自我期望值也很高，但是又缺乏坚强的意志来调控高度紧张的情绪。一到考试时候，优势兴奋中心就成为严重的干扰源，当然考不好了。

怎样做才能使孩子考试不怯场呢？

首先，要从家长开始，做好减压的工作。一方面，家长不要在平时给孩子太多的精神压力，不要盲目地给孩子定过高的指标，达不到就如何如何。在临近考试时，尤其不要天天话不离口地谈考试的事，因为你说得越多，考试时刺激孩子产生紧张情绪的信号就会越多。另一方面，不宜在孩子考试前和考试期间，为孩子做过多的物质准备和具体服务，如买很多的营养品，这些做法无形中在给孩子增压。适当改善一下饮食是可以的，但不能过分。

其次，指导孩子正确对待考试，帮助孩子自我减轻压力。孩子的水平是客观的，只要认真复习，认真做好考试准备，能考出自己的实际水平就行了。孩子有时对自己的水平认识不够，自我期望值过高，甚至有侥幸心理。有的孩子总担心出错，这样，一进考场就紧张，一看见不熟悉的题目，紧张情绪就加剧，甚至导致一连串的失误。家长应少给孩子压力，让孩子正确对待考试。考试，就是考查学习水平，告诉孩子不要给自己定太高的指标，考试遇见不熟悉的题目是正常现象，对每个同学都是可能的。胜败乃兵家常事，努力就是好孩子。

指导孩子事先明确自己答卷的程序和要求，按部就班去做。基本程序和要求是：工工整整写上姓名（有时写学号、准考证号），一笔一划地写，有助于使自己平静下来；看准题目，审清题意，一个题一个题顺序往下答。爱紧张的孩子不要先把全部题目看一遍，那样容易造成因为看到一个不熟悉题目而增加紧张感。遇到不会答的题目，认真展开思路想一想，如果没有想通，暂时放下，不可占过多的时间，免得耽误了做其他会做题目的时间。会做的题做完之后，再回过头来做难题。仔细检查、避免漏错。大题、难题多花点时间。时间较少，普通题目看一遍即可，多看一看重点题目。特别要把卷正反面都查一查，不要有漏答的题目。这个基本程序和要求，让孩子平时小测验和阶段考试中就坚持做到，养成习惯，比较大的考试就会自然而然地按程序应考了。

指导孩子在考前把用具准备好，放在比较保险的地方。有的孩子就因为用具准备不齐，临时发现，增加紧张情绪。此外，在考前让孩子适当参加一些文体活动，放松身心，对防止怯场很有好处。还可以在考试前和考试中喝一点板兰

根、清热冲剂、菊花茶等清热降火的中药,有利于保持脑子清醒。如果孩子考试怯场过于严重,建议去看看心理医生。

如何调动孩子学习的积极性

要想充分发挥孩子的潜能和才智,使孩子在学习上有好的成绩,就必须提高孩子对学习的兴趣,调动孩子学习的积极性。

尝到甜头。要提高孩子的学习兴趣,先要使孩子尝到成功的滋味。比如,当孩子的语文好数学差时,做功课时就让他先做语文作业再做数学作业,否则,不仅数学做不好,语文也不会有进步。在做数学作业时,也要让孩子先做些简易的题目,然后再让他做些较难的题目。在考试时,也要告诫孩子要先易后难,这不仅能增强信心,还可克服考试恐惧心理。一般是先将试卷大体看一遍,先做容易的试题,再做较难的试题。这样就可消除考试中的精神紧张,做起试题来也就比较轻松自如,常可取得较好的考试成绩。

欲速不达。常言道:"欲速则不达"、"水到渠成"。要提高孩子的学习兴趣,父母要避免急躁情绪,不能操之过急,不能强迫孩子学习。如果逼的太紧的话,孩子就会变得焦躁,不耐烦,潜意识产生反抗情绪,因而会变得善忘,会一下子把刚学会的东西忘掉。

要多鼓励。对于孩子的好表现、好成绩,父母不要吝啬使用赞美之词,因为称赞对孩子会起很大的鼓励作用。对于孩子的错处不要过于批评,因为过多的批评,会令他情绪低落,从而犯更多的错误。表扬为主的方式,对提高孩子的学习兴趣也有一定的积极作用。

防止反抗。防止孩子产生反抗心理,尤其是防止产生逆反心理,是父母教育孩子学习必须注意的问题。一般来说,将孩子和别人相比较,往往会使孩子产生反抗心理,容易使孩子自觉放弃进取心。

控制时间。由于孩子注意力集中的时间不长,如 7 岁的孩子在家一次连续做功课的时间不要超过 30 分钟,8～11 岁的孩子不超过 50 分钟。如果忽视孩子的精力集中时间,强迫孩子长时间做功课,不休息,不活动,不仅对孩子的健康不利,而且还使孩子对功课产生厌烦情绪,更谈不上提高孩子的学习兴趣了。

做好榜样。要使孩子对学习发生兴趣，父母必须做孩子的好榜样，先让孩子看到父母很喜欢看书学习，求知欲很强，不断学习等等。当然，培养孩子学习兴趣的方法很多，孩子的学习兴趣也是在多方面因素的影响下发展起来的。家长应随时注意孩子的成长过程，及时采取措施，促使他们的兴趣向正确方向发展。

孩子出现学习障碍怎么办

由于竞争日趋激烈的社会环境、独生子女的过度保护、来自家庭和学校的压力等等，我国青少年中出现了大量的"高智商低学能"的儿童。家长咨询时常说的话是："我家孩子挺聪明的，看电视、玩电脑、拆玩具好多大人不知道的事他都知道。就是学习成绩不行，找辅导班补课、请家教辅导不起作用。"当家长不知道什么是学习障碍时，孩子的问题只能用"不专心，没兴趣、没信心、注意力不集中、粗心、依赖、学习态度不佳"等来描述，只能用简单的方式去教育孩子。孩子智力正常却学习不好，家长通常认为是孩子贪玩不愿学习造成的，因此，除了训斥、批评之外，就是没完没了地报班补习。其实，孩子学习差可带他去检查一下，看他是否患了学习障碍症？

有一些孩子可以做高他一年级的功课；有的却只会做低他一、二年级的功课，他们不是不专心，而是他们的学习能力，还没有到达同年龄教材的水平，我们称为"学习障碍"，古时候叫"还没开窍"。就是儿童在听、说、读、写、算时，因为能力的不足，导致学习的障碍。这种实际能力不及年龄应有能力的现象，心理学者称之为"高智商低成就"，教师称之为"学习障碍"或"高智商低学能"。

对近万例14岁以下"成绩差的学生"进行全面测定和跟踪调查显示，只有20％的学生学习态度不端正，5％存在智力障碍，剩下75％的孩子则是由于存在不同程度的视觉、听觉注意力差，方向感差等学习障碍而影响了读、写、算、记。

据了解，相当一部分家长对孩子学习障碍持两种态度：要么，不以为然，认为自己的孩子聪明伶俐，不可能有某方面的缺陷，是专家们故意夸大其词，结果听之任之，直到孩子对学习失去信心，才悔之晚矣；另一类家长则认为孩子是在学习态度或动机上存在问题，一味地责怪孩子不努力，结果弄得孩子对学习产生厌倦，学习成绩自然越来越不理想。专业人士认为，大多数智力正常、学习能

力较差的孩子都是可以通过能力训练来补救的，最重要的是找准问题的所在，并且是越早动手越有效。

很多父母看到儿女学习成绩较差，记忆力不佳，总是一味地责怪。其实，患了学习能力障碍症的孩子，无论父母老师怎么责怪，他们的成绩也不会变好的。孩子的学习障碍应当及早发现，及时矫正。一般说来，6 岁前是最佳预防期，7～10 岁是最佳矫正期。其中一个有效的预防方法就是进行学习能力测查，也就是说看一看孩子的各项学习能力，即听、说、读、写能力是否与年龄相匹配，如果学习能力严重落后于实际年龄应有能力就可能是出现了学习障碍。

比如，一个 6 岁的儿童身体运动能力达到了 6 岁标准，可以拍球、跳绳，但视动统合能力却只相当于 5 岁孩子的水平，语言能力只相当于 4 岁半儿童的水平，如果上学他就会遇到写和读的困难。如今的家长都很重视孩子的早期教育，孩子从小开始学识字、学绘画、学钢琴等，可更为基本的是对学习能力的培养，即培养孩子基础的听、说、读、写、算的能力，让孩子觉得学习不难。而真正能做到这一点的家长一定是一个理性的家长。强化能力可使孩子终身受益。

对于不同类型的学习障碍者应制定个性化的教育方案，进行有针对性的训练，才能提高孩子的学习能力。当发现自己的孩子有学习障碍时，如果家庭和学校不施以援手，这些孩子的遭遇会令人担忧：一是父母十分忧虑，强迫孩子花更多的时间在课业上，甚至放弃课余的所有休闲活动；二是孩子即使很努力想考好一点，但也无法达到父母所期望的标准；三是父母相当愤怒，责怪孩子不用心，甚至忍不住打骂孩子；四是孩子放弃努力，因为不管他多用功，也很难达到父母的期望；五是孩子的信心严重受挫，要么自暴自弃、内向退缩；要么干扰他人或出现问题行为。因此，家长和学校应积极介人，及时发现，及时帮助，避免有学习学障的孩子的命运成为这种结局。

“优等生”也有心理障碍

在人们的心目中，能升入重点中学的学生往往品学兼优，而重点中学的优等生更是能上重点大学的“苗子”。因此，很多人就错误地认为，他们在身心和人格上都应该比其他学生更加健康和健全，所以，一旦他们出现“越轨”行为，人

们就会惊诧不已。其实，优等生也是人，每个人的内心与外界都会发生巨大的冲突和碰撞，如果没有处理好这些冲突和碰撞，就极有可能诱发心理疾患。优等生的心理障碍突出表现在以下几个方面。

自高自大心理。重点中学的优等生往往都是“家里受宠，学校受捧”的学生。在以往的学习过程中，他们大多一马平川，春风得意，很少遭遇坎坷挫折。因而，他们大多目空一切。这种自高自大的心理使他们总是过高估计自己的能力，因而往往会为偶尔的几次考试失败而沮丧，从而开始由自我欣赏、自我陶醉转化为自我怀疑、自我怨恨。当怨恨在心中结成疙瘩，他们就很难说服自我，往往由极端的自傲心理转化成极端的自卑心理。

焦虑恐惧心理。从表面上看，那些重点中学的优等生长期处在被褒扬、被欣赏的位置，因而，他们的内心一定充溢着成功的喜悦。但是，只要深究其里，便会发现事实并非如此。在激烈的学业竞争中，优等生们大都有较高的目标定位，但当预期的目标受诸多的因素制约而未能实现时，他们强烈的自尊心便会受到伤害。他们担心被人瞧不起，害怕考试名次再往下跌，以致造成人际交往障碍和应试能力下降。

嫉妒敌视心理。优等生较高的目标定位和角色定位，使他们总是千方百计地维持其“唯我独尊”的局面，很难容忍其他竞争对手称“第一”，因而在优等生群体中，嫉妒心理的表现也较为突出。他们对竞争对手的长处优势和荣誉多有不满情绪。虽然适度的嫉妒可以激发人拼搏进取的内驱动力，但是有的人却会走向极端，因嫉妒而产生厌恶他人、憎恨他人、仇视他人的心理。而敌视心理的产生往往会使他们对竞争对手采取有失道德的攻击报复行为，如无中生有、恶意诋毁，甚至还会故意伤害他人。

闭锁排他心理。有些优等生为了保住自己“第一”的宝座，很少与其他同学沟通。这种闭锁心理往往使他们和其他同学产生隔膜，久而久之就会产生强烈的孤独感，并且会出现越孤独越排他的恶性循环，使得行为更加怪癖和偏执，形成严重的人格缺陷，影响他们的成长进步，影响他们的未来发展。

以上四种不健康心理是优等生群体心理障碍的突出表现，另外还有猜疑心理、刻板心理、支配心理等不良心理存在。这些心理障碍并不是独立存在的，他们大多交互作用、恶性循环。只是在不同的时段、不同的场景，某种心理障碍会愈显突出，因而需要家长和老师全面认识，并从根本上帮助那些优等生尽快走出困扰他们的心灵误区。

第三章 胎儿与婴儿教育

聪明的孩子是如何产生的

孩子大脑的发育。得到一个聪明的孩子是每一对夫妻的希望。聪明孩子的前提取决于胎儿大脑的发育情况。孕后20天左右，胚胎中已有大脑原基存在；妊娠2个月时，大脑里沟回的轮廓已经很明显；第3个月，脑细胞的发育进入了第一个高峰时期；第4～5个月时，胎儿的脑细胞仍处于迅速发育的高峰阶段，并且偶尔出现记忆痕迹；从第6个月起，胎儿大脑表面开始出现沟回，大脑皮层的层次结构也已经基本定型；第7个月，胎儿大脑中主持知觉和运动的神经比较发达，开始有思维和记忆能力；第8个月时，胎儿的大脑皮层更为发达，大脑表面的主要沟回也已经完全形成。据有关报道，胎儿的脑从妊娠6个月起就已具有140亿个脑细胞，也就是说已经基本具备了一生中所有的脑细胞数量。其后的任务只是在于如何提高大脑细胞的质量，若想再增加脑细胞的数量已经无法再增加了。胎教的意义其实很早就开始了。

爸爸妈妈谁的遗传大。相貌是父亲遗传的大。可能由于父亲给予子女遗传上的特征，使婴儿的脸无论怎么看都更像父亲。这也是人类“自保”本能的一种体现，因为谁是母亲毫无疑问，而谁是父亲却没有这么肯定，所以必须像父亲，这样对婴儿有利，也可以鼓励父亲投入更多的爱。

身高是母亲的遗传大。在营养状况平衡的前提下，父母的遗传是决定孩子身高的主要因素，其中妈妈的身高尤其关键。妈妈长得高，孩子也大多长得比较高。

智力是母亲的遗传大。就遗传而言，妈妈聪明，生下的孩子大多聪明，如果是个男孩子，就会更聪明。这其中的原因在于，人类与智力有关的基因主要集

中在X染色体上。女性有2个X染色体，男性只有1个，所以妈妈的智力在遗传中就占有了更重要的位置。

性格是父亲的遗传大。有一位专家提出，父亲能传授给女儿生活上的许多重要的教训和经验，使女儿的性格更加丰富多彩。

超常儿童的产生。一项调查发现，中国科技大学少年班八届282名学员中，60%都出自于良好家庭教育的知识分子家庭。为此，有人将超常儿童的产生归纳为三类：第一类是他们具有优秀的遗传素质，基本由遗传决定的。第二类是一般遗传素质加上良好的教育，是后天因素促进了遗传因素的表达。第三类是优秀的遗传素质加上良好的后天教育。可见，优生优育应该同教育并举，提高人类的遗传素质和创造优良的条件，才可能开发出更多更好的智力资源。

古代圣贤重视胎教

现代社会的人对于尚在母体中的胎儿，十分强调胎教。岂知在中国古代社会，有德行的人就开始重视胎教了，但内容与今天的却有着相当大的差别。

比如，周文王的母亲怀他的时候，眼睛不看不好的颜色，耳朵不听淫荡的声音，嘴里不说戏谑调笑的言语。因此，文王生下来就明白什么是贤圣，并最终成为一代圣主。

有才德的人认为妇女在怀孕时可以進行胎教。

進行胎教的妇女在怀孕的时候，睡觉不侧卧，不在靠边的地方坐，不一只脚站立，不吃乱七八糟的东西。食物切的不端正不吃，炕席铺的不正不坐，眼睛不看不好的颜色，耳朵不听淫荡的声音。这样，生下来的孩子才会形容端正，才艺博通。

孩子的智力是遗传的吗

遗传素质是指体格上和智力上各种遗传性因素的总和，智力是遗传因素和

环境因素相互作用的结果。

智力受遗传因素所控制，但并不否认后天的环境和教育作用，比如母亲怀孕及分娩时的环境以及家庭环境不同，也可能造成儿童在智力发育上的差别，从而导致智商各不相同，而且即使孩子继承了父母某些聪明的特征，这些特征也会因为后天环境的不同而被完全改变。后天环境决定了遗传潜力的表现，应该认为遗传和环境的关系，是内因和外因的关系。

对于绝大多数人来说，遗传因素决定的潜力相差并不大，关键在于积极创造后天的良好环境，并通过自己的勤奋努力，使每一个人的潜力得到充分发挥。

影响孩子智力发育的几种因素

一是遗传。孩子的智商受父母的影响，一般而言，如果父母智能都比较低下，那么孩子的智商一般都不是很高。

二是营养。孩子出生后的营养供给不足不仅影响体重及身高的增长速度，对智能的发育也有一定影响。在缺铁性贫血发生之前已有注意力不集中、记忆力减退及性格的改变。缺碘可致甲状腺功能低下，造成体格发育落后及智能迟缓。0～2 岁是脑发育的关键时期，此时如果严重的营养不良可使脑发育受到影响，从而影响智力。

三是疾病。出生时缺氧窒息、颅内出血、低血糖等都可能严重损害脑的发育和功能。急性病之后体重明显减轻，慢性病对体重及身高均有影响。有些内分泌疾病会造成身材矮小，脑部外伤及神经系统感染性疾病，有时会造成程度不等的智力迟缓。

四是药物。某些药物，如链霉素、庆大霉素、卡那酶素，对小儿的听力有一定影响；细胞毒性药物、抗甲状腺药物，可直接或间接影响孩子生长。

五是环境。良好的生活环境、教养条件是促进智力发育的重要因素。早期教育对婴幼儿的心理发育有积极的促进作用。当今，有些早期教育专家强调婴儿出生后第 1 小时内的母婴接触，对小儿今后良好的性格、情感有密切关系。合理的生活规律和良好的生活习惯都对孩子的身心发展有利。

孕期胎教的四种方法

一是音乐胎教。播放优雅、动听、抒情的音乐，同时孕妈妈应用心领略音乐的语言并有意识地产生联想。联想大自然充满生机的美，联想美好的明天，联想一切美好的事物。如：一曲优美的“摇篮曲”，仿佛摇篮轻摆，充满你对孩子未来的热情，亲切的祝福！孕妇还可以通过唱歌，朗诵，使胎儿接受人类语言声波的信息。既可训练胎儿，向空白大脑上增加“音符”，又陶冶了孕妇自身情趣，调节情绪进入一个宁静的精神状态，继而又作用于胎儿良性信息。

二是语言胎教。常言道“言为心声”，父母在生活中应增加语言、文学的修养，以优美的语言充实、丰富、美化自己的生活。在父母与胎儿对话中，应充分体现关心和爱抚。对话时丈夫可把双手轻放在妻子腹部跟胎儿讲话，告诉胎儿大自然的风景变化和眼前的美好景观以及父母对未来生活的憧憬，讲愉快优美的童话故事，使其先天感受慈爱父母之温馨，情感融融之和谐。

三是信息胎教。其中包括文字、书法、绘画胎教，可采用简易的词汇（中文或外文）进行。讲的同时要联想实物，如：苹果、梨、牛、羊、蔬菜等，也要说明形态、颜色。准妈妈写字或绘画时，也要边写边画边讲，如：画竹时可讲“先画一个圆圆长长的竹身，竹是一节一节的，再画……”

四是抚摸胎教。母亲睡前躺在床上，用自己双手放在腹部，由下向上轻轻压抚胎儿，每次抚摸不超过五分钟；也可以由准爸爸来做，轻轻压抚，缓缓摸动，身神合一。

新生儿皮肤感觉很灵敏

皮肤感觉包括痛觉、触觉、温度觉等。新生儿的痛觉已经存在，但相对于触觉、温度觉来说就不太敏感，尤其在躯干、腋下等部位。有些孩子由于神经传导不够准确，痛刺激后会出现泛化现象，也就是说不能够准确感觉到疼痛的部位，

表现出反应迟钝。给这种年龄稍大的孩子打针时就能发现，孩子哭往往不是在针戳进去时，而是等针打完以后拔出来时哭，或者干脆就不哭，这时候家长往往会夸奖孩子勇敢，实际上是孩子对痛觉的反应迟钝的表现。

新生儿的触觉有高度的敏感性，尤其在眼、前额、口周、手掌、足底等部位，而大腿、前臂、躯干处就相对比较迟钝。家长可以注意一下，孩子一哭，只要把他抱起来，搂在怀里，亲亲他、拍拍他，他就很快会安静，这就是孩子通过触觉感受到大人给予的温暖，得到了安慰，得到了安全感，使自己安静下来。所以说，早期给予新生儿皮肤的触摸，抚摸就有很多好处，不仅可以培养他良好的情绪，而且还能早期增加母子之间的交流，建立母子之间的感情。

新生儿的温度觉也比较敏锐，他能区别出牛奶的温度，温度太高、太低他都会作出不愉快的反应，而母乳的温度是最适宜的，所以新生儿吃母奶时总会流露出愉快、满足的表情。新生儿对冷的刺激要比热的刺激反应明显，受环境的温度影响很大，需要给以适当的保暖。如用热水瓶、电烫壶保暖时，要注意安全，切忌靠近孩子的皮肤，尽管孩子能感觉到温度的高低，但他的痛觉比较迟钝又无能力做出反抗来保护自己，所以一不小心会容易造成烫伤。

新生儿是否健康的标准

母亲生下孩子后，最急切的是想知道孩子是否健康正常。

那么，新生儿怎样才算正常呢？其标准如下。

呼吸：新生儿降生之后，先啼哭数声，随即开始肺呼吸，生后头两周（安静时）每分钟呼吸为 40～50 次，超过 60 次则为异常。

脉搏：新生儿脉搏较快，安静时每分钟为 120～140 次，如超过 160 次则为异常。

体温：新生儿正常体温为 36～37.5℃，低于 35.5℃或高于 37.5℃者为异常。

体重：正常新生儿体重为 3000～4000 克，如低于 2500 克，则应按不成熟儿护理。

大便：出生 1～2 天，婴儿大便呈墨绿色，黏稠无味，称为胎粪。喂奶后，大

便逐渐转为黄色或金黄(母乳喂养)或淡黄色(牛奶喂养)。颜色不正常或24小时内不排便者为异常。

观察孩子姿势判断健康状况

检查新生儿姿势及肢体活动时要脱掉衣服,打开尿布,观察小儿安静及运动时的姿势,开始时不必立即触摸小儿身体。应注意新生儿身体左右是否对称。

正常足月儿安静时多为侧卧位,上下肢屈曲。将其放置呈仰卧位时颈部能贴近床面无空隙,如颈部伸肌张力增高时,颈部与床面之间应有一三角形空隙。

早产儿枕部相对较大,颈部与床面之间有一三角形空隙,不属异常。

新生儿仰卧位时,两大腿轻度外展,膝、髋和踝关节屈曲,如果是臀位分娩的新生儿两下肢常呈伸直位。

当新生儿肌张力低下时仰卧位双下肢屈曲外展,大腿外侧贴近床面,髋、膝及踝关节均可接触床面;肢肘关节屈曲,两手放置于头两侧,手背贴近床面,手掌朝上。整个姿势像一只腹部朝天的青蛙。

正常新生儿俯卧位时,头歪向一侧,肢肘关节屈曲,膝关节屈曲在腹下,骨盆高抬。

睡眠时手的姿势呈轻度握拳状,拇指放在其他手指之外,可有自发的张开及握拳动作,如果握拳很紧,拇指压在其他四指之内而且不能自发张开,属异常。如有角弓反张姿势属异常。小儿头常常后仰,但肌张力正常,不要误认为是“角弓反张”。如姿势左右不对称,要注意是否有偏瘫、肱骨骨折或臂丛神经损伤。

新生儿的运动包括自发的运动与被动的运动,前者是在没有给于外界刺激时出现的运动,如抽动、抖动、震颤等。被动运动如条件反射、惊吓反射表现的动作。

观察新生儿运动时要注意两侧肢体运动的范围、力量是否对称,若明显不对称则应及时就诊。

新生儿的先天反射有哪些

新生儿时期躯体不能自由移动，只表现出手足不自主地乱动。他主要以一些先天性反射活动来适应周围环境，这些先天的反射是早期婴儿特有的，它可以反映婴儿机体是否健全、神经系统是否正常。随着婴儿年龄的增长，神经系统的逐步发展，这些先天的神经反射会在一定的时间内逐渐消失，被更成熟的神经活动来代替。这些先天反射的存在与消失不仅能反映出神经系统是否正常，还与今后的运动发育有着密切的关系。主要的先天反射有下列几种。

觅食反射：用手指或乳头触摸新生儿的面颊，他就会将头转向被触摸的这一侧并张开嘴表现出吸吮动作。这种反射大约在生后 4～7 个月时消失。

吸吮反射：将奶头或其他物体放入孩子口中或者手指触及上、下口唇，即引出吸吮动作。此反射大约在 4～7 个月时消失。

握持反射：将手指触及小儿手心时即被小儿紧握不放。所以，人们经常可以看到 3 个月以内的婴儿他的双手是紧紧攥拳的。大约到了 3～4 个月时此反射消失，孩子的手开始松开，出现了不随意的抓握。

拥抱反射：用一只手托起新生儿的颈和背部，另一只手托起头的枕部，然后突然将托起枕部的手下移 4～5 厘米(手不离开枕部)，使新生儿的头及颈部向后倾 10～15 度。正常的孩子会出现两上肢外展、伸直，手指张开，然后上肢屈曲回缩呈拥抱状态。这种反应称之为拥抱反射。它的消失时间是 3～6 个月。

不对称颈紧张反射：小儿仰卧时，他的头会转向一侧，与脸面同侧的上下肢体伸直，对侧肢体屈曲。早期的婴儿他的睡姿经常呈这种状态。这个反射大约在 6 个月时消失。

踏步反射：用双手托起新生儿腋下，竖直把他抱起时，使他的足背触及桌边下缘，新生儿就能主动出现“开步”的样子。这种反射大约在 6 周消失。

明明白白构筑孩子聪明头脑

帮助孩子构筑聪明头脑的方式有许多种。例如，当你和孩子讲话或给他念故事时，当你和他玩耍或唱歌给他（她）听时，当你抚触孩子或用丰富的营养物质及你的爱养育他时，你都在帮助孩子构筑他全身最重要的器官——大脑。

出生前构筑。早在怀孕早期，胎儿的大脑就已经开始了它的成长历程。为了帮助孩子大脑中那 1000 亿个细胞健康成长并发挥重要作用，每个妈妈都必须在怀孕期间照顾好自己。当宝宝还在妈妈的肚子里时，年轻的妈妈可以通过以下方法帮助宝宝构筑聪明头脑。

饮食：吃一些对身体有利的食物，如绿色蔬菜、水果、谷类及奶制品。

运动：每天锻炼，如坚持散步、做孕妇体操等。

产前检查：定期去医院做产前检查，在医生的指导下服用一些有利于宝宝大脑发育的维生素，如叶酸等。

心理调节：如果孕妈妈感觉工作、生活压力大，可以去心理医生处进行心理调节治疗，因为妈妈的心情愉快与否直接关系到宝宝的健康。

与腹中的宝宝交谈：知道吗？在孩子出生以前，它已经开始了解妈妈了。

当妈妈感觉宝宝在肚子里运动时，可以试着抚摩自己的腹部，宝宝会和你玩捉迷藏的游戏——从你的手下移开。当孩子还在妈妈肚子里时，妈妈就应该和宝宝讲话了，因为此时的孩子已经可以听见你的声音了。你可以选择一首自己喜欢的歌曲，在怀孕期间每天唱给宝宝听。在宝宝出生以后，试着观察孩子是否能将爸爸妈妈的声音与其他人区分开。

当你对着孩子唱那首熟悉的歌曲时，看看他（她）是否在听，并注意观察歌声是否可以使宝宝安静。仔细观察，一定会有惊喜发现。

出生后构筑。在孩子出生以后，妈妈或其他照顾孩子的家人可以通过与孩子交流和做游戏来帮助孩子构筑聪明的头脑。游戏与交流不仅可以帮助孩子成长，还可以帮助他们更好地发展社会适应能力及提高智力水平。

0～4 个月：将孩子的四肢从严严实实的包裹中解放出来，让宝宝自由地活动；注视他的眼睛并且对着他微笑。对妈妈来说，给孩子喂奶的过程就是与宝

宝交流的最好时机。许多年轻妈妈并不重视这个过程，只要孩子吃得香，妈妈就一边喂奶，一边看报纸，在不知不觉中错过了帮助孩子构筑聪明头脑的最佳时机。

4～6个月：准备一些体积大、颜色丰富的东西让他们去抓取，让他们多看一些新鲜的东西，以促进孩子手部精细运动及视觉的发育；对着他们讲话，尝试着用声音和手势与宝宝交谈。妈妈应该对孩子发出的声音和做出的姿势有很好的应答，让孩子知道妈妈领会了他的意思。

6～12个月：准备一些干净、安全的家庭用具（塑料碗、勺子等），让他们抓、敲、扔，以促进宝宝眼手协调功能的发育；对孩子的各种声音应有明确的应答，教孩子认物认人。

1～2岁：准备一些积木让孩子学习搭高，也可以让孩子学习从盒子里取放东西；可以问一些简单的问题，让孩子学习说再见。对孩子尝试学习说话的行为予以鼓励。

2～5岁：教孩子数数，教他们说出一些东西的名称，让他们学习比较事物间的不同，如让孩子学习把不同颜色或不同形状的积木进行分类等；鼓励孩子多说话、多回答问题。教孩子讲故事、唱儿歌。

0～3岁脑功能发育参考

1个月：有嗅觉反应。

2个月：眼能随物体转动，头能转向有声音的方向，能握住手里的东西。

3个月：逗引时能发出笑声，俯卧时能抬头片刻。

4个月：俯卧时能用肘支撑着抬起前胸，可由仰卧位转向侧卧位。

5个月：认识妈妈，能拿东西往嘴里放。

6个月：会把身体转向他喜欢的人，能抓握悬挂的玩具，会翻身。

7个月：开始发出pa、ma音节，能自己吃饼干，会独坐。

8个月：学会由成人用匙喂他吃东西，会爬。

9个月：能对简单的语言做回应，能挑选自己喜欢的玩具，会扶站。

10个月：会模仿叫爸爸妈妈，认识常见的人和物，独站片刻。

11个月：能指出身体某个部位，在大人的搀扶下能走。

12个月：会主动叫爸爸妈妈，会独走，能蹲下。

15个月：认识简单图片，会说简单的词，如“再见”、“给我”、“不要”等，能讲出自己的名字和年龄，会扶着栏杆上台阶。

18个月：会说出3～4个字构成的句子，会用匙吃饭，会穿木珠珠。

24个月：会说出完整的句子，会提出问题，开始懂得同情和帮助别人，会双脚离地跳，会跑，握笔姿势正确，会画不规则线条。

30～36个月：会讲简单的故事，唱短歌，数3～5个数，并知其意义，能区别红、黄、绿等常见的颜色，会解开和扣好衣服的扣子，懂得礼貌。

其实，帮孩子构筑聪明的头脑并不是件困难的事，相信所有的年轻父母都能通过仔细观察自己的宝宝，用自己的耐心和恒心帮助孩子走好人生的第一步。

成功育儿的八条经验

一是不浪费孩子的智力。当孩子咿呀学语时，就教他使用正确规范的语言，而不要把小猫说成"喵呜"。

二是从小培养孩子的思维能力。经常提出问题，让孩子独立思考解答。

三是锻炼孩子的记忆力。给孩子讲完故事后，要让孩子自己组织语言，进行复述。

四是培养提高孩子的观察能力。有时父母故意做一些违反常规的小事，让孩子来纠正。

五是开阔孩子的视野。经常带孩子参加一些社会活动，让孩子接受新事物，增长见识。

六是培养孩子多方面的兴趣。

七是激发鼓励孩子的学习热情。父母应做到有问必答，有求必应，决不敷衍。

八是从小对孩子严格要求，使孩子养成良好的道德品质和生活习惯。

新生儿具有的惊人本领

有关婴儿潜能开发的研究，已成为世界性的前沿领域，取得了举世瞩目的

科学成果。它突破了以往人们看待婴儿的习惯眼光和传统观念，使早期教育的概念不断更新。人们发现，每个正常的新生儿都具有人们意想不到的潜能：

一是模仿能力：出生8个小时，他就会模仿母亲吐舌头。

二是声音定向：在觉醒状态下，用一个小塑料盒内装少量玉米粒或黄豆，在距离新生儿耳旁10～15cm处轻轻摇动，发出很柔和的格格声，他会转动眼或转动头往发出声音的方向。新生儿喜欢听高调的声音，喜欢听人说话，当母亲叫他时，他会转过头来。如果出生后每天都听读《婴儿画报》等图书，孩子就会建立对其一生都产生影响的阅读兴趣与习惯。他的专注力、语言能力的发展会惊人地超前。

三是注视与追视：新生儿喜欢看东西，特别是图书，有鲜艳颜色的东西，如红球或黑白分明的靶心图、条形图、汉字等等。他特别喜欢看人脸，尤其是母亲慈爱的笑容，如果你带上眼镜则更能吸引他。当红球移动时，婴儿的目光甚至头部会追踪距眼前20cm移动的球体。

四是触、味和嗅觉：新生儿喜欢紧贴着躺在妈妈怀中，当孩子哭闹时，你把手放在孩子腹部并轻轻按住两上臂，孩子就不哭了。新生儿能精细地辨别味道，对于咸、苦、酸的味道会有不愉快的表情。当闻到一种气味时，有心率加快、活动量改变的反应，他能区别自己母亲奶垫的气味。在状态良好时，他还会凝视你，对着你笑，吸吮自己的手或抓住谈话人的手。

五是运动能力：新生儿具有许多先天的运动本领。例如爬行反射：让新生儿趴在床上，用手抵住他的两脚，婴儿可趁势向前爬行。行走反射：扶婴儿光脚板直立在床上，他就会一步一步向前走“猫步”，走得好的孩子就像散步一样。游泳反射：在水下分娩的婴儿，可在水中游来游去而不呛水。牵拉反射：将食指放在新生儿掌心，能立即感到手指被婴儿攥紧（抓握反射）。检查者可借此将婴儿提升在空中停留几秒钟。这些先天就有的能力，如果不及时加以练习，几个月后就会自然消失，如果及时训练，这种先天的反射就会变成后天的本领。

让孩子聪明健康的养育方法

孩子聪明可爱，自然是爸爸妈妈的希望。如果你在孩子的日常饮食、运动

和教育上早做规划、多加注意，就能够起到事半功倍的作用，轻轻松松养育一个健康聪明的孩子。从某种程度上讲，聪明的孩子是“动”出来的。大动作、精细动作的发展和肢体的协调能力与孩子的智力发展紧密相关。灵敏、协调、健康的孩子自然是聪明孩子啦！那么怎么培养一个运动宝宝呢，下面给父母们介绍几个简单的游戏或办法，以供参考。

一是抬头游戏。适应年龄：1～4 月。具体操作：在每次睡醒或洗完澡后进行。把孩子翻过身来，使其俯卧在床上，两臂屈肘手心向下，两臂距离稍比肩宽，呈“趴着”状，使其支撑身体。妈妈在前面可呼唤宝宝的名字，或拍手或用发响的玩具逗引孩子努力抬头、支撑。这项运动可以训练孩子能尽早地控制他的头部。每次游戏时间 1～2 分钟。

二是爬行游戏。适应年龄：6 月以后。具体操作：从 6～7 个月后，就可以有意识地训练孩子学爬行，每天睡醒后或玩耍时，让孩子趴在床上，妈妈在前面用玩具逗引他，鼓励宝宝爬过来拿，爸爸在后面用手掌推孩子的脚掌，帮助他开始学匍匐爬行，也可以用一条长毛巾环裹住宝宝的腹部，由爸爸轻轻向上提起，帮助孩子学用手膝爬行。在孩子学会爬行后，妈妈更可以想出很多有趣的游戏，帮助宝宝熟练爬行动作和技巧。如：钻“山洞”——让他从你的肚皮底下爬过去；越“盆地”——让他从大澡盆上爬进来，爬出去；“突破封锁线”——把你的身体作为障碍物，让他从你的身上爬过去。

三是玩儿皮球。适应年龄：各年龄段。具体操作：拾皮球——孩子学会扶站后，可将他扶站在有栏杆的小床边，让他一只手扶栏杆，在孩子脚边放一个皮球，引导他弯下腰用另一只手拾身边的皮球。这个动作不仅可以练习婴儿弯曲及直立身体，还可促进孩子的手眼协调能力。孩子会走以后，球类玩具就更能促进儿童多种动作的发展，如行走、跑、滚动、扔、弯腰、下蹲等。使儿童全身上下的肌肉、骨骼都得到锻炼，动作逐渐灵敏、准确。捡球：将球放在儿童前面，由近及远加长距离让儿童去捡。成人将球滚出去，让儿童边追边捡。扔球：把球扔出去再捡回来，可逐渐加长距离，练习跑、捡、弯腰等动作。滚球：孩子和成人相互滚球，练习手眼协调的准确性；如将球滚过积木或小凳搭成的门洞；也可以小伙伴之间互相传球玩，以培养友好的人际关系。踢球：将皮球放在儿童脚前，鼓励孩子去踢，还可训练他边走边踢的动作，使下肢动作更加灵活稳定。

四是日常生活照料。具体操作：从 6 个月起，就可以培养孩子自己捧奶瓶喝奶、喝水，自己拿小饼干吃，开始添加辅食时，制作一些手指状食品如水果条、

蔬菜条、小肉皮，让孩子自己拿着吃。年龄再大些到1岁左右，就可让孩子自己用匙吃饭，3岁以后训练用筷子夹食物吃。这些动作不仅可以促进孩子手指的精细动作发育，而且还可以培养孩子的自我进食能力，增强自我服务能力，为他以后的独立生活能力打下基础。此外，对一些年龄较大的孩子，在每天带他外出散步时，可以让他从台阶上跳上跳下、可以和妈妈比赛谁跳得远、跳得高、走直线，从而训练孩子的下肢骨骼和肌肉，以及身体的平衡能力。

千万记住，在各种游戏和训练中，爸爸妈妈一定要多对孩子说赞扬的话，要用丰富的表情、由衷的喝彩、兴奋的拍手、竖起大拇指的动作，营造一个“强化”的亲子气氛，让孩子充分体验到成功的欢乐。而成功的欢乐是一种巨大的情绪力量，它将不断地激活孩子的兴趣和动机，极大地促进他形成自信的个性心理特征，更加健康茁壮地成长。

婴儿的生理特点

婴儿是指1周岁以内的孩子。婴儿在这个阶段生长发育特别迅速，是人一生中生长发育最旺盛的阶段。

1岁进体重可以达到出生时的3倍，约为9000～10000克。

身长在出生时约为50厘米，一般每月增长3～3.5厘米，到4个月时增长10～12厘米，1岁时可达出生时的1.5倍左右。

头围在出生时约为34厘米，前半年增加8～10厘米，后半年增加2～4厘米，1岁时平均为46厘米。以后增长速度减缓，到成年人时约为56～58厘米。

胸围在出生时比头围要小1～2厘米，到4个月末时，胸围与头围基本相同。

婴儿出生后一段时间内仍处于大脑的迅速发育期，脑神经细胞数目还在继续增加，需要充足均衡合理的营养素（特别是优质蛋白）的支持，所以对热量、蛋白质及其他营养素的需求特别旺盛。由此可见，要满足快速成长的需要，就必须提供充足均衡合理的营养。

婴儿消化系统及相关器官的发育特点

为了正确合理地喂养婴儿，非常有必要了解该时期婴儿消化器官的发育情况，从而根据婴儿的特殊生理特点和营养需求，进行合理喂养，保证婴儿营养需求。

口腔：足月新生儿出生时已具有较好的吸吮吞咽功能，颊部有坚厚的脂肪垫，有助于吸吮活动，早产儿则较差。吸吮动作是复杂的天性反射，严重疾病可影响这一反射，使吸吮变得弱而无力。新生儿及婴幼儿口腔黏膜薄嫩，血管丰富，唾液腺发育不够完善，唾液分泌少，口腔黏膜干燥，易受损伤和细菌感染；3个月时唾液分泌开始增加；5个月时明显增多。3个月以下小儿唾液中淀粉酶含量较少，不宜喂淀粉类食物。婴儿口底浅，不能及时吞咽所分泌的全部唾液，常发生生理性流涎。

食管：食管有两个主要功能：一是推进食物和液体由口入胃；二是防止吞咽期间胃内容物反流。新生儿和婴儿的食管呈漏斗状，黏膜纤弱，腺体缺乏，弹力组织及肌层尚不发达，食管下段贲门括约肌发育不成熟，控制能力差，常发生胃食管反应，绝大多数在8～10个月时症状消失。婴儿吸奶时常吞咽过多空气，易发生溢奶。

胃：新生儿胃容量约为30～60毫升，后随年龄而增大，1～3个月时约为90～150毫升，1岁时约为250～300毫升，由于新生儿胃容量小，所以新生儿喂食应当少量多次。婴儿胃呈水平位，当开始行走时其位置变为垂直；胃平滑肌发育尚未完善，在充满液体食物后易使胃扩张；由于贲门肌张力低，幽门括约肌发育较好，且自主神经调节差，故易引起幽门痉挛出现呕吐。胃黏膜有丰富的血管，但腺体和杯状细胞较少，盐酸和各种酶的分泌均较成人少且酶活力低，消化功能差。胃排空时间随食物种类不同而异，稠厚且含凝乳块的乳汁排空慢。其中水的排空时间为1.5～2小时；母乳为2～3小时；牛乳为3～4小时。早产儿胃排空更慢，易发生胃潴留。

肠：小儿肠管相对比成人长，一般为身长的5～7倍，或为坐高的10倍，有利于消化吸收。肠黏膜细嫩，富有血管和淋巴管，小肠绒毛发育良好，肌层发育差。肠系膜柔软而长，黏膜组织松弛，尤其结肠无明显结肠带与脂肪垂，升结肠与后壁固定差，易发生肠扭转和肠套叠。肠壁薄，通透性高，屏障功能差，肠内毒素、未消化的食物和过敏原等可经肠黏膜进入体内，易引起全身感染和变态反应性疾病。

肝：年龄愈小，肝脏相对愈大。婴儿肝脏结缔组织发育较差，肝细胞再生能力强，但易受各种不利因素的影响，如缺氧、感染、药物中毒等均可使肝细胞发生肿胀、脂肪浸润、纤维增生等，从而影响其正常生理功能。婴儿时期胆汁分泌

较少，故对脂肪的消化、吸收功能较差。

胰腺：分为内分泌和外分泌两部分，前者分泌胰岛素控制糖代谢，后者分泌胰腺液，内含各种消化酶，与胆汁及小肠的分泌物相互作用，共同参与对蛋白质、脂肪及碳水化合物的消化。婴幼儿时期胰腺液及其消化醇的分泌极易受炎热天气和各种疾病影响而被抑制，容易发生消化不良。

肾脏：出生后几个月，婴儿的肾小管逐渐增长后才具有回吸收能力。肾小球的滤过率较低，也就是说，肾脏对于营养物质代谢后产生的"废料"的处理能力较弱。婴儿肾小管还未长到足够的长度，功能不足，排钠的能力有限，钠的慢性滞留会引起水肿。如果摄入过量的食盐，蓄于体内会导致成年时高血压。所以对4个月之前的婴儿，要控制钠盐的摄入量。

消化酶：4个月前的婴儿唾液腺分泌功能较弱，唾液分泌量甚少，唾液淀粉酶活力很低，此阶段除了对母乳的蛋白质、脂肪消化能力较好外，对淀粉类食物及其他动物乳类的消化能力相对较弱。从新生儿的这些特点中，我们了解到婴儿一生下来就具备了吃母乳的能力。所以，母乳喂养是婴儿最适合的喂养方式。此外，新生婴儿肝脏中酶活性较低，葡萄糖醛酸转换酶的活力不足，是新生儿发生生理性黄疸的重要原因之一。酶不足时对某些药物的解毒能力也较差，药剂量稍大即可能引起严重的毒性反应。

肠道细菌：在母体内，胎儿的肠道是无菌的，出生后数小时细菌即从空气、奶头、用具等经口、鼻、肛门入侵至肠道；一般情况下胃内几乎无菌，十二指肠和上部小肠也较少，结肠和直肠细菌最多。肠道菌群受食物成分影响，单纯母乳喂养儿以双歧杆菌占绝对优势；人工喂养和混合喂养儿肠内的大肠杆菌、嗜酸杆菌、双歧杆菌及肠球菌所占比例几乎相等。正常肠道菌群对侵入肠道的致病菌有一定的抵抗作用。消化功能紊乱时，肠道细菌大量繁殖可进入小肠甚至胃内而致病。

婴儿不宜过早学坐也不宜久坐

爸爸妈妈看着新生的婴儿，多希望他快些长大呀！快点会走，快点会跑。不过学走之前得先学站，学站之前得先学坐。7～8个月的婴儿就可以在爸爸妈

妈的帮助下开始学坐了。不过一定要注意，过早学坐是不好的。因为这时婴儿的骨骼含钙盐较少，脊柱柔韧性大，特别是6个月以前的婴儿，脊柱和背部肌肉缺乏支持能力。要是让婴儿勉强学坐，脊柱发育容易变形，日后坐站都会无力。爸爸妈妈千万别做伤害婴儿健康的事，凡事还是按部就班比较好。

婴儿会坐之后不宜久坐。婴儿不宜坐得过久是因为婴儿骨骼硬度小，韧性大，容易弯曲变形。加上体内起固定骨关节作用的韧带、肌肉比较薄弱，尤其是佝偻病的小儿。如果让孩子坐得时间太久，无形中就增加了使脊柱承受的压力，临床很容易引起脊柱侧弯或驼背畸形。

因此，不宜让孩子过早地学坐，也不宜让孩子过久地坐，应鼓励孩子练习爬行，使全身尤其是四肢的肌肉得到锻炼。

婴儿的大脑与手的运动记忆

婴儿都能记住什么？满周岁的婴儿，记忆会有小小的变化，能够记住10天左右的事了。这时的记忆是以无意记忆为主，而且非常情绪化。例如：一些简单的生活经验，模仿动作，儿童故事等，婴儿能通过看、做、听，自然而然地记住。他所能记住的事多半具有明显的外部特点，如颜色鲜艳、形状独特、内容新奇等。婴儿记得住的事物往往是他最感兴趣的、最喜欢的事物。

1岁后的婴儿仍然是记得快忘得快，并且记忆不精确，只是片断的、不完整的，记不住主要的、本质的内容，相反由于浓厚的情绪色彩使他把一些无关重要的内容记得很牢，真所谓“丢了西瓜，抓了芝麻”，搞得你涕笑皆非。

有时妈妈真的会很担心的，担心自己的孩子智力低下。明明今天教他认识了“3”，可是隔会儿再问，又忘了；教他一句话，怎么也说不完整，你说急人不急人。其实，这太正常了，这个年龄的孩子记忆就是这样的。

婴儿手的运动记忆。下面可以用游戏来观察婴儿手的运动记忆的存在：妈妈示范从盒子里先拿出一只乒乓球，后拿出一块积木，让婴儿模仿；然后在盒子上盖上报纸，以排除视觉的参与，由妈妈示范在报纸下先拿球，后拿积木，并让婴儿模仿伸手到纸下拿，结果婴儿准确无误地模仿出来。由此证明大脑能记住由手传递而来的关于玩具的形状和质地的信息。

婴儿最爱听的声音是什么

婴儿当然最爱听妈妈的声音。早在妈妈肚子里的时候，他就天天听着妈妈心脏的搏动声，伴着妈妈充满憧憬的歌声成长。出生后也是妈妈第一个与孩子说话。在以后的养育过程中，妈妈无微不至地照顾他，无论是喂奶，还是换尿布、洗澡，妈妈都会轻声地与他说话、逗笑。婴儿逐渐地与母亲产生了感情联结——依恋。

婴儿只要听到妈妈的声音就会高兴，感到安全和满足，因为他最喜欢听到妈妈的声音。我们在日常生活中会经常看到，当小儿哭闹时，只要他最亲爱的妈妈一叫他，他很快就会停止哭声，转头去找他的妈妈。可见，婴儿是多么喜欢妈妈的声音啊！

因此，妈妈应多和孩子说话、唱歌、逗笑，使婴儿情绪愉快，产生和发展健康的依恋，促进他心理的正常发育，同时促进语言理解能力的发展，为语言的表达打下基础。当妈妈忙于家务活暂时没时间陪孩子玩时，可将妈妈对他说的话和唱的歌用录音机录下来，打开并放在他身边，也可以起到一定作用。但最好还是由妈妈面对面地与婴儿说话、交流。

爬行对婴儿的发育大有好处

人是直立行走的动物，婴儿从仰卧到直立行走的过程中，爬是很关键的一步。但目前有些家长在抚养孩子的过程中怕孩子发生意外，从来不让孩子爬，从小剥夺孩子爬的机会，主要原因是不知道爬对幼儿的发育究竟有什么好处。

爬行本身是婴儿运动发育的一个过程。在爬的过程中，婴儿的躯干和大腿相继离开地面，最后脚掌接触地面来支撑全身重量，完成直立姿势。爬行动作对婴儿身体的全面活动、四肢的协调动作，以及全身各关节的运动都起着重要作用。因此可以说，爬行活动了全身，锻炼了全身的骨骼、关节、肌肉和内脏各

器官。此外，通过爬行孩子开扩了视野，能接触到更多的外界环境，有利于他感知觉的发育。

总之，会爬的孩子在这个年龄阶段，他的运动协调能力、对外界事物的反应能力和认知水平，都比不会爬的孩子好得多。因此，家长千万不要因怕脏、怕摔而不给孩子爬的机会。当小儿6～7个月时，父母就应教他爬的动作，8～9个月时训练他用手和膝盖爬行，使他愈爬愈好，愈爬愈快，直到他能自行站立和行走为止。

婴儿天生的三种情绪

观察和研究证明，婴儿出生后即有情绪，如新生儿或哭，或静，或四肢舞动，都是原始的情绪反应。人们普遍认为，婴儿天生的情绪反应有三种：怕、怒与爱，这些情绪的原因与表现如下。

怕。婴儿的怕主要由大声和失控引起。当婴儿静静地躺在毯子上时，突然器皿落下、屏风倒地等等，会立即引起他的惊跳、肌肉猛缩，继之以哭，当身体突然失去支持，或身体下面的毯子被人猛抖，婴儿会发抖、大哭、呼吸加快、双手乱抓。

怒。婴儿的怒主要是由限制婴儿运动引起。比如用毯子把孩子紧紧地裹住，或按住婴儿的头部不准活动，婴儿就会发怒，或把身体挺直，或用手脚乱抓乱蹬，或大声尖叫。

爱。婴儿的爱是由抚摸、轻拍身体敏感域等动作产生。比如抚摸孩子的皮肤，或柔和地轻轻拍他，会使婴儿安静并产生一种广泛的松弛反应，或展开手指、脚趾，发出“咕咕”和“咯咯”的声音。

婴儿的心理特点

婴儿是指从出生到1岁的孩子。胎儿出生后主要依靠皮层下中枢神经实现非条件反射来保证其内部器官和外部条件的最初适应，此时重要的非条件反

射有食物反射、防御反射及定向反射。婴儿期由于神经髓鞘的形成不全，神经兴奋不能沿一定的通路迅速传导，故兴奋特别容易扩散，这也是小儿易激动的生理原因。随着脑的不断发育，皮质中的暂时性联系也日益发展起来。新生儿明显的条件反射是在出生后两周左右。4个月的婴儿能区别各种气味，能分辨不同颜色的物体。4～5个月便能分辨出亲人和生人。从第4个月起开始分辨出成人的声音，比如听到母亲说话的声音就兴奋起来，并开始发出一些声音。

5～6个月的婴儿就可以再认妈妈，这是由于条件反射的建立和发展，婴儿出现的短暂记忆的表现。从7～8个月时起，由于婴儿多次感知某种物体或动作，并同时听到成人说出关于这一物体或动作的词，在他的脑海里，就在这一物体或动作的形象与词的声音之间，建立起暂时联系，以后只要再听到这个词的声音就能引起相应的反应。从10～11个月起婴儿开始“懂得”词的意义，并对词的内容发生反应，词开始成为信号即第二信号，婴儿的语言或说出的词是从成人所发出的词或者语言的声音模仿开始产生的，因此，为了尽快开发孩子的语言能力，成人在与婴儿接触时应尽可能不断给予语言刺激。

婴儿情绪自两个月以后，积极情绪开始发展，当吃饱或感到温暖时，可以看到婴儿活泼而微笑的表情，反之，能引起否定的情绪反应，如哭闹、呆滞等。因此，为了培养孩子良好的情绪状态，应经常和婴儿交往，提供安静舒适的生活环境，提供适当的玩具，并多给予关心、照顾和抚爱。

婴儿的心理养护不容忽视

许多家长都认为未满周岁的婴儿什么都不懂，给他吃饱睡好就足够了。其实，婴儿在长身体的同时，情感和心理等方面同样也在飞速成长。周岁前是孩子成长的辉煌期，同时也是脆弱期，如果心理养护不当，很容易使孩子将来在性格、心理上出现问题。对孩子来说，亲情是天然的和谐剂、营养素和定心丸，母爱更能促进婴幼儿健康地生长。孩子自出生后，就不断接受外界环境的影响和刺激，形成条件反射，这标志着其心理活动的萌芽和发展。此时，婴儿迫切需要感情上的亲近和身体上的爱抚，母亲应多给孩子必要的爱抚和情感依托，如皮肤、身体接触、抚摸等，这对婴儿心理发育有很大帮助。婴儿长久地处在自己熟

知的母亲身边，就能避免产生害怕的情绪，继而避免出现易哭闹等情绪障碍。

家长要多给孩子动作、行为发育的帮助和训练，促使孩子逐步适应环境和外界刺激。一些儿童心理学家认为，孩子刚出生时，和成人离家一样有恋巢心理。因此，要在一定时期内延续母腹时代的环境和习惯，如抱孩子时将他的头搁在妈妈心脏处，让他能听到妈妈熟悉的心跳。为了锻炼孩子承受外界刺激的能力，还可以帮他做些轻柔的运动，缓解肌肉紧张，如抬头、翻身、站立、四肢伸展等。这些都是为了避免孩子因环境的突然改变而产生心理不适应。当然，这些训练应该是逐步加强的，而不是在短时间内给予“突击”。

为培养婴儿良好的心理素质，家长在护理期间应多逗孩子，说说话，唱唱儿歌，传达自己轻松愉快的心情，这样既能增进孩子听力，又可培养其乐观情绪。另外，家长还要有意识地对婴儿进行早期智力开发，这有利于辅助孩子心理成长。一位母亲说，在她的孩子 6 个月左右时，她每天都定时翻看色彩鲜艳的儿童读物，在她讲述书中内容时，孩了听得很专注。有一次，她翻书略作停顿，孩子竟表现出烦躁、欲哭等情绪，直到她重新开始翻阅，孩子才安定下来，结果这个孩子长大后不仅爱看书，学习也颇自觉。这说明孩子小时候的习惯对未来的学习方式有着很大的影响。

“孩子是父母的镜子”。在婴儿逐渐对周围世界有所认识后，家庭气氛也会对孩子的心理成长带来一些影响。因此，保持亲情间的和谐、愉悦、轻松，对孩子先天禀赋也有着潜移默化的作用。心理养护得当的婴儿一般不认生，也不爱哭闹，并能很快适应陌生环境，经常表现出活泼机灵的一面。但心理养护的成功并不意味着家长从此可以高枕无忧，因为孩子的心理成长和身体成长一样，是一个漫长的过程，需要家长长期的精神情感投入。不过，家长也不要因怕造成心理负面效应而对孩子过分溺爱，因为溺爱常常是导致“问题孩子”出现的重要原因。

总之，家长不要认为“吃奶的孩子不懂事”，忽略婴幼儿的心理养护。“望子成龙”、“望女成凤”的巨大工程，在“龙”、“凤”出世的那一刻，就该破土动工了。

爸爸要多和婴儿亲密接触

在婴儿的生长发育中，妈妈往往起着非常重要的作用，与妈妈相比，爸爸对

婴儿关注的时间明显少得可怜了。爸爸怎样才能赢得婴儿的信任呢？

婴儿的爸爸应与妈妈一起出现在婴儿的视野中。因为在孩子最初成长的视野里，看到最多的是妈妈的脸。在婴儿的印象中，这张脸总是布满了温柔的微笑，“这个人”总会适时地满足她的各种各样的需要。久而久之，孩子就对“这张脸”、“这个人”给予了全部的信任。爸爸也应从此入手，尽量多和妈妈一起逗孩子玩。也可以尝试着在妈妈的指导下去满足一下宝宝的需要，时间长了，孩子就会增加对爸爸的信任。

尽可能多抱抱孩子。因为只有当婴儿被成人抱着的时候，她才感觉自己是安全的，而这种安全感是他进行一切活动的必要前提。所以无论工作中有多忙，下班后有多累，也别怕叫醒孩子难以入睡带来的烦恼，爸爸都应该一回到家里就抱起孩子，用手拍拍他，轻轻地抚摸他，和他做一些简单的游戏。这样既能使孩子高兴，也能使爸爸在和孩子的玩乐中放松一下疲惫的精神。经常性的身体接触会使孩子增加对爸爸的信任。

多与婴儿进行“口语交流”。任何刺激，包括动作的、声音的都能作为和婴儿进行交往的方式。婴儿听到了成人的话以后，就会产生与成人进行交流的需要，而这种需要正是婴儿学习语言的动力。爸爸与妈妈不同的声音常常会令孩子感到兴奋，久而久之，他会对这种声音产生亲近感，从而对发出这种声音的人产生亲近感。

总之，爸爸要得到婴儿的信任，就必须花一定的时间去和孩子交流。通过身体的、语言的接触和“交流”逐渐赢得孩子的信任，一定能成为和孩子妈妈一样的“可靠的人”。

婴儿吸吮手指的心理原因

要想解决孩子吸吮手指的问题，就要分析孩子吸吮手指的心理，同时根据孩子所处的年龄段对症下药。

一、吸吮手指——表现为时间较长、神情专注、吸吮欲较强时。婴儿时期，正是孩子用嘴感知世界的阶段。这时孩子如果得不到适当的满足和照顾，长大以后，很容易出现咬指甲、吸烟等不良习惯，甚至容易产生脾气暴躁、心理焦虑、

对人缺乏信任感等现象。如果孩子长时间专注地吃手指头，妈妈们一定要通过安抚的方法把孩子的注意力从手指转移到玩具、画册等色彩鲜艳的东西上，使其能够更多的认知其他事物，这对其大脑的发育有极其重要的作用。针对个别孩子的吸吮欲望特别强烈，如果不能用怀抱、抚摸、玩具等方法来满足需求的话，建议妈妈借用假奶嘴，一般能够避免孩子吸吮手指。不过，假奶嘴不能代替父母的关爱，一旦孩子吸吮手指，就把奶嘴塞进孩子的嘴里，而不去查找孩子吸吮的真正需要，反而会适得其反，使孩子遇事更加依赖奶嘴来自我安慰和调节情绪，从而防碍孩子的正常成长。

二、吸吮手指——为了减轻内心的焦虑和不安全感。婴儿时期的孩子，往往对这个世界既好奇又惊恐，如果出现一些突发事件，如摔到地上，很容易使孩子从此产生不安全感以及情绪焦虑等现象。在孩子独自要玩一段时间后，如出现哭闹、烦躁的现象，应及时把孩子抱在怀里，用手轻轻抚摸孩子的后背，并轻声细语与其对话，这样会给孩子带来亲切和愉快的感觉。

三、吸吮手指——妈妈喂奶方式不当。当妈妈在喂奶时，由于抱孩子的姿势不当，不能使孩子躺在臂弯里感到很舒服，或喂奶的方法不正确，喂食的速度太快，不能满足孩子吸吮的欲望，以致孩子的肚子吃饱了，但是在心理上还没能得到充分的满足，因此便会通过吸吮手指来满足自己的需要。这就需要妈妈在喂奶的时候不要心急，等孩子主动吐出乳头的时候再离开。边喂奶边观察孩子的表情，看他是不是有一种满足感，并且用胳膊来体会孩子身体细小的变化，他是不是躺得很舒服。如果孩子已经能够用奶瓶喝奶了，那么要注意奶瓶嘴口的大小一定要适中。奶瓶嘴口过大，容易使孩子喝奶过程中得不到足够的满足，从而导致孩子吃手指头。

专家提示：虽然处于婴儿期的孩子吃手指头是很正常的现象，一般都采取顺其自然的原则，但如果孩子是由于其他原因而拥有这个习惯的，家长一定要引起重视，及时分析查找原因，要及早认清，抚平孩子幼小的心灵。

著名心理学家弗洛伊德把婴儿出生后第一年称为“口腔期”，是人格发展的第一个基础阶段。在该阶段如果父母能够顺其生理发展的需要，比如孩子在临睡前有吃手指头的习惯，不必太担心，等孩子一睡着，记得把手指头从他嘴里移出来，以免长此以往手指变形，并试着让他抱着小熊玩具或者是布娃娃睡，用这种取代的方法慢慢地把孩子的习惯矫正过来。相反，如果父母此时强硬地制止孩子吃手，反而会给孩子心理上造成阴影，长大后容易焦虑、发脾气，对别人缺

乏基本的信任和安全感。

如果孩子到了三、四岁仍然吸吮手指，那就是一种倒退的行为表现。在这背后往往隐藏着许多潜在的原因，让我们来做个测试，看看自己的孩子是否也有这种倾向：

1. 父母陪伴孩子的时间越来越少；

2. 孩子害怕父母减少对他的爱；

3. 父母之间的感情出现不和谐的表现；

4. 家中发生了较大的变故，例如父母离异、亲人去世等；

5. 父母对孩子的管教上存在很大的分歧；

6. 父母对孩子吸吮手指的行为过于紧张，过于夸大；

7. 孩子初入幼儿园等陌生环境；

8. 与孩子同龄的小伙伴比较少；

9. 在幼儿园或者在家受到了不应有的批评或委屈；

10. 孩子由爷爷奶奶带大，长期与父母不见面。

如果上述10条中有超过一半的现象，那么作为父母应该更为细心，观察自己的孩子，尽快纠正孩子的“吮指癖”。如果家长忽略了孩子吃手指头，久而久之，则不利于活泼、开朗性格的形成及心理素质的健全，甚至导致内向、孤僻心理的萌生与形成。

切记，要孩子戒掉吃手指头的习惯并不比大人戒烟来得容易，也需要相当多的耐性才能如愿。与其一味无理、蛮横地制止小孩子吃手指头，还不如仔细探讨其原因，好好谋求改善之道。

不可忽视婴儿的情绪变化

婴儿是情绪化的人，行为被情绪左右，而情绪既外露又善变，往往腮边还挂着眼泪就笑了。情绪有良好的，也有恶劣的，孩子意识不到自己处在什么情绪中。所以，从小培养良好的情绪是非常必要的，直接关系到一个人良好个性的形成。爱笑的孩子多是乐观、开朗、大方的，而爱生气的孩子，多是忧郁，心胸狭窄的。为此，应该帮助孩子认识自己的情绪，调节自己的情绪，逐渐就能对不良

情绪有所节制。以下做法有助于从小培养孩子的情绪。

一、要正确面对婴儿的啼哭。伴随着一声啼哭，孩子诞生了，那哭声激荡起了父母的极大欢乐。在随后的日子里，哭声就是孩子的语言，是他同外界交往的主要途径，有的哭声是在说他的生理需要：饿了、尿了、热了、不舒服了；有的哭声是在说他的心理需要：要抚爱、要抱抱、烦躁了……

合理对待婴儿的啼哭是很必要的，这不仅关系孩子的生理健康，也关系孩子的心理健康。首先应该及时判断造成啼哭的原因，尽快满足孩子的不同需求。有的父母担心，孩子一哭就哄他、抱他，会不会把孩子宠坏了。其实，半岁以内的婴儿一哭就抱，是不会惯坏的；相反，如果漠视婴儿的啼哭，会对他的身心发展不利，比如有的孩子会因啼哭过多，而声音沙哑；有的会因受到漠视而对周围的人和环境产生厌恶情绪，直接影响其未来情感的发展，形成冷漠、偏执的个性。所以，孩子周岁以前，父母不要忽略孩子的啼哭。要主动和孩子做一些逗笑的游戏。

游戏活动一：逗笑。

在日常生活中，父母可用多种方法逗引婴儿发笑，使之快乐，以下做法可以参考。

一是举高高。双手扶住孩子的腋下，把孩子往上举过头顶，孩子会因此而兴奋起来，能将孩子逗得哈哈大笑。

二是找“小猫”。用手帕盖住孩子的脸，几秒钟后，迅速扯下手帕，同时，发出“喵——”的叫声，孩子的眼睛会一亮，接下来就是咯咯直笑。

三是挠痒痒。把孩子平放在床上，父母轻轻触动孩子的易痒处，比如触一触脖子，触一触胳肢窝，触一触脚心等，同时发出“咯吱—咯吱—”的逗笑声，孩子会乐得扭动身子，开心地大笑。

笑是孩子愉快情绪的表现，让孩子经常展开笑容，将使你的孩子更容易开放心理空间，接受、容纳更多的外界信息，并且乐意接近他人，有利于培养良好的情绪情感。为此，家长们都动一动脑筋，想出更多让孩子咯咯笑的办法吧。

游戏活动二：爱吃的小猪。

做法：婴儿喜欢别人触动他们的手、脚，触动能给他们带来快乐的感觉，也能让他们注意自己的四肢。

一是父母和孩子面对面坐着，用手捏捏孩子的小手，说：“这是谁的手？这是孩子的手，不是妈妈的手。”捏捏孩子的小脚，说：“这是谁的脚？这是宝宝的

脚，不是爸爸的脚。”还可以握住孩子的手脚做动作，如小手拍拍，小脚噔噔等。

二是打开孩子的手掌，从大拇指开始，轻轻按下孩子的每一个指头，边做边说，按下拇指说：“这只小猪爱吃鱼。”按下食指说：“这只小猪爱吃饭。”按下中指说：“这只小猪爱喝汤”……所有的手指都按完了以后说：“所有的小猪都吃饱了，真高兴。”

三是同样程序，捏捏孩子的脚趾。

二、要正确面对婴儿的情绪风暴。孩子的情绪不稳定，情绪的变化更快更明显，高兴的时候自然皆大欢喜，情绪坏的时候很让人头疼。面对孩子的情绪风暴，父母要冷静下来，不要被孩子的坏情绪牵着鼻子走，也不要跟着自己的感觉走。为此，提供以下的一些做法。

孩子愤怒的时候：要求孩子用语言而不是用动作来表达愤怒；不允许孩子愤怒时打人或毁物，不管什么理由都不行，在出现此苗头时坚决制止，不可滋长坏习气；孩子在气头上时让他适当发泄，比如：倾诉发泄，表情发泄，流泪发泄等；在孩子不可理喻时，父母不要急于施教，此时多问、多说不仅无效，还会激化孩子的情绪；对孩子的愤怒表示理解（不是肯定），好言抚慰，缓和情绪；待孩子情绪缓和了，帮助孩子反省愤怒、分析愤怒；教孩子学着制怒，有意控制自己，例如：气头上走开，去做别的事情等。

孩子悲伤的时候：要让孩子适当发泄，比如哭出来。因为哭泣时，体内发生一定的化学反应，缓解痛苦；父母无须多言，只是平静地坐在孩子身边，让孩子感受到体谅与理解，还可以温情地抚慰，起降温作用；大些的孩子，要尊重他们的独立性，让他们默默独处，自我体味与化解，最好不要去打扰他；待孩子平静了，再和他谈心，引导孩子正确对待悲伤愤怒、急躁等情绪。

要主动和孩子做一些调节情绪的游戏。

游戏活动三：把不高兴挤出去。

做法：这个活动适合婴儿。当孩子不高兴的时候，把他抱在怀里，对他说：“宝宝不高兴了，是吗？妈妈有办法帮你把不高兴从你身上挤出去。”然后，父母双手搂抱孩子，一下紧，一下松。搂紧的时候就说：“不高兴，快出去。”如此反复多次。然后轻轻贴一下孩子的脸，告诉他：“妈妈已经把你的不高兴挤出去了，好，现在可以高兴起了。”这样，孩子会受大人情绪的感染，也就高兴起来了。

游戏活动四：做眼睛嘴巴操。

做法：爸爸、妈妈和孩子一同参与。爸爸带着孩子做动作，妈妈当解说员。

爸爸与孩子面对面坐着，爸爸“做操”让孩子跟着模仿，妈妈来解说动作和表情。妈妈说：“眼睛不动，嘴巴张开。”爸爸和孩子就这样做，看到爸爸和孩子这样做了，妈妈再说：“嘴巴不动，眼睛瞪着斜向一边。”父子这样做，妈妈看父子的表情解说：“好可怕，生气了。”妈妈再说：“嘴巴不动，眼睛向上看。”父子这样做，妈妈看父子的表情解说：“在想什么呢？”如此做不同的眼睛、嘴巴动作，解说这些脸部动作表示的情绪。孩子熟悉以后，可以让孩子当解说员或领操员。这个活动可以帮助孩子学会根据人的面部表情，判断情绪与内心活动。

三、“笑”比“哭”好。爱笑的孩子谁都喜欢，爱哭的孩子没有人缘。“爱笑”和“好哭”看似是外在的表现，实质却是心态问题、个性问题，一个孩子如果是心胸狭窄的，是不合群、不爱交往的、不大方的、畏缩的，怎么可能笑口常开呢？而爱笑的孩子几乎都是性情好的，可良好情绪与良好个性是密切相关的。

事实说明，“爱笑”和“好哭”与环境有直接的关系。这里所说的环境主要是精神环境，例如：家庭里有没有愉快的氛围？父母是不是乐观的？亲子关系是不是和谐的、融洽的？家庭生活是不是愉快的、丰富和活泼的？当然，家庭教育也可从中起到很大的作用，对孩子的情绪既不能听之任之，也不能盲目处置，既要顺应，又要引导，主要是：帮助孩子意识自己的情感，知道喜、怒、哀、乐的区别；引导孩子辨别情感，知道什么情感是良好的，什么情感是不好的，对积极的情绪有好感；培养孩子学着控制情感，提高自我控制能力，逐渐能在大人的帮助之下，调节自己的情绪。

游戏活动五：笑比哭好。

准备：录音机、磁带、哭脸和笑脸的图片。做法：

一是录下爸爸、妈妈和孩子的笑声。把这些笑声放给孩子听，让孩子辨别是谁的笑声？再说一说爸爸为什么笑了？妈妈为什么笑了？宝宝为什么笑了？

二是录下孩子的笑声和哭声。先和孩子看哭脸和笑脸图片，再把哭声和笑声放给孩子听。让孩子听声音举图片，放出哭声时举哭脸，放出笑声时举笑脸。和孩子谈谈什么声音好听，什么表情的脸好看。让孩子对笑有好感，对哭产生反感。

三是让孩子听录音对着镜子做表情。听到笑声，就做笑脸；听到哭声，就做哭脸。大人在一旁评价，孩子做笑脸时，大人就说：“真好看，我喜欢。”孩子做哭脸时，大人就说：“真难看，我不喜欢。”以后若孩子无理哭闹时，大人可以拿过录音机来，说：“我要录音了。”或把镜子举在他的眼前，可缓解孩子的哭闹。

游戏活动六：情绪脸谱。

准备：不同情绪的脸谱（是简笔画的）、空白脸形、镜子、色笔。做法：

一是看脸谱说表情。和孩子一起看情绪脸谱，说一说每个脸谱表示的是什么情绪。用问题激发孩子对情绪的想象："他为什么笑呢？有什么可乐的事、高兴的事？""他为什么哭呢？有什么难过的事吗？""他为什么生气呢？有什么让他生气的事吗？"……大人和孩子一起猜想，你说一样，我说一样，越说越热闹。在说的过程中，帮助孩子分辨积极情绪和消极情绪："动不动就哭了，好吗？""动不动就生气了，好吗？"

二是看脸谱做表情。和孩子说一说不同表情的眼睛和嘴巴，有什么不同；做一做脸谱上的表情，大人做给孩子看，孩子做给大人看；还可以对着镜子做各种表情，引导孩子喜欢笑的表情，不喜欢哭的表情。

三是画表情脸谱。给孩子提供空白脸谱，让孩子画表情脸谱。可以把画脸谱和具体的事情结合，例如：大人说一件事，孩子画这件事的情绪脸谱，说的是一件高兴的事，就画快乐的脸；说的是一件难过的事，就画哭的脸或生气的脸。也可以让孩子讲，他画的脸谱是什么事情。

培养孩子开朗的性格

孩子的天性是快乐、活泼的，那么为什么还会有不开朗的孩子呢？主要是外因作用于内因的结果。有一位母亲发现儿子比别的孩子害羞、不合群，这位明智的母亲首先反省自己，找到了问题的症结：一是望子成龙心切，对孩子要求过高、过严；二是急于求成，方法简单；三是对孩子约束太多、说教太多。于是，这位母亲开始了改善孩子性格的努力，主要的做法是：

（一）坚持送孩子上幼儿园，和老师配合教育，让集体生活锻炼孩子；

（二）促使孩子交朋友，特别是和性格开朗、活泼的孩子交朋友；

（三）放手让孩子自由、自主地活动，多走出家门，融入外面的精彩世界；

（四）常和孩子一起感受快乐，以大人乐天的情绪感染孩子；

（五）切合实际地要求孩子，耐心不急躁；

（七）经常给孩子积极的心理暗示；

（八）加强父亲对孩子的影响。

这位父母持续了三年的努力，功夫不负有心人，终于改善了孩子的性格，熟悉孩子的人都说，这孩子好像是变了个人。

研究表明，孩子的个性与父母的性格有密切关系。因为父母的性格会潜移默化地作用于孩子，例如一些过分内向的孩子，其父母往往就是内向的，所以，父母要注意以自身良好的性格影响孩子。研究还表明，孩子的性格形成与亲子关系类型紧密相关。民主型的亲子关系，易于培养开朗的个性；而专制型的家庭，则易于培养畏缩的孩子，因此，要注意形成良好的家庭氛围。事实说明，快乐的孩子，其家庭的氛围多是和谐、愉快的；而消沉的孩子，其家庭的气氛多是不协调、沉闷的。可见，培养开朗的孩子，就要创设良好的家庭环境。

任何时候都不要冷落了婴儿

婴儿喜欢自己熟悉的亲人，见到亲人就笑，并伸出双手要你抱一抱。孩子还能听懂严厉或亲切的声音，当听到妈妈和爸爸亲切的声音时，就会表现出兴奋和愉快的情绪。所以妈妈和爸爸平时要多和孩子说话，呼唤他（她）的名字，教他（她）认识事物，尽量把日常行为都用语言向孩子表述出来。第六个月的孩子虽然不会说话，但已初步能够听懂妈妈和爸爸的话。经常和孩子说话，不仅不会使孩子感到寂寞，而且可以为孩子正式开口说话打下很好的基础，促进孩子的早期智力开发。

六个月的孩子害怕陌生的环境和陌生的人。一旦妈妈和爸爸等亲人突然离开时，他（她）就会产生惧怕、悲伤等情绪。所以，在陌生人刚来时妈妈或爸爸不要突然离开你的孩子，更不能怕宝宝不老实而用恐怖的表情或语言来吓唬孩子。此外，还应注意的是，妈妈或爸爸千万不要把工作中产生的不满或怨气发泄在孩子身上。

现代的有了孩子的妈妈和爸爸，在回到家中的时候，应把公司（单位）里的工作放到脑后，不要因此而影响照顾你的孩子。即使在家中做一些家务的时候，虽然可以把孩子放在儿童车里，给孩子一些玩具让他（她）自己玩耍，也不要让孩子长时间坐在儿童车里，应合理安排时间，让孩子坐一会儿，然后抱一会儿

或逗逗他(她)，做家务和照顾孩子应交替进行，以免孩子有被冷落的感觉，同时也可避免孩子因长时间坐在车里造成的腰部疲劳。

总之，任何时候都不要冷落孩子，要让孩子时刻得到妈妈和爸爸的悉心照料，看到妈妈和爸爸愉快的音容笑貌，让孩子在日常活动和游戏的快乐时光中产生欢快的情绪，为孩子的心理健康奠定基础。

不断增强对婴儿的感官刺激

在增强对孩子的感官刺激中，听觉的感官刺激是最基本的，并且其可以在日常生活中随时、随机进行。比如，当你打开电视机、开动吸尘器、往浴缸中放水、热水壶响了或门铃、电话响了时；当飞机从窗外的天空飞过、鸽子的哨音或消防车在窗外的街上疾驶经过时，都可以用亲切而清晰的声音告诉孩子这是什么东西发出的声音，并同时将相应的物体指给宝宝看。这样做不仅会让孩子对声音的反应更加敏锐，而且还因你重复告诉他(她)的那些东西的名称，而有助于孩子认识和记忆更多的词汇。同时，你在重复告诉孩子哪些东西的名称时，口形的变化还会刺激孩子的模仿力，进而激发孩子的发音和语言能力。

在增强对孩子的感官刺激中，还应注意孩子各种感官的综合性和协调性。比如，最常见的捉迷藏游戏就是这样。游戏时，爸爸可以戴上动物面具(或头饰)，一边念儿歌，一边模仿动物的动作给孩子看。然后爸爸再躲到妈妈的身后发出某种动物叫声，比如猫的“喵喵”、狗的“汪汪”声，逗引孩子把头和身子转过来寻找爸爸。

也可以是妈妈先拿一个能够发出声音的玩具，先敲响玩具让孩子注意倾听，然后妈妈再躲到房间的另一边，边弄响玩具边呼唤孩子的名字，让孩子寻找。如果孩子没有作出相应的反应，可以重复上述做法，直到孩子有反应并找到妈妈和玩具为止。

当然，这些游戏不一定要求每次孩子都有兴趣，既要循序渐进，又要与其他游戏配合着做。以上游戏的作用既可以激发孩子愉快的情绪和兴趣，又能让孩子把某种叫声、动作和相应的动物名称联系起来，同时还可以锻炼孩子的转颈和转身能力。

通过游戏活跃婴儿的神经、培养婴儿的爱心

在过去的育儿实践中，有好多传统游戏仍可运用，比如“逗逗飞”和拍手儿歌游戏等。“逗逗飞”游戏，就是让宝宝仰卧或靠坐在妈妈怀中，妈妈把着宝宝的小手，一边将孩子两手的食指指尖相对靠住，然后面向孩子一字一字地念“逗，逗，飞——”、“逗，逗，飞——”，同时把孩子两手的食指指尖分离。由于这个游戏表情活泼、语调夸张，可以使孩子充分获得神经末梢的感觉刺激。

拍手儿歌游戏，就是妈妈用自己双手的手掌，有节奏地与孩子的双手手掌互相轻轻拍击，同时随着拍击的动作念儿歌：“你拍一，我拍一，妈妈和宝宝坐飞机。你拍二，我拍二……”儿歌内容可以随意编排。

这种传统游戏，通过双手指尖的接触、分离以及与儿歌歌词的配合，不仅能进一步发展孩子手部的精细动作，而且对孩子的触觉神经发育和情感的发展都很有帮助。

通过游戏培养婴儿的爱心。社会是由人组成的，人与人之间有爱心，社会才能和谐和进步，所以妈妈和爸爸从小就要培养孩子的爱心，这对宝宝长大以后形成社会亲和力具有重要意义。

用游戏和玩具培养孩子的爱心，可参考以下方法。

妈妈和爸爸可以给孩子买一些柔软的绒毛玩具，比如小熊、小狗、娃娃等，这特别适宜女孩。把玩具交给孩子以后，妈妈或爸爸应鼓励孩子温柔地对待他(她)的玩具，和他(她)的玩具一块做游戏。家长可以教孩子怎样抱绒毛玩具，并做示范给孩子看。这时的孩子已经有了很强的模仿力，你的教导一定会让孩子学会彬彬有礼和善意待人的好品德。经过这样的游戏，孩子很快就会“照顾”他(她)的玩具。

这里需要注意的是，给孩子抱着的玩具一定要符合卫生标准，并要经常洗涤，以免玩具里的细菌或病毒感染孩子。

由于孩子在第六个月以前就学会追视，这时可以给孩子准备一个镜子。当孩子看到镜子中的自己时，常常把镜子里的自己当成另一个“小伙伴”。孩子笑，小伙伴也笑，看到镜子里小伙伴愉快的笑容，孩子就会做出亲昵友爱的反

应。这样做不仅对孩子的视觉体验很有好处，而且还会使孩子产生对他人、对周围环境的信任感和安全感。

选择婴儿自己动手的游戏

要选择孩子能自己动手玩的玩具，才能使孩子在玩耍过程中得到更多、更全面的锻炼和收获。

撕纸游戏。剪纸是我国优秀传统艺术之一，虽然这么小的孩子还不会拿剪刀，但妈妈完全可以让孩子撕纸玩。游戏时，先选择一些色彩鲜艳而且干净的纸，然后让孩子撕。开始时可以任意让孩子撕，什么形状都无所谓，目的主要是锻炼孩子手部肌肉的力量和手部的灵活性，纸张可以由薄到厚，由小到大。玩过几次以后，妈妈可以把纸撕成三角形、圆形、方形，摆放在孩子面前给他（她）看，并告诉孩子每一个是什么图形。尽管孩子此时还不能区分这些形状，但这个游戏既可以作为一种视觉的体验，又可以增强孩子对简单图形的记忆储存。

兴趣玩具。过去常用的那种类似挂在孩子床前，用绳子一拉就会发出响声的玩具，已经不能给孩子带来意外的惊喜了。所以，妈妈或爸爸应该给孩子选择一些新颖的玩具，比如那种盒子里装着卡通玩偶的玩具，只要孩子一拍盒子的盖，卡通玩偶就会从盒子里弹出来，甚至这个卡通玩偶还会叫上几声。然后，孩子还可以把卡通玩偶按回盒子里去。这样的玩具既可以调动孩子自己动手的兴趣，也有利于创造性思维的发育。不倒翁、一捏就响的布娃娃等也可起到上述作用。由于没有固定的框框约束，所以孩子在玩玩具时可能会用不符合常理的方法玩玩具。如果你的孩子有这种情况，不要沮丧或生气，而要为之高兴。你应该给孩子一个自己体验及探索的机会，如果这种体验及探索毫无价值和意义，再给孩子纠正也不迟。

训练婴儿语言与认知能力

在孩子学会发出单音的基础上，妈妈或爸爸可以教孩子发各种简单的辅

音，如 ma-ma（妈妈）；ba-ba（爸爸）；gou-gou（狗狗）；wa-wa（娃娃）等。在让孩子模仿发音的同时，还应指着妈妈、爸爸，指着玩具狗或娃娃，让孩子对号入座。

这种做法既可以使孩子在这个月龄能够发出 4～5 个辅音，而且还能初步理解这些辅音的基本含义。接下来就可以进行听音指认的游戏。让孩子听到“妈妈”、“爸爸”这些词汇时，不但眼睛看着妈妈或爸爸，还要教孩子用手分别指认。也可以让孩子听到“狗狗”、“娃娃”时，让孩子到玩具堆里把狗狗或娃娃挑出来。

注意婴儿天赋发出的信号

德国汉堡的心理学家安格利卡·法斯说：小孩自愿做的和给自己带来乐趣的事情，实际上可能是提前发出他们有这方面天赋的信号。因此，如果父母仔细观察孩子，并发现他们有什么爱好，这是有益的。父母通过仔细观察婴儿潜在天赋的信号，就能发现婴儿的天赋并进行开发，使他们的潜在天赋得以发展。根据专家们研究，婴儿有以下主要潜在天赋。

一、音乐。小孩在几乎还站立不稳时，就会按音乐的节奏摇晃。唱歌会使小孩变得对节奏敏感，但这并不意味着孩子有特殊的音乐天赋。法斯说：听音乐是一回事，音乐天赋的发展是另一回事。美国加利福尼亚欧文大学所作的调查显示：听音乐一般能使大脑得到训练。

二、运动。婴儿的运动表明其从事体育运动的天赋。事实上，在怀孕第 7 周胎儿就开始学习运动了，2 岁时，婴儿已经能够翻跟头并在围墙上保持身体平衡了。

三、绘画。颜色会促进小艺术家成长。婴儿在出生后第 4 个月到第 8 个月开始学习看东西，眼睛和大脑中的视力中心被接通，这时婴儿可以准确地观察其周围环境。不久后，婴儿就开始寻求表达方式，复述自己所看到的颜色和画面。法斯说：有些小孩很早就有良好的颜色感，父母应为孩子购买彩笔，让孩子绘画。

四、语言。念诗和多说话会唤起婴儿的语言兴趣，婴儿的语言能力极强。语言天赋既是天生的又是教养成的。法斯说：与婴儿多说话至少会促进婴儿的

语言兴趣。孩子小时候说话多,长大后也往往很健谈。更重要的是父母要让孩子多说,说错了也没关系。语言生物学研究表明,人生下来就有一种本能,即能理解作为自然语言基础的语法规则,婴儿还具有神奇的语言学习能力,等等。可见,婴儿的语言天赋是很高的。

五、模仿。婴儿在说话之前就能互相模仿学习。还有人认为,婴儿一出生就能够认人,能够模仿大人的手势,具有把手势同做鬼脸结合起来的能力等等。将满6个月的婴儿送到好的托儿所(以日托为好),是有好处的,可让他们早些发挥互相模仿学习的本领。

六、思考。美国康乃尔大学心理学家伊莉莎白·史贝尔克的研究发现,思考是人之本能,而非后天习得。这种能力生来就有,和感觉及运动功能一样早发生,婴儿既能触摸、看东西,又能思考。史贝尔克说,婴儿晓得固体物移动,必须不断沿一直线前进,它不能穿过另一个固体物,他还知道固体物移动时,必须是个单一的实体,把3个月大的婴儿的玩具熊收藏于毛毯下,他也很清楚玩具熊在哪儿。

七、智力。法兰克福大学的心理学家莫妮卡·克诺夫认为,婴儿智力出乎意料。婴儿能够用眼睛跟着做简单的数字游戏。克诺夫说:我们给婴儿看不同数量的点。最初他们注视着两个点,等到熟悉了以后就开始失去兴趣。但当我们接着展示3个点时,他们的兴趣又来了。对13～14个月大的婴儿早期对复杂事物的长时间记忆能力进行了研究,也获得了出乎意料的发现,比如婴儿能够把用以前从未见过的玩具做出的复杂动作记住长达半小时之久,甚至还能模仿这些动作。

婴儿智力发展的八次飞跃

心理学家发现,婴儿时期是智力发展的关键时期,一岁内的婴儿大脑发育最快,如出生时大脑仅重350～400克,而长到半岁时就增加到700～800克,脑重量翻了一番。在这一期间内,婴儿的智力发展有八次飞跃,每次飞跃发生的时间大体相同,而且在开始出现变化时婴儿总会变得烦躁不安。

第一次:大约发生在婴儿出生后5周左右,其各个器官都迅速成熟并开始

工作,表现为哭的时候流出眼泪,或者用微笑来表示高兴,另外还不时地对周围发生的一切进行“观察”或“聆听”,并对气味与动静做出积极的回应。

第二次:大约发生在婴儿出生后的第8周,随着婴儿生活环境的改变,周围环绕着不同的会运动的物体,婴儿会对陌生的事物产生恐惧,不过,只要能经常躺在母亲的怀抱里,与母亲保持着亲密的接触,则可减轻或消除这种感觉。

第三次:大约发生在婴儿出生后的第12周,这时他会有意识地活动自己的肢体,表达自己的情感,懂得了自己可以操纵或控制自己的行为。他会发出尖叫,格格地笑,并试图通过和别人交谈来表达自己的情绪。

第四次:大约出现在婴儿出生后的第19周,这时婴儿对双手的灵活使用使他对物体产生强烈的好奇心,他的眼睛会对挂在摇篮上的摇铃转动,会抓住它仔细研究。

第五次:大约出现在婴儿出生后的第26周,婴儿逐渐理解了事物之间的因果关系,如按动一下电钮就能看见画面或听到音乐。此时,他最乐于做的游戏就是将东西搬来搬去,或拿出来又放进去,常常弄得周围乱七八糟,一片狼籍。

第六次:出现在婴儿出生后的第37周左右,这时他已经开始有了成人的思维模式,理解了事物的同一性,能够找出不同事物的共同点进行分类。

第七次:婴儿在第46周做事会知道先干什么后干什么,意识到事情有一定的顺序。他开始喜欢自己的事情自己做,通过反复做某件事情来加深对顺序这一概念的认识与印象。不足之处是他以为这一顺序都是固定不变的。

第八次:第55周的婴儿会发现事情的先后顺序是可以随着自己的意愿随意改变的,于是他能够按照自己的心愿来制定计划,明确表示自己的要求。

如果父母能掌握时机,理解和满足孩子的要求,并采取相应措施激发他的智商发展,那就会达到事半功倍的效果。

聪明婴儿早游泳

早龄游泳——初生即可开始。每个健康的孩子,在其婴儿期都可以做智能提升,使他的大脑潜能,迅速地开发成为天才智能。智能提升的课程,有许多在孩子一出生就可以做,诸如光暗交替、双木闹寂、趴俯蠕爬、促音成话等等,其中

对提升孩子智能效率最高的一种课程是——早龄游泳。早龄游泳是澳洲智能提升界在27年前的一项大突破，他们认为对游泳的学习，愈小的孩子是愈容易做到的事情。他们训练出了一个六星期大的女婴，叫安得丽亚·提默曼斯，她能独立地在游泳池的深水处游泳，又出生了一个三天大就会游动的新生儿，更证实了游泳是刚出生时的孩子就可以做到的。因为这两个孩子的游泳能力，都是妈妈用智能提升法调教出来的。

早龄游泳——强大呼吸系统。早龄游泳会使孩子变得更聪明。早龄游泳如何提升孩子智能？最主要、最直接的机制便是先强大孩子的呼吸系统。在学游泳时，孩子每次潜水都会练习憋气，经常的练习会加快孩子呼吸的速度及加深呼吸的深度，又深又快的呼吸会使各个控制智能的大脑得到强大。强大的呼吸系统会增加人身氧气运送的效能，运送更多的氧气供大脑使用，早龄游泳正是最有效的主动加氧法之一。做早龄游泳的孩子深呼吸的机会很多，每次深呼吸时胸腔都随着肺脏扩张。多做早龄游泳后，孩子的肺脏更早成熟，胸围也加速扩大，孩子日臻健康，因为他抵抗呼吸道病毒细菌的能力都加强了，便很少会感冒。孩子少生病，就会有健康的肌体和继续培养出更健康的大脑和更高超的智能。

早龄游泳——帮助孩子较早说话。语言智能的提升与孩子呼吸系统及大脑的呼吸中枢相联系，早龄游泳会使孩子的语言智能得到快速的提升，所以会游泳的孩子能早一天发出声音，而且发出的声音也更洪亮，甚至能发出更多不同的声音，因此早龄游泳的宝宝比一般不游泳的孩子更早会说话。

早龄游泳——使孩子更会平衡。人脑控制平衡智能的主要构造是属于中脑部分的小脑，在孩子做早龄游泳时，小脑会不断地受到刺激和操练。妈妈垂直地抱着他，或者水平地让他在水上滑行，或者是使他对侧滚摇，甚至把他头上脚下地抛丢水中，孩子在经验这些动作时，便有无限的机会身历各种姿势的变化，使用他的平衡智能，让他的小脑不停地接收有关地心引力的资讯，刺激小脑使它快速成长。

早龄游泳——提升运动智能。运动智能的基础训练，包括蠕动爬行，会使游泳孩子比同龄儿更早会行走，而且都会做得比不游泳的孩子好得多。在水中，水的浮力会减少地心引力对孩子行动上的阻挠，使他学蠕动爬行更容易，让孩子在适当尝试水中蠕动爬行或行走，会使孩子更早地把这些运动基础都打好。有许多做智能提升兼做早龄游泳的孩子，都是先在水中学会了蠕动爬行，

然后才在旱地上蠕动爬行，先在水中行走了，继之才学会在旱地行走。综上所述，可见早龄游泳对孩子智能的提升不但功能多，而且效率高，是很值得做的智能提升课程。

会爬的婴儿更聪明

婴儿会爬的确是一个很重要的动作。婴儿会爬了才能自己移动身体到要去的地方，活动范围就比坐着、抱着宽阔得多，要去探索周围世界就方便多了，所以会爬的孩子就学得多、灵活得多。

学爬要经过不少步骤，先是能俯卧抬头抬胸，上肢能把上身撑离地面，开始时只能肚子贴着床面匍匐爬动，以后四肢训练时也要按次序进行，在1～6个月阶段就要经常让婴儿有俯卧机会，用玩具训练抬头、转头，手臂前撑抬胸；4～5个月练翻身，到6～7个月就可练爬行。

用有吸引力的玩具放在婴儿头前方，但他伸手够不着，父母可在前用语言鼓励他努力移动自己的身体向前，此时孩子往往会向后退，家长可用双手推抵婴儿两侧脚底，帮助他向前匍匐移动，等到手能抓到玩具，孩子就会因成功而高兴异常，这样反复多次训练，孩子就能熟练地向前爬行。

常用小手大脑聪明

人的大脑中与手指相连的神经所占的面积较大，平时如果经常刺激这部分神经细胞，人脑会日益发达，达到心灵手巧。

近年来，人体活动中的手指运动对脑力的影响已受到生理学家的重视，据调查，长期学习拉提琴或弹钢琴的孩子，聪明者居多。习惯先用右手者，左脑更发达，称为优势半球，它管理高级神经活动部分，偏重于语言、逻辑和计算等智力活动；而右脑则以空间识别、几何图形、音乐等活动占优势。

当我们认识上述道理之后，就应该对婴儿加强手的训练，而且开始得越早，

效果越好。

婴儿1～2个月时，小手的动作并不受意识的支配，常常是胡乱摇动，碰到物体时可出现抓握反应。这时大人可以用手指或带柄的玩具触动他的小手掌，促使其抓握，每天可以这样训练3～5次。

婴儿3～4个月以后，可以用色彩鲜艳的玩具，如小彩球、彩棒等，放到孩子的眼前和小手能够得着的地方。"引逗"其去抓、去握，训练手、眼协调的能力，促进小手运动。

婴儿5～6个月时，可训练孩子的精细动作，大人每天按摩孩子的指尖数次，并让其自由地玩纸、翻书、双手撕纸，让孩子通过自己手指的运动使物体变形而体验到快乐。

婴儿7～8个月以后，开始教孩子用拇指和食指或中指对捏物体，如从餐桌上拣起一颗小饭粒等，并让其模仿成人伸各个手指，逐渐教会用每个手指单独曲伸、弹动。

婴儿9～10个月时，可有意识地教孩子拍手、招手、翘拇指，并开始配上相应的语言。

孩子长满周岁之后，对手的训练应向更高层次发展，如教其自己穿衣服，系纽扣、鞋带，使用汤匙等。再大一些则教他们使用筷子，婴儿用筷子对促进其大脑发育很有益处。开始时给他们准备一双小筷子，教会用它扒、挑、夹食物。

训练孩子的双手，要持之以恒，父母和保育人员必须有信心和耐心。特别应该提出的是，在孩子步入少年乃至青年之后，父母也不要忘记教导他们坚持经常有目的地使用双手，多做精细动作，如编织、做针线、绣花、写字、绘画、弹琴，以及进行排球、篮球等锻炼手指的体育活动，这样会使他们受益终生。

婴儿肌肉运动的训练方法

婴儿的肌肉训练主要包括四肢运动和头颈部运动。在训练时，除了继续坚持每日数次做婴儿体操外，还要重点做以下训练。

够取玩具训练。在进行够取玩具训练之前，应巩固孩子的抓握能力。先拿一个孩子的手能抓住而且能带响的玩具，比如摇铃、拨浪鼓等，在孩子的上方或

两侧摇动，先使孩子听到声音并看到玩具，然后再让孩子去抓握。每日训练数次，每次数分钟。在能持续抓握5秒钟以上时，再进行够取玩具训练。训练时，妈妈和爸爸可用一条小绳系上一个宝宝能够够得着、抓得住而且对孩子具有吸引力的玩具，先在孩子面前晃动几次，引逗孩子伸手去够取或把着他的手让他够取玩具，左右两手都要练习，以训练孩子手部肌肉紧张和放松能力。

蹬脚训练。先用一个能够一碰就响的玩具触动孩子的脚底，引起孩子的注意和刺激脚部的感觉，当孩子的脚碰到玩具时，玩具的响声将会引起孩子的兴趣，然后会主动蹬脚。这时，妈妈或爸爸应配合孩子移动玩具的位置，让孩子每次蹬脚都能碰到玩具，每次成功后可以亲吻或抱一抱的方式对孩子表示鼓励。

俯卧支撑训练。在巩固第二、第三个月进行的俯卧抬头训练基础上，当孩子俯卧时头部能稳定地挺立达90度时，妈妈或爸爸站在距宝宝1米左右的地方，手拿摇铃或一捏就响的玩具逗引宝宝，训练孩子用前臂和胳膊肘，支撑起头部和上半身的体重，使孩子的脸正视前方，胸部尽可能抬起，每日训练数次，每次数分钟。同时，还要用手抵住孩子的足底，观察孩子有没有向前爬动的意思，为将来练习爬行做准备。

帮婴儿学会翻身的训练方法

到了第四个月，宝宝可以开始练习翻身了。第一步，妈妈或爸爸此时可以帮助宝宝学习先从仰卧翻身为俯卧。训练时可以参考以下方法。

背部刺激法。训练时，妈妈或爸爸可以先让孩子仰卧在硬板床上，衣服不要穿得太厚，以免影响孩子的动作；再把孩子的左腿放在右腿上，以你的左手握孩子的左手，让孩子仰卧以你的右手指轻轻刺激宝宝的背部，使宝宝自己向右翻身，直至翻到侧卧位时为止。

玩具逗引法。正式训练前与背部刺激法相同，不同的是不是刺激孩子的背部，而是在孩子的一侧放一个色彩鲜艳的玩具，逗引孩子翻身去取。如果孩子还不能自己翻身，妈妈或爸爸也可以握住孩子的另一侧手臂，轻轻地把宝宝的身体拉向玩具一侧给予帮助。每次数分钟，逐渐达到自己会翻。孩子学会从仰卧翻身为俯卧后，再从俯卧翻成仰卧就是件很容易的事了。学会翻身时孩子就

可以自主地移动身体，为将来练习坐起来打下基础。

翻身被动操。在训练孩子翻身时，为发展和巩固孩子的翻身动作，促进孩子动作的灵活性，可以教孩子做翻身被动操。具体方法是：先让孩子仰卧在平整的床上，妈妈或爸爸一只手握住孩子的前上臂，另一只手托住孩子的背部。然后喊着口令"一、二、三、四，孩子翻过来"，将孩子从仰卧推向俯卧；再喊口令"二、二、三、四，孩子翻过去"，将孩子从俯卧推向仰卧。如此反复，每日数次。

训练婴儿会坐的能力

从第四个月起，妈妈或爸爸可以每天和孩子玩拉坐游戏，来训练孩子的腰肌。孩子能够坐起来是很重要的，不仅有利于孩子的脊柱开始形成第二个生理弯曲，即胸椎前突，对保持身体平衡有重要作用，而且还可以接触到许多过去想够又够不到的东西，对孩子感觉知觉的发育都有重要意义。

训练时，先让宝宝仰卧在平整的床上，妈妈或爸爸握住孩子的双手手腕，也可用双手夹住孩子的腋下，面对着孩子，边拉坐，边逗笑，边对话，使孩子在快乐的气氛中，慢慢将孩子从仰卧位拉到坐位，然后再慢慢让孩子躺下去。

练习多次后，妈妈或爸爸只需稍微用力帮助，宝宝就能借助妈妈或爸爸的力量自己用力坐起来。然后，妈妈或爸爸逐渐减少帮助的力量，进而只有姿势而不出力，慢慢地宝宝就会自己坐起来了。开始进行拉坐训练时，时间一般控制在每次 5 分钟左右，然后逐渐延长至 15～20 分钟。

孩子刚学会坐时，常常会左右摇摆或身子前倾，但没多久，宝宝就能挺直腰部。进入第六个月后，大多数孩子已能稳稳地独坐了。

教婴儿做拉坐被动操。训练孩子拉坐的目的是活动颈部、腹部和腰部的肌肉，为了促进孩子动作的灵活性，可以教孩子做翻身被动操。具体方法是：先让孩子仰卧在平整的床上，妈妈或爸爸双手握住孩子的两臂拉向胸前，一边喊着口令"一、二，孩子坐起来"，一边轻轻拉着孩子坐起来；再一边喊着口令"三、四，孩子躺下去"，一边把孩子轻轻放至仰卧。如果孩子头部较软，也可一手托孩子头部，一手握住孩子双手，最后让孩子的两臂下放还原即可。如此反复，每日数次。

怎样训练婴儿手部力量和灵活性

一是做拣豆游戏。人干什么工作都离不开手，从小锻炼手部的力量和灵活性，对孩子的一生都具有重要意义。到了第七个月，大部分的孩子可以不需任何支撑而能熟练地坐起来，并能坐较长时间，这就给训练孩子手部的力量和灵活性提供了极大的方便。而且，孩子在日常做的很多游戏，都可用来做这种手部力量和灵活性的训练。拣豆游戏就是方法之一。

过了6个月以后，孩子的小手动作明显地灵巧了，一般物体都能熟练地拿起，拣豆游戏就是建立在这种基础之上进行的。游戏前，妈妈或爸爸找一个广口瓶，再找10多个爆米花之类比较好拿并可以吃的物品。游戏开始时，妈妈或爸爸可以先做个示范，一个一个地把"爆米花"拣起来，放进瓶里，然后再倒出来。如此反复，来回玩耍。在妈妈或爸爸示范动作的启发下，孩子就会效仿着做，开始学习捏取这些爆米花之类的小物品。

这个游戏有个循序渐进的过程，开始时找些爆米花之类比较粗糙的东西，等孩子比较熟练之后，再换一些如小糖豆等比较光滑难拿的东西，经过这样逐步升级的训练，孩子的小手指就会越来越有力，越来越灵活，而且会逐步由拇指与其他指头的抓握，逐渐发展为拇指与食指相对的准确捏取。

对于那些发育较慢的宝宝也可以做这个游戏，可以找一个更广口瓶子或干脆用塑料口杯，开始时孩子也可能是用满把手去抓，然后放到瓶子或杯子里去，只要坚持训练，用不了多久，孩子就可以用手指灵巧地去捏了。

值得注意的是，在做这个游戏时，应该时刻看护好孩子，不要让他(她)把爆米花或小糖豆等东西放进嘴里，一是怕孩子卡住；二是怕孩子吃进去，尽管这些东西万一被孩子吃了也不要紧，但这些东西毕竟是拿来做游戏用的，被手拿来拿去已经不干净了，如果被吃了可能会影响孩子健康。

二是做传递游戏。在做传递游戏之前，可以先做以下基础练习。在孩子能够准确抓握的基础上，可给孩子一些积木、套碗、套塔等玩具，首先训练孩子抓住一个再抓一个，或向孩子同一只手上送两个玩具，让孩子学会将一个玩具放下，再拿起另一个；进而学会把一只手上的玩具倒到另一只手上，然后再取第二

个玩具。在进行以上基础训练的时候，开始时宝宝可能会把玩具扔掉或撒手不接，即使能把玩具放下也不是有意识的。

这时，妈妈或爸爸可以在孩子拿起玩具时用语言进行指导，让孩子放下或交给妈妈或爸爸，每次孩子按照指导完成动作后，妈妈或爸爸要以夸奖或亲吻的方式及时给予鼓励，激发孩子自己动手的兴趣和信心。当这些基础训练都能基本完成的时候，妈妈和爸爸可以分别坐在孩子的两侧，从妈妈开始或是从爸爸开始都行，拿一个玩具交到孩子的一只手上，然后再教孩子倒手后，交到妈妈或爸爸手里，直至孩子完成所有动作。

让婴儿感受室外儿童器械的乐趣。妈妈或爸爸在带孩子到室外活动的时候，看到其他小朋友玩秋千、滑梯或跷跷板等大型儿童锻炼器械，大部分的孩子都会表现出异常的高兴情绪。这时，妈妈或爸爸也可以适当地满足一下孩子的好奇和兴趣，抱着孩子一同荡荡秋千，滑滑滑梯或压一压跷跷板。妈妈或爸爸一人抱孩子滑滑梯、荡秋千或压跷跷板时，动作一定要慢，最好要有一人在旁边保护。有意识地让孩子体验大型儿童锻炼器械，可使孩子更积极主动地参与身体的运动，并从中体验运动的乐趣。

婴儿的肢体语言

别看婴儿还不会说话，其实，人家的小脑袋瓜真的没闲着，你看，他正挥舞着小胳膊、小腿儿在跟你打招呼，他正用他生动的表情和你交流。妈妈们可千万别忽略孩子的这种肢体语言，这是你聪明的孩子在用身体和你说话呢！读懂了他特殊的肢体语言，妈妈们才能做出正确的回应。

婴儿有7种体态语言。

4个月。孩子躺在床上自己咿咿呀呀地玩儿，突然，孩子的动作停下来了，眼珠也不再四处乱看，而是只盯着一个地方，过了一会儿又恢复了正常。对此，妈妈应做出的反应：如果孩子只盯着一处看的时候就是他有些困了，这时候家里不要有杂音，让孩子在安静的环境下渐渐入睡。

6个月。孩子睡着的时候，轻轻地抽泣，但是眼睛仍然闭着睡。之后抽泣的声音慢慢变大，身体也开始动起来，最后突然睁开眼睛，并哇哇大哭起来。对

此，妈妈应做出的反应：如果孩子睡着了还表现得这样不安静，就是孩子开始觉得不舒服了，这时候要解开衣服检查一下，看看是不是衣服穿得过紧或被子过厚让孩子感觉不舒服。如果排除这种情况，可以给孩子喂些奶，抱着哄哄，孩子饿了或做梦了，都有可能哭闹。

7个月。孩子坐着的时候，双手高举，使劲儿向前伸，小脑袋偏着，小嘴抿得紧紧的，小身子也挺得直直的。对此，妈妈应做出的反应：观察孩子的眼神方向，如果孩子只是需要妈妈抱，就把孩子抱起来好了。如果孩子需要取得什么新奇玩具，可以顺着他的眼神帮助他取得。如果较重或危险的不适合孩子玩的玩具，可以把这个东西隐藏起来，或以别的东西转移孩子的注意力。

8个月。宝宝眼睛盯着妈妈新买的上弦的小老鼠玩具，随后把脸转向妈妈，又看看小老鼠，伸出手又缩回去，再回头看妈妈，妈妈把小老鼠递到他手里，他并不接。对此，妈妈应做出的反应：搂着孩子一起看小老鼠满地跑，一边举起孩子的两只手拍巴掌表示开心。妈妈可以握住孩子的手一起抚摸这个小老鼠，让孩子逐渐熟悉玩具，知道玩具并不会伤害她。

9个月。宝宝眼睛紧紧地盯着别人，嘴里使劲儿发出"哼哼"的声音，隔几秒钟就哼一次，小身体也随着哼哼一挺一挺地，两只小手握成小拳头。对此，妈妈应做出的反应：热情地跟对方打招呼，抚摸自己孩子的脑袋，紧紧拥抱孩子一下，看到妈妈的反应和态度，孩子的紧张情绪会逐渐放松的。

10个月。孩子在妈妈的朋友带着10岁的儿子来看她时，她不停地去抓哥哥的衣服，摸哥哥的脸，还用嘴去咬哥哥的脸和手，弄得哥哥不知所措。对此，妈妈应做出的反应：10岁的男孩通常不太会和说不出话的孩子玩到一起，让他们彼此熟悉一段时间后，如果小客人觉得不太习惯小妹妹的亲热方式，妈妈可以拿孩子最喜欢的玩具递给孩子，抱着孩子在另外一个房间和客人聊天，把家里的电视打开让小客人看。

11个月。孩子坐在床上，看着忙来忙去的妈妈，直哼哼，妈妈冲她笑笑，仍然忙自己的。孩子的身体扭来扭去，后来就哭闹起来了。对此，妈妈应做出的反应：孩子在第一次哼哼的时候就过来搂一下孩子，亲一下孩子的脸，停留几分钟后再起身做事去。这样对缓解孩子的急躁有帮助。

婴儿最喜欢的体态游戏。事实上，每个婴儿传递信息的方式各不相同，孩子总试图以某种奇特而又与众不同的方式来向妈妈传递某些信息。因此妈妈要细心观察孩子，在养育孩子的过程中逐渐了解孩子独特的心理需要。在认真

阅读孩子体态语言并对其做出热烈反应的同时，妈妈应该从孩子出生起就经常用较慢的语速、抑扬顿挫的音调、富有节律的语句与孩子说话，同时想方设法引导孩子自己用语言表达他的想法。虽然在孩子学会说话之前很长一段时间之内，妈妈说再多的话，孩子也不会做出妈妈所期望的回应，但妈妈的努力总会在某个时刻得到令人惊喜的补偿。

虽然，每个孩子需要父母关爱的方式迥然不同，但是以下方法父母可以试一试：不停地和孩子说话，大声、小声，轻柔和急促都可以。当说话的时候，可以做出不同的面部表情；当告诉孩子你正在做什么的同时，轻轻地抚摸他；当你和孩子说话或者看着他的时候，可以轻柔地摆弄他的小胳膊和小腿。对着孩子微笑、交谈或轻轻地摇抱他，让他感到自己沉浸在语言、声音和爱的氛围中。

哭是婴儿与人交流的“语言”

哭是孩子表达情感体验的一种方式。对于婴儿来说，哭是他们表达消极情绪的信号，比如，让爸爸妈妈知道该给他们换尿布、该喂奶了等等。随着孩子年龄的增长，他们表达自我需要和体验的能力也增强了，哭不再是他们表达需要和体验的主要手段，而是更多地依靠语言、动作等方式，并学着解决所遇到的问题。

孩子都会有各种各样的情感表现，他们有时会用哭来表达自己的消极情绪。但是，如果他们把哭当做解决问题的唯一手段，遇到困难就哭，并在心理上对哭产生依赖的话，这样，会对孩子心理健康产生不良的影响。进而影响父母对待孩子的方式，使他们缺乏足够的耐心，形成孩子与父母之间消极情绪的不良循环。总之，孩子的成长离不开舒展的眉眼和绽开的笑脸。健康、快乐的孩子常有积极、愉快的情绪，年轻的父母要注意从小培养孩子积极、开朗的情绪、情感，培养他们的独立性，让他们成为身心健康的一代。

婴儿的哭声分为三种

哭是婴儿的第一语言，是原始的生理反应，也是婴儿表达和沟通最重要的

工具。据有关专家讲，婴儿哭泣所代表的信息是多层面的，大约可分为生理需求、心理反应、病理状况三种。

反映生理需求的哭。生理需求的哭往往是由以下原因造成的，尿布脏了、湿了或喝奶时间要到了，渴了、热（会流汗）了或者冷（会手脚冰冷）了，环境太吵了、光线太亮了或是太暗了。反映孩子这些基本生理需求的哭泣，是比较好解决的，只要满足宝宝的需求就可以了。

反映心理需求的哭。那些所谓"磨娘精"、难带的孩子的哭闹，往往是心理需求的哭。有关专家指出，有些孩子黏人、易受惊吓，是性格上比较敏感或者坚持度高、适应性差。反映心理需求的哭声比较小，甚至会盯着大人或伸出双手，就表示他只是想要抱抱，想要有人陪他玩。这时你只要逗着、哄着他玩就万事大吉了。孩子3～6个月会开始熟悉亲近的人，高兴就笑，不高兴就哭。6个月以后四肢控制更纯熟，表情也更丰富，许多生理需求不必借哭来表示了，因此表达情绪的哭泣比重增加，不满、失望、害怕、生气、挫折感都是哭泣的原因。当大人拥抱时，能让孩子感到满足与愉悦，所以父母应在孩子两岁前多抱抱他，让孩子感受到关爱，这对日后的情绪发展有良好的启发。

反映病理状况的哭。假如孩子哭声比平常尖锐而凄厉，或握拳、蹬腿、烦躁不安，不论如何抱也无法平静，就可能是生病了！当身体不适引起疼痛的感觉时，不会说话的婴儿一定用肢体语言和哭声来表达。此时他会握拳、蹬腿、烦躁不安，哭声特别尖锐或凄厉，这时就应警觉是病理状况引起的哭泣。胃肠道系统、呼吸道、皮肤方面、脑部问题、泌尿生殖系统、重金属和药物中毒、大人吸烟或吸毒等，都会引起孩子的异常哭泣。

父母只有准确判别孩子的哭声，并予以针对性的处理，才能使孩子"破涕为笑"，健康成长。

婴儿有哪些体态语言

妈妈们尤其是新妈妈常常因为搞不清孩子究竟有什么需求，而在婴儿面前显得惊慌失措或束手无策。其实，婴儿天生就有思维能力。只要妈妈细心观察，婴儿的一举一动，也就是宝宝的体态语言包含了成千上万的信息，妈妈可以

据此准确地了解孩子的心理需求,并适时地给予孩子最贴心的照料。

体态语言是孩子人际交往的初始方式。孩子人际交往首先体现在孩子与妈妈的交往,而体态语言是孩子开始学习人际交往技能的最初方式。6个月的孩子会张开双臂、身体扑向亲人,寻求亲人的搂抱。而当陌生人想要抱他时,孩子会转头将脸避开。7～8个月时,孩子会以拍手和笑脸表示高兴,点头表示谢谢,摇头表示拒绝。9～10个月时,孩子会用小手指向自己想要的物品,或者用手势来表达自己的其他想法。11～12个月的孩子除了体态语言外,开始越来越多地使用简单语言来表达自己的愿望。

常见的婴儿体态语言,有以下描述。

描述1:孩子皱起鼻子,嘴里发出"咕噜咕噜"的声音。这大多是孩子的悄悄话:妈妈,我烦着呢!

描述2:一向喜欢与妈妈对视的孩子突然开始不耐烦地躲避妈妈的目光。这可能是:哦,妈妈!你今天给予我的刺激太多了。

描述3:孩子澄澈的眼底亮光闪闪,突然口角牵动,笑容骤现。这大多是:唔!我吃饱了,喝足了,尿布也很干爽,感觉很舒服。

描述4:孩子瞪大双眼,将背部弓起,伸开的双手突然紧握成拳头,脚趾弯曲,全身悸动。这可能是:我害怕,我要逃离这个可怕的环境!妈妈,快来保护我!

描述5:妈妈俯下身来看着孩子。孩子凝神注视着妈妈熟悉的脸,突然开心地笑了。这大多是:妈妈来了,好开心啊,妈妈抱抱!

描述6:孩子瘪起小嘴,好像受了天大的委屈,随即啼哭起来,声音越来越大。这大多是:妈妈,我饿了或者尿布湿了、不舒服了。

描述7:孩子睡眠不踏实,不停地吸吮他的舌头、嘴唇。这大多是:妈妈,我好饿啊!快给我一点吃的来。

描述8:宝宝眉筋突暴,脸部皮肤发红而且目光呆滞。这大多是:妈妈!我要拉臭臭!

描述9:听到妈妈的声音,孩子立刻转过头来看着妈妈。这大多是:妈妈!我是多么地爱你!

描述10:孩子自得其乐地玩弄舌头,吧嗒嘴唇,吮手指,吐泡泡。这大多是:我现在感觉很舒服,我想自己玩一会儿!

描述11:孩子一向神气活现的双眼,突然黯然无光,并且显得有些呆滞。这

大多是:妈妈,我病了。快带我看医生吧!

描述12:孩子醒了,妈妈拉开窗帘,孩子便眯缝起眼睛同时喷嚏连天。这大多是:妈妈,我的鼻子有点痒痒,我没有感冒。

描述13:当妈妈和宝宝说话时,孩子看着妈妈的脸,嘴唇不停地蠕动。这大多是:妈妈,我好喜欢你的声音,我在学习说话呢。

描述14:孩子睡在爸爸和妈妈之间,尽量将两只小胳臂伸得直直的。这可能是:现在我要睡眠了,请不要打扰我。

描述15:见到某人,孩子扭转头,尽量躲避他。这可能是:拜托,我不喜欢你。

描述16:孩子大脚趾后伸,或者脚趾轻度弯曲。这可能是:妈妈,我的脚趾有点不太舒服。

以上列举的只是一些婴儿常见的新妈妈不太容易理解的体态语言。孩子总试图以某种奇特而与众不同的方式来向妈妈传递某些信息。因此妈妈要细心观察孩子,在养育孩子的过程中逐渐了解孩子独特的心理需要。

妈妈的态度会影响孩子的情绪。妈妈对孩子的体态语言十分敏感,能正确理解并积极回应。孩子在妈妈的积极回应下越来越多地使用体态语言,并因此变得更加聪明活泼。

从体态语言训练孩子人际交往技能。虽然孩子还不会用语言表达自己的各种想法,但是孩子的体态语言也是他表达自己的重要方式之一。妈妈平时要多观察孩子,在与孩子相处的过程中细心体会孩子各种体态语言的真正含义。笑是孩子与人交往的基本手段之一。孩子特别喜欢看妈妈微笑的脸庞,因此,妈妈在与孩子交流的过程中可以经常逗孩子笑,这样既可以让孩子感受人际交流的愉悦,也可以增进亲子关系,促进与孩子的感情。

不要过分倚重体态语言。0~6岁是孩子语言发展敏感期,因此,在孩子发展体态语言的同时也要训练孩子的口语表达能力。毕竟语言才是人际交流最有效的工具。专家建议:在认真阅读孩子体态语言并对其做出热烈反应的同时,妈妈应该从孩子出生起就经常用较慢的语速、抑扬顿挫的音调、富有节律的语句与孩子说话,同时想方设法引导孩子自己用语言表达他的想法。

发展婴儿的语言知觉能力

对婴儿语言知觉的大量研究表明，婴儿在最初的几周内，就已经听完了人类语言所拥有的绝大部分的语音差别。出生后的一周内，就能区分出人的语言和其他声音间的区别。3～4个月时，婴儿能区别出不同声母间的差别。10～12个月时，婴儿区分各种语音的能力日渐成熟。能够辨别出语音中的各种因素，并认识到它所代表的意义。婴儿语音感知、分辨能力发生、发展大致经过以下几个阶段。

婴儿开始认识语音的含意。当宝宝9～12个月大时，已经能辨别出妈妈言语中的各种音素，能把听到的各个语音转换为音素，并认识到这些语音所代表的意义。这使得他（她）们能够经常、系统地模仿和学习新的语音，为语言的发生作好了准备。他（她）叫出的爸爸妈妈，是你的辛劳换来的惊喜。

怎样观察婴儿的语言发展。随着语言的发展，我们对婴儿的语言学习过程就有了更深的了解。世界各地的孩子都是以相似的方式学习语言的，语言与智力的关系极其密切。首先，咿呀学语是所有婴儿醉心的嘴唇与声带的有趣运动，他们一遍又一遍地反复发出声响，喜欢父母用语词或相似的声音与自己交谈。世界各地的婴儿都会发出“妈妈”这个声音，大多数家庭对此给予了积极的奖励。多数母亲听到这声“妈妈”都激动不已，又吻又抱，结果，孩子常常重复“妈妈”这个声音。不久，婴儿又会叫“爸爸”了，随着父亲给予积极反馈，奖赏孩子完成他所要求的条件，例如，婴儿发“爸爸”这个音，会招来父亲的微笑和吻。在托儿所，保育员会帮助孩子区分谁是妈妈（或妈妈）、谁是爸爸（或爹爹）。孩子也许会自己发明一些词，如奶妮或咪咪来称呼保育员，后者对此应有所反应，直到孩子学会发他们名字的音。

运用感官进行学习。人们的五种感觉在学习中作用不小，它们是：视觉、听觉、味觉、嗅觉和触觉。刚出生几个月的婴儿就是通过这些感觉来了解周围环境的。

婴儿在游戏、观看、倾听、吃饭、洗澡和做别的活动时，通过感觉获得了大量的信息，这些都贮存其大脑中。他们倾听、观望、触摸、品尝（在某个时期，会把

任何东西往嘴里塞)。当婴儿到处闻东闻西时,不要训斥他,但是如果气味呛人,就应该阻止孩子接近。孩子在婴儿期就开始用感官去了解世界,直到7岁左右才能通过别人的教导来了解世界。如果婴儿想了解人类、环境和事物,就缺不了直接的感觉经验。

研究表明,智力并非一成不变,在早年能通过环境中丰富的刺激,大大地加以改变。如果在一个环境中能自在地运用五官:能看到五颜六色的物体、听到美妙的声响、能伸手触摸到各种东西,那么这个环境就具有刺激性,再加上父母与婴儿之间的交往,会对开发婴儿的智力起到一定作用。总之,语言发展和智力开发密切相关,五官是婴儿获得知识的源泉,婴儿通过口、手、眼、耳和鼻子得以对事物探个究竟。

第四章 幼儿教育

幼儿健康的评价标准

幼儿怎样才算健康呢？一般人认为只要小儿体重增长快，身高长得高，很少生病就是健康。其实这种认识是注意到了生长，而忽略了发育。所谓发育是指小儿神经、精神的发展，包括动作发育、语言发育、认识能力的发育以及良好的人际关系、文化修养和卫生习惯等。现以 2 岁半的幼儿为例说明健康的标准。

生长方面：根据 1985 年全国儿童生长发育调查标准，2.5 岁的男孩身高平均值为 91.3 厘米，标准差为 2.6；体重平均值为 12.96 公斤，标准差为 1.3。身长、体重在平均值加减两个标准差范围之内的均属正常。

发育方面：①动作发育：2 岁半小儿可以自由的跑、跳、踢球、扔球，弯腰从地上拣东西不跌跤，能玩各种玩具，能拿匙准确地吃饭，能拿笔“画画”，会用小毛巾擦脸，穿袜、穿鞋，但不知反正。这是人开始使用工具的年龄。②语言发育：此时期是语言发育的关键时期。能基本掌握语言，用 4～5 个词组织一句话，表达自己意思，能唱几支儿歌、背小诗，可数 1～20 个数，重复故事的简单内容。

认识能力：2 岁半的孩子已经逐步懂得什么是对、什么是不对，什么是好，什么是不好，愿意听讲故事，看“看画识字”，玩积木、铲土、折纸等。已有自尊心，当小儿有微小进步时受到表扬，他很高兴。

相互关系：喜欢与人交往，尤其是喜欢与小朋友交往，互相谦让，互换玩具。

生活习惯：已养成良好的睡眠习惯，睡前不用拍、唱催眠曲，需要培养睡醒立即起床、醒后不啼哭的习惯。已能自食，不用人喂可吃好。排便习惯已养成：自己可上便所，不尿湿裤子，夜里不尿床。整洁习惯：自己可洗手、擦手，饭前、

便后洗手习惯已养成。有爱劳动的习惯：擦桌椅、洗手帕等简单劳动习惯已养成。

总之，鉴定一个小儿是否健康，一定要从生长与发育两方面分析，两者缺一不可。

1 岁孩子的发育特点

1 岁的孩子度过了婴儿期，进入了幼儿期。幼儿无论在体格发育、神经发育上还是在心理和智能发育上，都出现了新的发展。体重：男婴约 9.58 公斤，女婴约 10.14 公斤；身长：男婴约 75.69 厘米，女婴约 77.14 厘米；坐高：男婴约 47.41 厘米，女婴约 48.46 厘米；头围：男婴约 45.45 厘米，女婴约 46.47 厘米；胸围：男婴约 45.61 厘米，女婴约 46.54 厘米；牙齿：已长出 6～8 颗牙。

动作发育。周岁的孩子已经能够直立行走了，这一变化使孩子的眼界豁然开阔。周岁的孩子开始厌烦母亲喂饭了，虽然自己能拿着食物吃得很好，但还用不好匙子。他对别人的帮助很不满意，有时还大哭大闹以示反抗。他要试着自己穿衣服，拿起袜子知道往脚上穿，拿起手表往自己手上戴，给他个香蕉他也要拿着自己剥皮。这些都说明孩子的独立意识在增强。

语言发育。12 个月的孩子不但会说爸爸、妈妈、奶奶、娃娃等，还会使用一些单音节动词如拿、给、掉、打、抱等。发音还不太准确，常常说一些让人莫名其妙的语言，或用一些手势和姿态来表示。

睡眠。每天需 14～15 个小时，白天睡 1～2 次。

1.5～2 岁孩子的发育特点

1.5～2 岁孩子的体格生长速度仍较第一年慢，而神经系统仍以较快的速度在发展，小儿的动作、语言以及心理活动等各方面的能力均较前有了新的发展。小儿动作的发育在前一阶段发育的基础上继续巩固和熟练，已能较自如地行

走，并学会跑、双脚并跳、攀登台阶、踢球以及扔球等动作；手的动作也更加灵活，已能搭积木、拿笔画线、自己拿匙子吃饭等。在语言方面，小儿进入了积极的言语活动发展阶段，在理解语言的基础上，说话的积极性逐渐提高，掌握的词汇量也不断增加，能说一些简单的句子，掌握的词类也由过去的名词、动词扩展到一些形容词和副词等。

这阶段的孩子好奇心很强，对什么都感兴趣，凡是够得到的、拿得动的东西，他都要拿来摆弄摆弄，弄不好还要把东西拆散或扔到地上。随着自我意识的萌芽，小儿独立的愿望越来越强，不管是自己能做的还是不能做的，他都想自己去做，不愿让别人帮忙。由于以上原因，再加上孩子缺乏生活经验，所以，在这阶段里意外事故时有发生，如把小药丸放到嘴里；爬到高处不小心摔下来；用手触摸火炉、开水、开水瓶或电源；在马路上乱跑丢失或被车撞等。因此，父母或其他照看人应特别注意看护，给孩子创造一个安全的环境。

这个年龄阶段的孩子，生活能力有所增强，基本上可以和大人一起进餐吃饭了；大多数孩子睡眠已经很有规律了，每天睡眠的时间因人而异。

体重、身长、头围、胸围：1.5～2岁孩子的体格生长速度仍较1岁时慢，各年龄组儿童的体重、身长、头围及胸围的正常参考值如下。

男童。21个月：体重平均为12.00千克，身长平均为85.1厘米，头围平均为47.8厘米，胸围平均为48.4厘米。2岁：体重平均为12.60千克，身长平均为87.6厘米，头围平均为48.2厘米，胸围平均为49.4厘米。

女童。21个月：体重平均为11.40千克，身长平均为83.8厘米，头围平均为46.7厘米，胸围平均为47.3厘米。2岁：体重平均为11.90千克，身长平均为86.5厘米，头围平均为47.2厘米，胸围平均为48.2厘米。

2.5～3岁孩子的发育特点

2.5～3岁这个年龄阶段的孩子，体格生长仍处于较慢的衡速生长期，但心理发育的速度加快。这个时期仍是小儿口语发育的关键期，孩子说话和听话的积极性都很高，语言水平也进步很快，掌握了基本语法结构，词汇量和句型也在迅速扩展，爱听故事、儿歌、诗歌等。注意和记忆能力也较之前有所提高，能较

长时间地注意看电视、看电影、做游戏或听大人讲故事等，并能记住一些简单的情节片断。感知思维也逐步活跃。这时期的孩子个性逐渐显露，在自我意识发展的基础上，儿童的自我评价及道德品质开始有了初步的发展，能够判断“好”与“不好”、“对”与“不对”，并能用语言来控制和调节自己的道德行为。由于语言和动作发展日趋成熟，认识范围不断扩大，好奇心和求知欲不断增强，因此，孩子很希望与人交往，愿意与小朋友一起玩。在这个阶段里，孩子的独立愿望很强，并具有一定的自我服务能力和从事一些简单劳动的能力，如可以自己吃饭、穿衣、洗脸、洗手、扫地、擦桌子及帮助大人取送东西、拔草、浇花等。

小儿运动技巧有了新的发展，动作日臻成熟，会跑、攀登、钻爬，两手也更加灵活，能玩些带有技巧性的玩具。这个年龄的孩子，由于智力的发展，兴趣爱好广泛，往往兴趣不在吃上，有的孩子还出现厌食或边吃边玩。

体重、身长、头围、胸围：2.5～3 岁这个年龄阶段的孩子，身高、体重均仍处于较慢的衡速生长阶段。该阶段孩子的体重、身长、头围及胸围的正常参考值如下。

男童。2.5 岁：体重平均为 13.70 千克，身长平均为 92.3 厘米，头围平均为 48.8 厘米，胸围平均为 50.2 厘米。

3 岁：体重平均为 14.70 千克，身长平均为 96.5 厘米，头围平均为 49.1 厘米，胸围平均为 50.9 厘米。

女童。2.5 岁：体重平均为 12.90 千克，身长平均为 91.3 厘米，头围平均为 47.7 厘米，胸围平均为 49.1 厘米。

3 岁：体重平均为 13.90 千克，身长平均为 95.6 厘米，头围平均为 48.1 厘米，胸围平均为 49.8 厘米。

攻击是幼儿的行为标志

1 岁的幼儿偶尔会用拳头和牙齿跟爸爸妈妈或其他小朋友“交流”，这是许多妈妈的烦恼，生怕孩子长大会变得很暴力。然而专家解释：1 岁左右的孩子出现攻击性的行为很正常，应该辨证的看待这些行为。一方面，这种行为只是孩子发育到这个年龄的标志，每个孩子都会经过这个时期，爸爸妈妈不必过于担

心。另一方面，虽然这是孩子必经的一个过程，但如果爸爸妈妈对孩子的错误行为不做正确的指导，孩子很可能会养成打人的坏习惯。另外，专家指出：对待1岁“暴力”孩子，只有先知道他为什么会这样做，才能帮助孩子找到解决问题的方法。

武力背后鲜为人知的故事。孩子也和大人一样，不会无缘无故的发脾气，如果他咬了其他小朋友，肯定有他自己的原因，只是1岁左右的孩子还不会为自己解释。所以，“他为什么要咬人”等攻击行为一直让我们困惑，现在让我们一起站在孩子的角度，看看究竟是什么让孩子不得不动用“武力”解决问题。

一是贫乏的语言表达能力。把自己的感受表达出来，对1岁的孩子来说是件很困难的事。也正是因为他不会说话，无法和别人建立有效的沟通，所以他选择咬人或是打人，来发泄自己的不满情绪。因此，下次你看到孩子急切向你表达，但你又不能弄明白时，一定要好好安慰他，肯定的告诉他“别着急，妈妈会帮助你的”，这样他就不会把怒火发到其他小朋友身上了。

二是正在学习自卫。有时候孩子打人是出于一种自卫，或是其他合理的原因。可能是因为小朋友抢了他的奶瓶，或者有人先打了他，甚至有小朋友抓了他的头发。孩子决不会容忍自己被欺负，他会全力维护自己的利益，这只是一种本能。

三是口腔发育的需要。专家解释说，1岁左右的孩子，口腔内牙齿、肌肉都在不同程度的发育，把东西放到嘴里咬，可以帮他缓解因口腔发育而带来的不适。另外孩子在学习说话的时候，也很喜欢把能抓到的东西放到口中，当然也包括小朋友的胳膊或手。这仅仅是他感知事物的一种方式，好像只有这样做他才能得到准确的认识。

四是孩子也需要自己的空间。1岁左右的孩子，不能准确的把握空间关系。所以他经常会发现自己被其他小朋友挤到一个小空间里。出于一种条件反射，他会不自觉地推开挡在他前面的孩子，或是对身边的小朋友采取武力进攻的方式。这样就可以确保自己有充足的活动空间了。

五是孩子正感到情绪不好。孩子在心情不好的时候也会选择自己的方式发泄不满情绪。比如在他饿了、累了、尿布湿了时，他的心情就会很糟糕，这时候最容易出现孩子之间互相打闹。另外，孩子一岁时正是学习各项技能的时候，当他遭遇失败时心情会跟着变坏，打人的行为就很容易出现了。

当孩子行为可能发生危险时，你应该及时制止他。用最简单的语言清楚、

严肃(但不是威胁)地告诉他“不可以打人,不可以咬人,会受伤的。”然后再把孩子的注意吸引到其他有趣的事情上,比如一个动画片。除此之外,在孩子烦躁想攻击别人的时候,可以为孩子提供其他选择,比如给他一个枕头,让他随便处置,还可以教她使劲跺脚来发泄自己的不满,或者教会孩子如果下次他生气了可以到你身边寻求帮助。

哭与孩子的心理健康

哭是孩子表达情感和体验的一种方式。对于孩子来说,哭是他们表达消极情绪的信号,如让爸爸妈妈知道该给他换尿布、该喂奶了等等。随着孩子年龄的增长,他们表达自我需要和体验的能力也增强了,哭不再是他们表达需要和体验的主要手段,而是更多地依靠语言、动作等方式,并学着解决所遇到的问题。孩子有各种各样的情感表现,有时会用哭来表达自己的消极情绪。但是,如果他把哭当做解决问题的唯一手段,遇到困难就哭,并在心理上对哭产生依赖的话,这样,会对孩子心理健康产生不良的影响。

首先,经常处于消极情绪状态的孩子,他们的身体各器官都会受到抑制,影响正常发育。

其次,哭不利于孩子形成积极有效的人际交往方式。如果和别的小朋友在玩游戏时不知道怎么和别人商量,遇到困难就会哭的话,长大后也很难学会与别人交往或友好相处。

再次,孩子经常处于消极的情绪状态,也会影响到父母的情绪,进而会影响父母对待孩子的方式,使他们缺乏足够的耐心。

总之,孩子的成长离不开舒展的眉眼和绽开的笑脸。健康、快乐的孩子常有积极、愉快的情绪,年轻的父母要注意从小培养孩子积极、开朗的情绪、情感,培养他们的独立性,让他们成为身心健康的一代。

孩子任性的形成原因与对策

任性是幼儿普遍存在的问题。如果放任幼儿的任性将会影响他们的人际交往，影响成人、同伴对他们的评价，并由此影响他们自我意识的发展。任性的孩子通常借助在地上打滚、不停地哭闹、乱扔东西等行为来表现他们的情绪、要求与脾气。那么，造成幼儿任性的原因究竟有哪些呢？

一是家长的教养方式不当。孩子任性时家长的态度如何，家长是否注意孩子日常行为规范的养成等等，这是关系到孩子是否任性的重要原因。随着生活条件的改善和独生子女比例的增加，不少孩子成为家庭的中心，孩子想怎么着就怎么着，缺乏行为规范和自我约束意识。还有的家长对孩子在知识方面要求严格，而在个性品质、行为习惯、社会适应性等方面没有要求，孩子想干什么就干什么。这样的教养方式必然会造成幼儿的消极创造性行为。

二是同伴交往机会缺乏。随着人们居住条件的改善，出现了不少"高楼儿童"，这些孩子很少有机会与其他孩子一起玩。同伴的缺乏导致幼儿的玩伴由成人来替代。由于亲子交往常常是一种不平等的以呵护的方式造就孩子，在这种不平等的交往情景里，如不能有意识地对孩子进行教育培养，孩子就可能会缺少互助、合作的意识，缺乏谦让、自制的行为。

了解了孩子任性的原因，我们就可以运用以下方法来进行教育：(1)明确要求，预防在先。家长平时对幼儿的行为要有明确的要求，如制定一些简单、明确的规则。规则一旦制定，就要坚决执行，以此来规范孩子的行为，如待人接物的礼貌要求，作息时间的安排等。这些规则可以使孩子明白自己的行为并不是随心所欲的，而应该受到一定的约束。(2)父母双方教育孩子的要求、观点应保持一致。尤其在孩子任性时，父母应统一要求。如果一个严，一个宠，那么孩子的任性会越演越烈，很难得到改正。(3)采用"负强化"的方法。当孩子任性时，家长不要大声训斥、恐吓，甚至打骂，这无益于问题的解决。家长可以用"负强化"的方法，即以不予理睬的方法来对待孩子的任性。例如，孩子吵着要买玩具，甚至在地上打滚，父母可采取不劝说、不解释、不争吵的方法，让孩子感到父母并不在意他的这些行为。当孩子闹够了，从地上爬起来时，父母可以说："我们知

道你不开心,但你现在不闹了,真是一个好孩子"并表示出高兴、满意和关心,跟他讲道理,分析他刚才的行为为何不对。这种"负强化"的方法往往比较有效。

1岁孩子开始认识自我

1岁以后的孩子开始对自己有所认识,这是自我意识萌芽的表现。自我意识是人对自己的认识,以及自己与周围事物的关系的认识,它的发生和发展是一个复杂的过程,是在后天学习和生活实践中逐步形成的。婴儿早期还没有这种意识,没有自己这个概念,不认识自己身体的存在,所以他们会吃手,抱着脚啃,把自己的脚当玩具玩。以后随着认识能力的发展,逐渐知道了手和脚是自己身体的一部分。到了1岁以后有了自我意识,表现在知道了自己的名字,并能用自己的名字来称呼自己,这表明小儿开始能把自己作为一个整体与别人的名字区别开来。开始认识自己的身体和身体的有关部位,如"宝宝的脚","宝宝的耳朵"等,还能意识到自己身体的感觉如"宝宝痛","宝宝饿"等。1岁左右的孩子学会走路以后,能逐渐认识到自己能发生的动作,感受到自己的力量,如用手能把玩具捏响,用自己的脚能把球踢走,这些都是幼儿最初级的自我意识表现。

大约到了2岁以后,当幼儿会说出"我","你"代词以后,自我意识的发展又会上一个新台阶。这时候,小儿不再把自己当作一个客体来认识,而是真正把自己当作了一个主体。到了3岁以后,小儿才开始形成自我评价的能力,他会对自己的行为评说好与坏。自我意识是人个性的一个组成部分,它的发展有着许多社会因素的作用,在儿童自我意识的形成和发展中,家长要教会孩子自己教育自己,完善自己的个性。

让幼儿的大脑左右开弓

一个发育正常的孩子存在着无限的潜能,在孩子出生后两年之内,家长要

开发其灵感、直觉、创造性、感性等右脑的能力。左脑主要进行以语言和计算为主的抽象思维，有极强的数学概念和逻辑分析能力，善于把复杂的事情条理化；右脑主要进行形象思维，是想象力、创造力的原动力。如何开发孩子的右脑功能呢？

首先是右脑映象的认识力，又称类型识别能力。新生儿即能认识母亲的脸，而他的记忆大部分是以映象作为概念被识别出来的。这种概念就是在瞬间能捕捉到的东西，也称为类型识别能力。在婴儿半睡眠时给他讲故事，就是开发他的映象记忆力。

其次是图形的认识力，即形象认识能力。与婴儿说话时，指着对应的物品，则婴儿的右脑就会反映出这个物品的形象来。日常生活中养成用图形记事的习惯，就能刺激右脑，使其逐步活化。

再次是空间识别能力。从小让孩子拍吊球，开始拍不到，练习几个月后就能够抓住球了。还可以让孩子在自己家里黑暗中来回走，直到能行走自如，提高空间识别能力。

最后是绘画感觉能力。要活化右脑首先应该经常带孩子欣赏美的工艺品、建筑、塑像、邮票以及自然风景等。培养孩子画画的兴趣，对右脑的刺激更为明显。头脑不是一个要被填满的容器，而是一支需要被点燃的火把。在教育孩子的过程中，多与孩子进行游戏，给他们快乐、自由、富于想象的空间，使孩子在轻松中开发右脑的潜力，训练左脑的技能，使大脑的综合能力获得最大程度的发挥，那么，孩子就是未来智慧潜能开发的佼佼者。

情感智能包括哪些能力

情感智能主要包括五种能力：

1. 了解和表达自己情感的能力，真正知道自己感受的能力；
2. 控制自己感情和延缓满足自己欲望的能力；
3. 了解别人的情感以及对别人情感作出适当反应的能力；
4. 能否以乐观态度对待挑战的能力；
5. 处理人际关系的能力。

"情感商数"高的人能够控制自己的感情冲动，不求一时的痛快和满足；懂得如何激发自己不断努力；与人交往中善于理解别人的暗示，这样的人能了解人生遇到的荣辱成败。如果父母具备这些素质并能给予指导，那么孩子就很容易具备这些素质。

家长可以从以下几方面培养孩子的情感智能：

1. 培养孩子正确的情绪反应，使孩子提早养成正确的情绪习惯；

2. 学会准确表达自己的感觉。与人沟通往往因为不能准确表达各自的感觉和想法，而造成偏见和误会；

3. 帮助孩子学会控制自己的欲望。家长可以通过生活中的事例让孩子明白，一个人要想实现自己的愿望必须要经过不懈的努力去克服种种困难，否则是不可能的。

打造聪明孩子从小开始

动作：独走自如，不左右摇摆；会爬台阶，牵着大人的手上楼梯；开始学跑，家长可在离孩子2～3米的地方拿着孩子喜欢的食物或玩具，要求孩子快点过来拿取。会做翻书动作，家长示范翻书动作，要求孩子学着做；会搭积木，能够搭起2～4块积木；会套环，能够模仿套3～5个左右彩色套环。

认知：认识一种颜色（红色），让孩子从多种颜色中选出红色；能指出身体3个部位，家长问宝宝"鼻子、耳朵、眼睛在哪里？"孩子能一一正确指出；认识几何图形三角形、方形、圆形；孩子对烫的东西有记忆，知道不去动。

语言：从1～1.5岁，是孩子正式开始学说话、以词代句阶段。要创造丰富的语言环境，促使孩子早日开口说话；说十个单字，两三个词，会说"拿""走""谢谢""再见"等；能说出儿歌的最后一个字；鼓励孩子用语言表达"我一岁"了；会说出自己的名字或小名。

生活能力：孩子自己会用匙子吃饭。会用拇指试着脱袜子。

情绪与社会行为：能用动作和表情表达自己高兴和生气的情绪；开始有同情心。如小朋友哭的时候，孩子是否表现出痛苦的表情或难过的情绪；听到家长叫自己的名字后知道是自己走过来；会执行家长的要求做简单的动作，会替

大人拿东西。如要求孩子:“把小凳子拿来给妈妈坐”,孩子会照着做。

用爱心与智慧塑造孩子的情商

游戏的魅力在于它的非功利性,识字与读书对孩子来说更多的是一种游戏。如果一天到晚追着孩子问:“这是什么字?”“这个字念什么?”即便孩子不觉得枯燥,想必追着提问的父母也该感觉枯燥了吧。没有功利心的驱使,孩子的识字才会没有压力,没有外在与内在的压力,孩子才能在识字的游戏中体验到文字的魅力与识字的乐趣。设想如下场景:孩子对家里的小猫产生了兴趣,追着小猫到处跑。聪明的妈妈拿出彩笔和白纸对孩子说:“我们画一只小猫好不好?”孩子立刻拿起笔,在白纸上胡乱涂抹起来。“我们写小猫的名字好不好?”孩子好奇地看着妈妈写上“小猫”两个字。妈妈灵机一动,将那张写有“小猫”的白纸绑在小猫尾巴上。当小猫拖着绑有“名字”的白纸在屋子里穿来穿去时,孩子也牢牢地记住了“小猫”这两个与当时有趣的情景相关的文字。类似这样的游戏场景,孩子任何时候都不会厌倦的。

鼓励永远强于批评。我们常在孩子涂鸦时盯着他们,批评他这个画得不像,那个画得不对,指导他这个应该怎么画,那个应该怎么画。涂鸦就是涂鸦,其目的不是为了培养凡高、莫奈,因此,尽管让孩子按照他自己的想法去尝试好了,至少这样不会给孩子带来不必要的心理压力,让活动本身变得了无情趣。在孩子兴致勃勃涂涂画画时,妈妈要做的事情就是热情地对孩子的作品给予回应,帮助他把涂鸦的积极性保持下去。如果想要给予孩子指导,要特别注意方式方法,不要一味地批评孩子,而要讲策略。既不伤害孩子的自尊,挫伤孩子的积极性,同时也将你要表达的想法明明白白告诉孩子。“你画的小猫很不错,你看妈妈画一只,妈妈会这么画。快看,小猫在咬自己的尾巴,它为什么要咬自己的尾巴呢?”如果孩子给予回应,你就可以引导他继续按照你的方式往下进行。如果孩子没有回应,不要管他,继续自言自语:“他可能饿了吧。谁来给他画条小鱼呀?”这时候,孩子可能就会急不可待地抢过给小猫画小鱼的工作,继续这项有趣的游戏了。

和孩子一起制作玩具。提到玩具,我们首先想到的是商场里那些色彩缤

纷，需要花不少银子才能换来的商品。其实，孩子的眼里，什么都可能成为玩具。一个包装盒、一张废报纸、一根小细线、一块碎布头、一颗小石子、一根小树枝，所有这一切毫不起眼的小物件都是玩具，孩子都可以满腔热情地玩得不亦乐乎。家长不妨主动收集一些日常生活中丢弃的废旧物品，消毒后归类放置，找材料、设计构思、尝试制作、不断完善，最终制作成功一个完整的玩具。制作玩具这一过程本身就充满了玩的诱惑，比单纯玩玩具有着更高层次的创造性。当最初构想的玩具在孩子的参与甚至全盘操作下制作成功，那种成功的喜悦将极大提高孩子的自信心。

孩子在自制玩具的过程中，可能会遭遇各种各样的困难，也可能会突发奇想，冒出新的创作意图。为了达成自己的目标，他们不得不根据自己的需要与设想及时修改设计方案，整个过程都由孩子自己控制，灵活而又主动，对开发孩子的创造力起着不容忽视的作用。同时，当他遇到困难或者当别的同伴需要提供帮助时，大家彼此之间的配合、参与给孩子提供了一个愉快的学习环境，对孩子良好性格的养成起着非常好的作用。

让幼儿什么都“试一试”

当小婴儿从整日躺着吃奶、睡觉变成会咿呀说话、到处乱跑的幼儿时，父母可以发现自己的孩子“一天一个样”，语言开始丰富，有时甚至惊奇地发现自己的孩子突然能讲许多语言。孩子对任何事物都想探索个究竟，什么事都想自己动手“试一试”，总会说“自己来”。这都是由小儿的神经心理发育的阶段来决定的。此期的小儿记忆已不再是“看到妈妈喊妈妈”的简单的认识性记忆，他们已有回忆性记忆，对周围环境开始探索，充满好奇心。但对外界环境的了解主要是动觉与视觉的联系，因此表现出喜欢爬高走险，躲在门后。如何正确启蒙幼儿的好奇心，对一个孩子的成长非常重要。

许多年轻父母希望自己的孩子能成材，很早教他们背唐诗、认字，以为这就是“早教”。实际上，这是一种简单化的“早教”，而且在这个年龄阶段作用不大。因为2～3岁的孩子还不能理解。长久的记忆还未发展，长大后都会遗忘。有的家长则对孩子的“什么事都想试一试”感到不安，怕他们弄脏手、脸、衣服，怕

他们发生意外，怕他们打破东西，总之是不放心、不理解。这两种态度都不宜启发孩子的想像力、创造力、动手能力。

我们不可小看3岁的孩子，3岁以前的孩子经历了许多事情，这些经历将会成为他们接受教育的基础。这也是我们常讲的非智力因素的开发，如求知欲、想像力、毅力、观察力等等。这些对一个人未来成就大小非常重要，而不在于会背几首唐诗。如果父母能利用生活中的经历积极参加与引导，可帮助孩子在3岁以前就开始获得一种对问题的理解力。例如给孩子洗澡时，可鼓励孩子用各种不同容器盛水，比较装水的多少来体会容器的大小；也可让孩子比较小船、鸭子、装满了水的瓶子放在水中，有的可以浮在水面，有的沉人水底。从这些“试一试”的游戏中，父母也可更多地了解自己孩子的思维。

父母不能忽视，更不能抹煞孩子的创造力。创造力是人类最珍贵的能力之一，社会的发展、文明的进步就是依靠人类的创造力。如果父母不会启发孩子的这种能力，那么就会使自己感到是一种遗憾的“失误”。

教幼儿学步及注意事项

幼儿学步一般要经过三个阶段，不同阶段妈妈应学会不同的保护措施。有时候妈妈拉着孩子学走路，孩子却突然大哭起来，手臂也不能动了。这种现象在孩子刚开始摇摆着走的时候很普遍，是因为牵拉的时候，手臂关节脱臼了。孩子手臂要是脱臼了千万别转，也别揉，找专科医生将关节复位，很快就好。但是，如果一直采取牵拉的保护方法，造成手臂习惯性脱臼，就会严重影响孩子关节的发育。妈妈对孩子学走时的保护和鼓励是最关键的，其实最好的保护是站在孩子身后，扶住他的腋下随着他走，但这样半蹲着父母会很辛苦，所以不妨用一块布围住孩子的前胸，从后面提着布来帮他找平衡，这样就省力多了。孩子慢慢找到了走的“感觉”，两条小腿儿开始用力抬高，向前迈步而不是蹭步时，爸爸妈妈就可以让孩子练扶着床沿或扒着小车走，大人在边上看着别让他摔了就成。如果你不放心让他扶着东西走，那么就用手臂扶着孩子走。

不久，孩子开始下意识地挣脱妈妈保护的手臂，自己独自摇晃着走了。虽然走起来有点深一脚、浅一脚，但父母完全不必担心。另外，孩子自己走也需要

父母的保护，比如父母面对面蹲下，让孩子在中间来回走，距离要从近到远一点点调整。或者，给他定个距离，像是从床走到沙发，父母最好跟着。孩子刚刚学步时，走动的欲望非常强烈，他会奋力学习。虽然孩子会因为摔跤而沮丧，但走动的快乐远远超过了摔痛的沮丧。做父母的一定要理解孩子。既要与孩子一起奋力前进，又要在孩子摔跤后给予安慰和鼓励，使孩子爬起来再前进。

一般的孩子到一岁半左右就都会独立行走了，所以妈妈们不要着急，别强迫他走，但如果两岁还走不稳或不会走，就一定要带他去医院检查了。

利用水锻炼幼儿更健康

水对机体的作用之一是利用身体表面和水的温差来锻炼身体。此方法比其他自然因素更宜控制强度，便于照顾个体特点，一年四季均可进行。水的导热性强，几乎是空气的 28～30 倍，因此水能从体表带去大量的体热。对健康儿童来说低于 20℃水温可引起冷的感觉，20～32℃为凉，32～40℃为温；40℃以上为热。因此可以从温水逐渐过渡到冷水。

冷水对全身温度所起的作用可分为两期：第一期：在寒冷刺激后立即引起血管收缩；第二期：在短期的血管收缩之后，如没有新的外界刺激时，则血管逐渐扩张。因此利用水锻炼可以增强体温的调节能力。

锻炼方法

温水浴。出生后即可作半身温水浴。脐带脱落后，可进行全身温水浴。浸浴时，要求室温控制在 20～21℃，水温在 35℃，浸浴时间不超过 5 分钟。

冷水洗手、洗脸。适应于 2 岁以上的幼儿。坚持此法要常年不懈，这是一种简单易行的方法。

擦澡。此法较柔和，适应于体弱儿。6 个月起即可进行湿擦。6～12 个月小儿最初水温为 33～35℃，以后水温逐渐下降到 25℃，而学龄前儿童可下降到 16～18℃。擦澡宜在清晨进行。方法是先用拧干的湿毛巾按上肢、下肢、胸腹、背部依次擦一遍，约 6 分钟。然后用干毛巾将皮肤擦红(轻度)，最后让小儿静卧 10～15 分钟，以免疲劳。

凉水冲淋。利用水的温度和水的机械力量，是一种刺激较轻的锻炼方法。

应在2～3岁后进行，淋浴喷头不宜高于小儿头顶40cm。具体方法：先用湿毛巾擦遍全身，然后依上肢、胸背下肢的顺序冲淋，不冲头部，冲洗动作要快，时间约20～40秒；冲淋完毕马上用干毛巾擦干，使全身皮肤轻度发红。水温开始为35℃，以后逐渐降到26～28℃，室温一般掌握在22～24℃之间。

游泳。游泳除了温度及大量的水压作用外，还有日光和风的作用，同时还伴有较强的体育活动，因而是一种良好的锻炼方法，由于运动量较大，必须在已适应冲淋、日光和风的作用之后才能开始游泳。游泳的水温不低于20℃，气温在26℃左右，开始时每次1～2分钟，以后逐渐延长。

锻炼小手指心灵手更巧

俗话说：心灵手巧。据科学研究发现，手巧才会心灵，手指与大脑之间存在着非常广泛的联系。如果将大脑皮层管辖躯体的范围用拟人的图形绘出来时，我们可以发现，无论是在感觉方面还是在运动方面，手在画面上都是巨大的。与这张伸展开来的大大的"手"相比，大腿和胳膊就显得十分"纤细"了。仅仅是管辖大拇指运动的区域，就几乎相当于大腿运动区的10倍！所以十指会那么灵巧，怪不得我们说双手创造了世界。是呵，如果让孩子的小手指更加灵活，触觉更加敏感，孩子就一定会更聪明、更富有创造性，思维也会更加开阔。

孩子出生后，家长就可以有意识地刺激孩子的小手。1岁以后，让他学做"你拍一，我拍一，两个小孩做飞机……"的拍手游戏。在孩子1岁左右，可以让孩子做旋瓶盖、解钮扣等动作，让他拿起小积木，将两块叠在一起。1岁半时，让孩子拿匙吃饭并训练孩子自己端碗、端小杯子。在孩子2岁之后，就要训练他自己穿衣服、收拾玩具。

当妈妈做事时，可让孩子"帮忙"，妈妈理床，孩子拉床单；妈妈摆碗，孩子放筷子；妈妈剥豆择菜，孩子去倒豆荚；妈妈包饺子，给孩子一小块面，让他尝尝自己包出的面疙瘩。每个孩子都会兴致勃勃地"参加劳动"的，在活动中，孩子会感受成功，得到乐趣。

许多智力玩具都具有训练手的精巧运动、手眼协调能力和激发孩子想像力的作用。最传统的搭积木、捏橡皮泥和新开发的各种变形玩具、插拼玩具都有

上述功能，家长可先给孩子示范一下，然后就让孩子尽情去想，不必按说明书的要求去玩。在孩子两岁后，妈妈还应该抽出一点时间和孩子一起搞一些小制作，这对促进孩子手的灵巧性进而促进孩子智力发育都大有益处。

折纸：拿一张稍厚的纸，妈妈先折成一条小船（也可是小狗、小鹤、小衣服等），让孩子看怎么折，然后让孩子涂上颜色。孩子在学折时，开始会动作笨拙，妈妈不要着急，当孩子对折纸时，两边不对称，妈妈可帮他一下；当纸边翘起，妈妈可帮他压压平。折好的东西不要扔掉，还可以当游戏时的"道具"。

制作：在孩子两岁半时，可以让孩子在父母的看护下用小剪刀了，买一把圆头、塑料柄的小剪刀，让孩子先学剪直线，然后同妈妈一起搞一些小制作。在妈妈指导下，粘一粘，剪一剪，孩子一定会倍感快乐。

用筷子：让孩子用筷子也是训练孩子用手的方式。在孩子 3 岁时，可以让他学用筷子了，孩子在使用了筷子后，小手会更加灵活。

许多游戏，如拍手歌、夹豆子、穿线、套圈、拍球都能提高孩子手的协调与运动能力，学绘画、学乐器也能大大提高孩子手的灵巧性，为了让孩子心灵手巧，年轻的父母一定要记住，多训练孩子的双手。正如有位著名的教育家说过的那样：儿童的智力发展，体现在手指尖上。

不必担心孩子的自言自语

经常发现有的幼儿边做游戏边嘀嘀咕咕，自言自语。父母看见这种现象感到很奇怪，甚至认为孩子得了病。专家指出，其实这是一种正常的心理现象，是幼儿学习语言时的必经过程，初为父母者不必担心。大家都知道，人类的语言，有内部语言和外部语言之分。1～3 岁幼儿，是以学习外部语言为主的。到了 4～6 岁时，其内部语言才开始形成。幼儿的自言自语正是从外部语言向内部语言过渡的一种表现形式。

因为幼儿的思维是具体形象思维，能单独地思考问题。但由于幼儿的语言动作调节功能的发展尚不完善，还不能控制发音器官的活动，便出现了既有说出声音的特点，又有自己对自己说话不发出声音的特点，也就是既有外部语言，又有内部语言。孩子到了 6 岁以后，这种自言自语的现象会逐渐消失。但如果

到了8～9岁还常常自言自语，那家长就要注意，可能是一种病态，要带孩子到医院去检查治疗。

教幼儿说话的技能与方法

首先我们要知道幼儿说话的五种基本技能：一是幼儿能发出各种声音，而且音调有高有低。二是能听和辨别声音的方向，并且有了听觉选择性，对某些声音予以注意，而对另一些声音不予理睬。三是有模仿性行为，特别是模仿发声及发声时的方式。四是具有想像力，对不呈现在眼前的事物用假想性的游戏反映出来。五是认识熟悉的事物，当大人盖住眼前的实物时，小儿会到处寻找。孩子开口说话犹如打破坚冰一样，是发育过程中的一个重大突破。开口说话看似简单，但它往往需要一些基本的技能。

只有当孩子具备上述五项技能时，才会有语言的产生。现在大多数父母对孩子的语言发展赋予了极大的关注，尤其是那些开口迟、说话少的孩子，更是令父母心焦。在此，我们要奉劝父母们不要太急躁，因为孩子说话需要有一个较长的学习过程，它是没有捷径可走的。父母要耐心地观察，并促进这个过程的发展，哪怕短时间内看不到孩子在语言上的丝毫进步，也不要气馁。实际上，孩子语言的进展在开口说话之前是悄然进行的。如果此时父母灰心丧气，放弃教孩子说话，那么失败则是难免的。所以，我们建议父母要用游戏开发孩子的语言能力，预防语言发展缓慢。为了使这种寓教于乐的教学更有效，父母要记住下述几个方面的策略：

（一）尽量使孩子感到快乐和有趣。教语言不是枯燥的模仿。那种父母说孩子学的单调模式是不容易奏效的，而且常常遭到孩子的拒绝。因为有些语言，特别是那些较难理解或较难发音的词语，孩子一时半会儿是讲不出来的，如果父母硬逼着他们“鹦鹉学舌”，只会使孩子感到紧张和痛苦，失去对学语言的兴趣。正是因为这个道理，父母先要发现孩子对什么最感兴趣，这可能包括吃的东西，如冰淇淋、糖果或饮料等。当孩子按照要求做了某件事或完成了某项任务，父母就可以用这些东西奖赏他们，但更多的是要有语言、用父母快乐的表情、用拥抱或亲吻的动作来对孩子表示鼓励。还要注意的是，父母一是要根据

孩子的年龄特点安排游戏时间的长短；二是要不断变换游戏内容，以此吸引孩子的注意。

（二）控制教学情境。如果父母要教孩子学习新的语言，首先要学会控制孩子学习的情境，使小儿能够配合，注意力集中并感兴趣。其实，幼儿在学习时的分心是很常见的，关键是如何把握住孩子，切忌硬逼或训斥。比如，当孩子在学习中不合作或表现不好时，父母可以不予理睬，最好的办法是什么也不说，自己只管继续游戏；如果孩子此时把玩具乱扔在周围，父母可以取走他手中的玩具，离开房间几分钟后再继续；如果孩子仍然调皮捣蛋，父母就收拾好全部玩具，结束游戏。这样，孩子会很快懂得自己做错了，不等玩具收拾好，就会回到父母身边再安静下来。

（三）教语言的同时要注意自己的语言。父母在教孩子学语言时，一则自己不要自顾自地说，因为这会使孩子只听而无机会说；二则不要提问题太多，因为孩子在诸如“这是什么”一类的问句中，并不能学到什么语言，反而增加他们的紧张；三则不要使用复杂的语言教孩子，而要使用短句，并且突出所教的单词，把它放在每句的句子中；四则是不要只说不演示。在教孩子说话时，父母要充分调动视、听、嗅、触等各种感觉器官。还要辅以相应的动作，使孩子懂得说话的意思。

（四）每天定时教孩子。父母应该每天抽出一定的时间和孩子做游戏，在游戏中教孩子说话。所定的时间可因人而异。开始的时候，时间可以定得短一些，大约2～3分钟，然后逐步延长，形成常规。

幼儿唱歌为什么吐字不清

幼儿唱歌吐字不清，一般有以下几方面的原因：一是对所唱歌词的字义不理解；二是发音的方法不正确；三是普通话不准确。那么，幼儿唱歌吐字不清怎么办呢？

一是针对幼儿的认知特点，形象地帮助孩子理解歌词的内容，使他能了解歌词中每个字的字义，避免在唱歌时含含糊糊地同其他字混淆。

二是要教幼儿用普通话学唱。成人自己首先要用普通话唱准，并做一些必

要的示范，帮助幼儿唱准每个字的字音和音调。对幼儿在发音过程中难以掌握的字，要吐准字头，引长字腹，咬清字尾，便于幼儿听和学。如果成人自己的普通话说不好，可以借助广播、电视，与幼儿一起跟着学和讲。

三是要让幼儿养成认真倾听的习惯，在唱歌前听清楚歌词。对于吐字比较困难的幼儿，可让他看着成人的口形发音。如吐"光"字时，嘴巴是张开的，不要将嘴巴碰起来变成"帮"。

四是成人可以让孩子用较慢的速度，像平时说话那样的口形念清歌词，然后结合简单、平稳的旋律进行反复的练习，从而达到吐字清楚的目的。值得注意的是：当幼儿唱歌吐字不清时，成人一定要坚持正面的教育和纠正，千万不可模仿错误的唱法。这样不仅会强化幼儿错误的发音，而且还会挫伤孩子唱歌的积极性。

幼儿的语言能力怎样发展

1 岁孩子的父母在公园或操场碰面闲聊时，常常会谈起：谁家的孩子已经先学会了走路，谁家的孩子学步也许要迟些，而谁家的孩子看起来根本不想学走路。对于这个年龄段的孩子而言，有没有学会走路是一目了然的事，因此父母之间拿孩子学步作比较也是很自然的。学习语言对于 2～3 岁大的孩子而言也是如此。这个年龄段的孩子的父母常常拿自家孩子在识字方面的进步与他家孩子比较，想看看自己的孩子是属于正常水平，还是领先或落后于同龄的孩子。经过比较，家长们发现孩子在语言能力的培养方面，无论是起步还是时机，都存在着巨大的差异——这些差异与孩子真实的语言理解能力或许有关，或许毫无关系。

简单地说：每个孩子都有其学习语言的独特方式。有些学步幼儿能快速掌握大量的词汇，年纪小小，词汇不少，令亲戚朋友啧啧称奇，印象深刻。毕竟，再也没有什么能比从孩子的嘴里蹦出一个很难的词语更能令人惊讶的了。而其他有些孩子，无论你怎么努力，就是不肯开口说话，嘴里说的永远就是那么几个基本词汇，靠着这几个词对付日子，没兴趣去掌握更多的词汇。还有一些孩子，虽然开口说话迟了一些，但突然之间进步神速——词汇量迅速增加。因为早期

语言学习方式因人而异，而且大多数孩子都能掌握他们所需的语言技能，所以所有这些孩子都能沿着学习语言的正确道路走下去。他们中的任何一个都有望成为一名了不起的作家、语言专家或演讲者。每一个孩子都只是以自己的速度、自己的方式在走语言学习这段惊人的旅程。而事实上，语言学习也正是如此。

从2岁孩子所掌握的不同词汇量中，人们可以清楚地看到孩子在语言学习的速度和方式上存在着巨大的差异。普通的2岁孩子掌握约300个常用词汇，也就是说，他知道如何说和正确使用这些词汇。有些孩子也许只知道70个词汇。而有些孩子也许掌握了500个词汇。有一点，家长必须牢记心间：两三岁的孩子在语言学习方面的所谓"正常水平"是一个相当广泛的范畴。

差异从何而来。为什么孩子在语言学习的进度和方式上有着如此巨大的差异？影响一个孩子学习语言的方式的因素是多种多样的，其中最重要的两大因素是：孩子与生俱来的学习和使用语言的潜力，每个孩子的基因蓝图是不同的。这张基因蓝图所反映的一个方面就是这个孩子学习和理解语言的能力。有些孩子在这方面也许具有更大的潜力，这就好比有些孩子比其他孩子跑得更快些、跳得更高些一样。但是，具有潜力并不意味着语言能力必然随之而来，语言的习得要求孩子去听、去说。

孩子的语言环境。环境能决定语言潜力能开发到何种程度。如果一个环境充满了说话声(如对话、描述、解释和问题)，这种语言环境就能刺激幼儿在早期便开始学习语言，并能伴随孩子成长的整个过程，不断提高其语言学习的能力。影响幼儿语言习得的进度和方式的因素还有：性别由于荷尔蒙分泌量的不同，女孩比男孩成熟得要快些。因此，女孩在早期词汇量的增加和词语使用上便占有优势，但这种优势通常不大，而且也不是永久的。研究显示，一个多子女的家庭中先出生的孩子要比后出生的孩子先学会说话，而且词汇量也更大。一个典型的现象是，父母更倾向于对先出生的孩子多说话。

有助孩子学习的五项技能

写字、翻书这类小事是孩子学习时必然遇到的，但如果要做好，对于幼儿园

的孩子来说，并非轻而易举，需要孩子具有相当水平的大肌肉和小肌肉的运动能力才能胜任。有的孩子在这方面的发展相对落后，就会影响孩子在学习上取得进步。由于家庭中只有一个孩子，一般情况下，父母往往对这方面发展的能力不很敏感，而学校的老师却常常能够做出比较准确的判断。当然，有些孩子的运动能力发展一时表现出落后一点，家长也不必紧张，及时抓紧锻炼，迟早是会赶上其他孩子的发展水平的。下面是5～6岁幼儿应该具备的五种重要的基本技能，父母可根据孩子的具体情况，帮助孩子有针对性地练习：

一是握笔，用剪刀。握笔写字或是用蜡笔做图画似乎是每个上幼儿园的孩子都会做的事情，由于这项本领需要一系列复杂的感觉和记忆技能做支撑，有些孩子还是掌握不好。要想让孩子拿好笔、用好剪刀，一定要多做练习。父母可以安排孩子做一些有趣的练习活动。比如给孩子准备一个漂亮的小镊子，请他试着往大大小小的碗里夹豆子，或是用剪刀剪剪小草棍什么的，孩子可能会比较有兴趣。

二是拍球，接球。不管孩子将来是不是有希望做下一个运动明星，他依然要练习拍皮球和接球，因为孩子需要发展基本的“手眼协调”和反应技能。达到目标最有效的途径就是练习、练习、再练习，这样就能较好地建立大脑反应和肌肉动作之间的记忆联系。要知道，许多运动明星也是这么练出来的。

三是按扣子，用拉链。若干年前，衣服需要系扣子，鞋子需要系鞋带，孩子的精细动作技能在日常生活中可以经常得到锻炼。可是现在的童装穿脱起来十分方便，有许多衣服是不用系扣子的。不过，给娃娃穿脱衣服也可以达到锻炼的目的。要是有的小男孩觉得这么做太幼稚了，不妨让他给自己喜爱的大动物玩具穿上小小孩的衣服。父母也可以有意识地给孩子穿一些带扣子（按扣也行）、带拉链的服装（上衣）和需要系鞋带的鞋子，使孩子有更多的机会锻炼小肌肉，同时提高生活自理的能力。

四是拼图。从发展孩子的运动技能来看，并不是说孩子能拼的块数越多、图案越复杂就越好。在这里，拼图的目的很明确：在发展孩子的短时记忆和长时记忆的同时，提高孩子运用小肌肉进行精细运动的能力和空间技能。使用那些图案简单的大块拼图就行。

五是走直线，练平衡。保持身体的平衡也是发展运动技能的重要内容，而且孩子们的游戏中也有不少活动对平衡身体有要求。父母要知道，五六岁的孩子已经知道和其他小朋友做比较了。如果他做不好、站不住，他就会觉得很没

面子。可是，平衡能力也不是一下子就能练好的，父母可以有意识地寻找机会和孩子一起练习金鸡独立的动作。比如在家里划一条直线练习走平衡，在一个点上站立不动练习金鸡独立，或踮着脚尖上台阶等。父母不要操之过急，经过一段时间的练习，孩子一定会进步的。

锻炼小肌肉的活动有：剪纸、泥工、折纸、绘画、编织、演奏、搭积木、插片、打弹子、翻绳等。锻炼大肌肉的活动有：跳绳、攀登、投掷、单脚跳、走走跑跑交替运动等。左手与发展的关系：孩子偏爱用哪只手，在 2 岁时就表现出来了。相关研究认为，从先天的角度看，孩子的动作技能发展水平与他喜欢用左手还是喜欢用右手没有必然的联系。有些爱用左手的孩子显得动作不够利落，其实，真正的原因是他所用的物品是为优势手为右手的人设计的。父母可以给孩子提供合适的用具，即使做不到也无妨，不要强迫孩子改变优势手。因为事实表明，无论优势手是左手还是右手，孩子同样可以有很好的发展。

怎样让孩子在玩儿中学习

尊重孩子，允许孩子有玩的权利和发展的阶段性，是人类进步的标志，也是一个有修养的家长的自觉行动。许多专家认为，让孩子在玩耍中学，成才始于摸爬滚打。幼儿教师缪里尔·玛格丽奥斯认为，让孩子建立自尊越早越好。让孩子在玩耍中学习，既可以做到寓教于玩中，又可以消除学习中对孩子的压力，使孩子不会因学习而感到精神紧张。

使孩子在玩耍中学习，父母应注意以下几点。

给以有效刺激。父母在同孩子的玩耍中，应采取孩子最容易接受的方式以及孩子最容易接受的声音、颜色和形象等刺激。使孩子对这种玩耍感到有乐趣，能从玩耍中进行学习，开发智力。

常与孩子玩耍。随着孩子的长大，父母应抽出较多的时间与孩子玩玩具，常带孩子到公园或儿童乐园去玩，在玩耍中施教，进一步开发孩子的智力。在同孩子的玩耍中，父母要注意发现孩子有创造性的好学精神，要多关心和鼓励，并与孩子进行探索，正确地进行诱导和启发，以激发孩子的好学、好动、好玩的天性。使孩子在玩耍的学习活动中得到欢乐，获得知识，逐渐认识客观世界，慢

慢养成爱学习、善思考、求上进的好习惯，使孩子的潜在智能得到最大限度的开发。父母还应该从思想上明确，让孩子玩耍时，一定要培养孩子对玩耍的兴趣，使其能在玩耍中获得乐趣，只有使孩子在玩耍中得到欢乐，才能达到在玩中学习的目的。

支持鼓励玩耍。父母要支持和鼓励孩子玩耍，就能使孩子学到较多的东西。对2～3岁的孩子，主要是让他们在玩耍中，通过具体形象来学习，不要过早地让孩子读书识字，进行抽象的学习，否则，会违背学龄前儿童智力发育的特点和人脑认识客观世界的固有规律，这是有害无益的。教育学家认为，要求幼儿长时间静坐不动，或在他们还没有准备好之前强迫他们数数或写字母、认字会使他们感到精神紧张。教育学家还说，过早强迫孩子上学非但不能创造一个爱因斯坦，反倒可能使孩子患上神经官能症。即使上了学的孩子也要让他们玩玩具。父母们应该明白，喜爱玩具是热爱生活的表现，让孩子玩玩具是开发潜能、启迪智力的不可缺少的活动。

把阅读变娱乐。这也是让孩子在玩中学的一个重要方面，因此，父母要促进孩子的阅读兴趣，必须注意下列事项：

1. 书籍应放在孩子能够拿到的地方，使得孩子对书籍保持同其玩具一样的关系；

2. 孩子在书上乱画或弄皱了书不要责怪他，孩子喜欢翻阅书，有利于培养新闻记者习惯；

3. 给孩子讲故事，应让孩子明白好听的故事是在书中读到的；

4. 和孩子一起阅读，为孩子阅读并对孩子解释有关的问题，这能使孩子将阅读当成愉快的时刻；

5. 把书籍作为经常性礼物，随着孩子成长，经常给孩子买书以促进孩子养成读书的习惯。

第五章 儿童教育

儿童有哪些生理特点

儿童期又称为幼童期，其特点是身高和体重的发育速度变慢，头围已接近成人，但四肢的增长较快。体重增长落后于身高的增长，使身体显得细长。乳牙开始脱落，恒牙开始萌出。学龄前儿童乳牙患龋率较高，因此，防治学龄前儿童的龋齿也很重要。学龄前儿童的消化功能已发育成熟，各种消化酶发育完全，肠道吸收功能良好。由于学龄前儿童一天的活动量很大，消耗热能与营养素也多，所以需要的营养也较多，但每餐的进食量不大，容易饥饿，尤其当早餐进食量少时，易发生低血糖症。

儿童保健的最佳年龄

儿童保健专家的最新研究成果表明：孩子发育有其关键阶段，某些疾病也有高发期，了解这些规律，把握最佳年龄，乃为父母亲的必修课，有助于养育出健康聪明的孩子。

喂养最佳年龄。不少孩子患有程度不等的"厌食症"，父母为此苦恼不堪，原因之一就是忽视了进食关键期的喂养。所谓进食关键期是指孩子出生后5～7个月，此时若能合理添加水果、蔬菜、蛋黄、米粥等辅食，给其食欲的发展以良性刺激，则可养成良好的进食习惯。

预防近视最佳年龄。研究表明，10～13岁的几年间是近视形成的高峰期，

宜从以下几方面着手防范：一是补充营养，除蛋白质、维生素外，钙、铬等元素已被证实为眼球发育的必需物质，牛奶、豆制品、动物肝脏、牛肉等也是儿童的必需食品；二是限制糖食，糖为酸性食品，可消耗体内的钙，诱发近视；三是睡眠充足，维持交感与副交感神经的功能平衡；四是多锻炼，如放风筝、踢毽子、打乒乓球等体育活动，促进眼组织的血液供应和代谢。

健美牙齿最佳年龄。牙齿发育取决于两个阶段：一是从胎儿期 2 个月到出生，此为乳牙发育期；二是从出生后到 8 岁，为恒牙形成期。这两个阶段宜多安排豆制品、奶类、鱼虾以及各色蔬菜，保证牙齿强壮坚实。此外，多接触阳光，勤刷牙漱口。纠正“吃手指”、“咬嘴唇”、“舔舌头”等不良习惯，也是健美牙齿的关键。

防治口吃最佳年龄。口吃俗称“结巴”，多在 2～5 岁期间发生，故 2～5 岁为防治该病最佳年龄。措施有：注重对幼儿的语言训练，以掌握更多词汇，增强语言表达能力；父母本身应注意语言表达，给孩子做正确的学习表率。

语言发育最佳年龄。语言有口头语言和书面语言两种，孩子口头语言发育的关键期是 2～3 岁，4～5 岁则进入书面语言发育的决定性阶段。孩子一般从 8～9 个月开始牙牙学语，1 岁竟能掌握 900～1000 个单词，发展迅速。此期应勤与孩子对话，教其识字，以增强其背诵能力、对话能力，为入学做好准备。

矫治斜视最佳年龄。健康孩子在 2～3 岁时接受检查，可及早发现弱视、斜视等，以便及早矫正。奥妙在于孩子视力发育的关键年龄是 1～3 岁。以内斜视为例，一组手术治疗资料表明，超过 2 岁再做手术者，均留有不同程度的视功能损害。

思维发育最佳年龄。思维能力是人的核心智力之一，从儿童到青少年时代有两个发育高峰：一个是小学四年级，另一个是初中二年级。抓住这两个阶段，设法让孩子勤观察、多提问、多思考，会使其更加聪明。

品德发育最佳年龄。小学四年级和初中二年级也是品德发育的最佳年龄，父母、教师不仅要施以良好的教育，尤其要树立好的榜样。

补钙的最佳年龄。钙是人体健康的必需元素，一辈子都要注意摄取，尤以 12～14 岁的三年间最重要，有“少年补钙终身受益”之说。

如何正确理解孩子的稚气

孩子性格的逐步形成无不留下周围环境的痕迹:小到一件玩具、家长的一句话,会给孩子性格形成带来一生的影响;大到家庭人员结构、家庭气氛,以及社会的文化氛围、宗教信仰等,都可以对之造成深远的影响。因此,家长要认识孩子的性格,可不是一朝一夕就能做到的,需要家长慢慢理解。

家长要自省。家长要反省自己的教育方式是否得当,为什么孩子会胆小怕事;家长要分析孩子胆小的原因,是否先天养成,是由特殊事件引起孩子"一朝被蛇咬,十年怕井绳"的毛病,还是在日常的教育中家长太在乎孩子的安全、健康,一点小事也要大做文章呢?孩子需要家长的照顾,这是无可厚非的事实,但是,孩子在成长中会遇到挫折,会跌跤,家长对于这种情形应该抱有平常心。例如,孩子摔倒,弄出血来,家长可以让孩子自己爬起来,鼓励孩子表现勇敢,不怕疼。这样,在家长的榜样示范和正确引导下,孩子会克服胆小怕事,养成勇敢独立的性格。

家长、教师是否给予孩子太大的压力?孩子在幼儿园尿裤子的事,家长要和幼儿园老师及时沟通,分析个中原因。如果没有原发性疾病,是否后天造成,是否幼儿园老师太严肃或没经验、没讲清楚要求?如果是的话家长可提出合理的理由,请老师特别关注自己的孩子,在孩子有尿意时及时提醒他上厕所。当孩子不敢在课堂上发言时,要鼓励孩子主动积极的举手发言,老师对孩子的每一个小小进步都给予一定的鼓励表扬。让孩子体会到老师在关心自己并看到了自己的进步。因此,这里的关键就是家长和老师的沟通,达成一致意见后采取一定办法,通过观察和教育让孩子逐步改正胆小不敢主动沟通的毛病。

与孩子沟通需要技巧。大多数家长总是以长者自居,认为孩子小,不懂事,必须一切听自己的指挥。因此,在和孩子交流的时候,往往不考虑孩子的感受,不体恤孩子的心情,以命令式口吻对待孩子。在这种情形下,孩子只有服从,没有表达自己愿望的机会,久而久之,养成了一切听从大人指挥,不仅依赖大人,而且和大人进行语言交流的机会也不多。家长应该准确把握孩子的心态,用商量的口吻与孩子对话,最终与其达成一致意见,要让孩子心悦诚服。家长要努

力做孩子的朋友，交谈时和孩子应持平视心态，说话要委婉，让孩子有思考和表达的时间和机会。

了解孩子不同阶段的心理特点，有针对性地进行教育。教育孩子不是一朝一夕就能完成，也不是某一方面的单独努力就能一蹴而就。在教育的过程中，父母教育的合力在培养孩子的过程中起到很大的作用。每一个孩子都是一本精彩的书，家长担负着读懂他，理解他的责任。孩子的稚气意味着他要长大，但还没有长大；他像小大人，但又不是大人。他的很多作为会和成人不同，家长不能用要求成人的目光看待孩子，要换位思考，理解孩子。孩子的成长也是遵循由量变到质变的原理，在看待孩子成绩与缺点时，不作横向比较，而应和孩子的过去比。孩子的成长可以在几天里被发现，也可以是几周后才表现，更有可能是几个月才会有飞跃，家长要努力配合，既要做好孩子发展的引导者，又要做耐心的观察者，发现孩子的成长和进步，鼓励促进孩子的成长和进步。

过分疼爱易引起孩子的心理障碍

过去孩子患有自闭症大都是由于父母对孩子关心太少，孩子缺乏父爱母爱的亲子关系，导致自闭症。但是若对孩子照顾得太周到，饭来张口，衣来伸手，这样孩子也就没有机会锻炼自己的语言能力、交流能力和交往能力。若孩子不愿说话和不愿与别的孩子玩时，没有及时引起大人的关注，时间一长，就渐渐形成自我封闭。过分满足孩子，使孩子既不需要动手，也不需要动口，慢慢孩子会感觉什么都不必做，不用说话就能满足需求，没有语言刺激，没有语言交流，就失去了对语言的敏感，逐渐就会沉浸到自己的世界里。

父母和孩子的看护者在带孩子的时候要多与孩子互动，锻炼他的多种能力。

一是当幼小的孩子将手伸向某件东西时，大人应告诉他所指的东西是什么，再问他要这个干什么，如孩子手要拿笔时，大人要说“这是笔，用来写字的”，并握着孩子的小手，在纸上写字或画画。

二是1～2岁之间的孩子是语言形成的最好时机，是最渴望得到启发式教育的，父母应想尽办法刺激孩子的语言。像唱儿歌，学动物声音等吸引孩子注

意，多给孩子一些语言的刺激，相互交流，孩子的语言天赋才能被激活。

三是若发现孩子不说话、很少说话或说话不清晰，不要认为孩子小，还没到开“金口”的时间，就马马虎虎。一定要带他去看医生，查明到底是何原因，及早发现问题会容易治好身体或心理方面的问题。

四是领着孩子与其他小伙伴一起玩，他们在一起玩游戏、玩具和合作，能够刺激孩子的语言、智力和社交技能的发展。

五是适当的户外活动，让孩子认识大千世界，不单是增加知识，而且使孩子心情舒畅，学习与人交往的知识。有的父母，尤其是老人，总是怕外面的世界，一天到晚把孩子关在家里，这种过分保护容易使孩子走向自我封闭。

六是若发现孩子患有自闭症(非先天性)，就要在心理医生的指导下进行训练，经过一段时间的耐心练习，一般都会取得一定的实效。

情感教育从儿童开始

孩子长大了，感情也开始复杂了。这时和孩子探讨他的感情，对他的交友、举止，甚至提高学习成绩都是有帮助的。孩子5～6岁时，感情上就发生了变化。他们逐渐超出了低龄儿童的喜怒哀乐，感情生活变得日益复杂。低龄儿童不在乎阅读的方式，也不在乎流出的鼻涕有多难看，但5～6岁的孩子就开始意识到别人对自己的看法和自己需要采取的应对方式。尴尬、笨拙、内疚、忌妒和寂寞等不熟悉的感情会困扰这个年龄阶段的儿童，甚至给他们带来恐惧。5～6岁的年龄段是人生中更多地了解感情的最佳阶段。心理学家认为：在幼儿园里，老师鼓励孩子们自律与相互合作很重要。对孩子来讲，最重要的一点就是教他们认识和控制自己的感情。受到父母情感教育的儿童，举止更得体、能在烦躁时克制自己，而且注意力更易集中、能在交往中形成友好的人际关系，学习成绩也更好。

这个年龄段的孩子也正在发展与朋友密切相处的能力，这也将对孩子的成长有长远的影响。研究表明，五岁时能体察到他人情感的儿童，长大以后也很少会在行为或学习方面出问题。因为要理解别人的意图，首先就要意识到自己的感情。父母怎样才能教孩子培养感情技巧，为孩子的生活提供有益的帮助

呢？专家们提出了如下策略。

表达自己的感情。这样做可以向孩子表明，表达感情是重要的，你可以这样告诉孩子："对明天的演讲，我感到很紧张。我觉得散步会让我放松一些。"

全面地关注孩子的所有感情。关注孩子微妙的感情波动，如失望或担忧等，在孩子体验到这种感情时，就要帮助他们识别不同的情感。

善于理解。向孩子表示你能真正理解他的感情。对于他的忧虑或怒气，你可以平静地表示没什么大不了的，从而帮助他冷静下来。

说明消极的感情是一种正常的现象。有时你可能无法准确区分如下感情：生气、忌妒、贪婪和不礼貌。你可能会说："我明白，在公交车上小朋友不愿和你坐在一起，让你觉得受了伤害，觉得寂寞了。"然后再解释说，"不过，忿忿不平地叫他的名字不是解决这个问题的办法。你还有不同的办法吗？"

描述感情。可能你会花不少的时间和精力才能发现，孩子的动怒是因为别人不让他休息。但你让他学会对自己的感情加以描述，有助于他找到自我控制的感觉。当孩子使用一个单词来描述自己的感情时，就表明他的两个脑半球都在工作，并可以帮助他将注意力集中到所处的情景中，并冷静下来。

建立感情词库。如果家长能教会孩子明白一些具体的词汇，如"失落"、"内疚"或"孤立"等，有助于孩子从一种混乱的恐惧感情状态中走出来，进入正常的可以说明白的生活状态，能使孩子表达清楚自己的感情，孩子能更好地与人交流。有时他也会自言自语，自我安慰："小鹏想让我忌妒他，我才不呢，我要离开这里。"

引导孩子找到解决方案。孩子一旦了解到他感情的来源所在，感情的问题也就比较容易解决了。他可能会认识到自己感觉寂寞的原因，是小朋友不愿和自己玩，而不只是自己感觉"很糟"。你可以帮助孩子寻求下面的解决方案：让他给小朋友打个电话，或者去拜访邻居。他下一次感到寂寞时，就可能会利用这些思想来解决问题，不再需要依靠父母的帮助了。

表达感情 abc，创建感情 abc。为了帮助孩子了解不同的感情，可为每个字母确定一个表示感情的单词：a 代表忧虑、b 代表勇敢、c 代表自信等。寻找感情游戏，外出购物时，让孩子观察带有各种不同感情的人，孩子便会逐步识别哪些是高昂的情绪、困惑的情绪，哪些是烦恼的情绪、害羞的情绪、紧张的情绪。

自卑儿童的早期征兆

自卑是一种性格缺陷，而一个人的自卑性格的形成往往源于儿童时代。无疑，自卑对儿童的心理健康将产生负面影响，更对一个人的身心两方面的正常成长起消极作用。当家长的须关注自己的孩子有没有自卑心理，一旦发现，应尽早帮助克服和纠正，以避免随着年龄的增长最终形成自卑性格。自卑儿童往往会表现出如下早期征兆。

常常情绪低落。如果孩子常常无缘无故地郁郁寡欢，那很可能就是自卑心理使然。

过度怕羞。儿童尤其是女童略有怕羞纯属正常，但是如果怕羞过度，包括从来不敢面对小朋友唱歌，从来不愿抛头露面，从来不敢接触生人等等，则可能内心深处隐含着强烈的自卑情绪。

拒绝交朋结友。一般来说，正常儿童都喜欢与同龄人交往，并十分看重友谊，但具自卑心理的孩子绝大多数对交朋结友，或兴趣索然，或视为“没意思”。

难以集中注意力。自卑感强的儿童在学习或做游戏时往往难以集中注意力，或只能短时间地集中注意力。这是因为“挥之不去”的自卑心理在作祟。经常疑神疑鬼。自卑儿童面对家长、教师、小伙伴对自己的评论往往十分敏感，特别是对别人的批评，更是感到难以接受，甚至耿耿于怀。长此下去，他们还可能发展到“疑神疑鬼”的地步，总无中生有地怀疑他人不喜欢或者怪自己。

过分追求表扬。自卑儿童尽管自感“低人一等”，但往往又比正常孩子更追求家长和教师的表扬，而且可能采取不诚实、不适当的方式，如弄虚作假、考试作弊等来获得别人的表扬。

怎样培养健康活泼的孩子

进了幼儿园的孩子，总是生机勃勃，能够立即回答老师的提问，愉快地参加

同伴的集体活动，这些就是集体教育的优势。孩子到了5岁，独立的愿望更加强烈，作为社会之一员，会进一步深入到包括成年人在内的人与人的关系中，智力上还不能理解成年人的内心世界，但逐渐能通过成年人的表情和语气理解他们的情绪了。因此，他们就能深刻理解教师们的事了。比如老师由于匆忙而忽略打扮，孩子早上一看见就会说："老师您病了吧！"等等。孩子很会看老师的脸色。所以，要想使孩子天真活泼，老师自己也必须要天真活泼。要让孩子在幼儿园里感到高兴，老师也必须对幼儿园有好感。

就像孩子需要宽阔的运动场和休息室一样，幼儿园或托儿所老师之间的亲切和睦关系也是必要的。老师必须在同事之间感到自己是自由人。老师面对孩子时心中必须充满旺盛的生命力，所以他们不能过度疲劳。现在托儿所的工作时间，多半因为母亲们的实际情况而延长。

教育工作者相互密切无间才能在孩子面前有愉快明朗的表情，同样，老师的爱如果不是对每个孩子都一视同仁，孩子的脸上也会表现出不愉快。老师偏爱哪个孩子，在老师觉察到之前，孩子们已首先觉察到了。老师自己必须时常警惕自己的偏爱情绪。

儿童性格会随着季节"变换"

春去秋来、季节变换本是很平常的事，但在转变的过程中，人体为了适应环境的变化，就有必要对自己的身体机能进行调适。因为个体差异等方面的原因，有些儿童可能一时无法适应，严重的就会发生儿童季节性情感障碍。儿童患上季节性情感障碍，季节的转换只是诱因之一。

有的儿童可能以前就比较胆小，只是以前一直表现得不明显；或者以前听说过的鬼故事等，现在突然想起来了，觉得特别恐怖，没有家长在身边就无法入睡。有的儿童情绪抑郁，对事情悲观失望，整天无精打采，不爱与人交往；喜欢睡觉，早晨很难醒来；情绪上很容易激动，动辄与人吵架；学习时注意力不集中，懒得动手动脑，学习成绩下降；时常感到头痛、胃痛等身体不适。

一般来说患上季节性情感障碍的儿童，自身在性格上也存在一些缺陷，个性比较忧郁或者胆量平时就较其他孩子要小，父母在平时的教育方式上可能也

存在一些问题。比如说有的孩子可能只是因为家庭作业没做好，平时家长说一下也就过去了，可如果赶上季节转换孩子情绪一时不能适应，就有可能表现的特别激烈，导致儿童患上抑郁症。当儿童患上季节性情感障碍后，家长不用太惊慌。

一般来说这种情况会持续4～6周的时间，不严重的话不用治疗，慢慢就会痊愈。只有个别表现比较厉害，或者持续时间三个月以上的儿童才需要到医院治疗。但不去医院并不代表可以不管，这个时候家长应该对孩子多鼓励、多支持，培养他们的自信心，多陪他们晒晒太阳，对其情绪进行梳理和积极肯定，使其早日走出季节性情感障碍的阴影。

培养儿童五种重要品质

育儿专家认为，对儿童来说，信任、耐心、责任感、自信心、投入是最重要的五种品质。后天的培养对这些品质的建立有着非常重要的作用，家庭教育是其中不可或缺的主要环节，家长是教育的主导者和施教者。具体的做法可参考如下叙述。

一是信任。培养孩子对人的信任感，可从日常的小事做起。例如，搂抱孩子的时候让他有强烈的安全感，使他对陌生的世界产生信任，渐渐在内心建立起对人的信任。不要忽略孩子的需求，让他在一个舒服、安心的环境里建立起基本的信任。对孩子来说，建立信任感的有效方法就是多给他一些关注。

父母要对孩子的情绪变化多给予关注，例如有的孩子喜欢安静，如果父母总是给予他过多的刺激，每天让他做很多运动会引起他的厌烦。要了解孩子的气质类型，让他感到你很了解他，才能让他对你产生信任。

二是耐心。怎样才能让孩子成为一个有耐心的人呢？首先，父母要记住自己是孩子的榜样，如果父母做事无规律，你能期待孩子做事井井有条吗？还可以通过和孩子交谈帮助孩子认识问题，培养耐心。如果孩子因为搭不好积木而发脾气，把积木扔掉。父母可以告诉他，积木搭不起来确实使人不高兴，但是把积木扔掉也解决不了问题，然后引导孩子完成积木搭建。孩子还没有建立时间观念，让他们学会耐心是一件困难的事情。比如说，家长正在收拾乱七八糟的

玩具，孩子却要出去玩，这时不要对孩子说“等10分钟”，而要告诉他：“等我把玩具全部放到玩具箱才出去。”

三是责任感。培养孩子的责任感可以从让他做一些力所能及的事情入手。很多家长认为孩子会越帮越忙，自己5分钟能做好的事情孩子半个小时都做不好，所以不让孩子动手做事，这种做法是不对的。可以让孩子做一些简单的事情，如果不想培养一个没有责任心的孩子的话，千万不要做一个事事包办的父母。

四是自信心。让孩子建立自信心的最好途径，是让他独立完成适合其年龄特点的一些事情。1岁左右的孩子，让他学习用匙子吃饭，再大一点学习自己穿鞋子。到了合适的年龄，试着让孩子为自己的事情做决定。比如说吃冰淇淋，可以让孩子选择是吃巧克力口味的还是吃草莓口味的，让他从小事开始为自己作主。

五是感受他人。孩子的感受他人素质就是让孩子知觉他人的感受。知觉他人的感受是建立良好社交关系的基础。3岁以前的孩子不会顾及他人的感受，他们只能从自身出发感受世界。例如，2岁男孩打了同伴的头，不应该过于责备他，因为他不知道同伴会感到痛苦，因为他自己感受不到被打头的痛苦，也不知道别人的感受。但父母可以帮助孩子建立这种感受。就像上面的那个例子，家长可以告诉打人的孩子：“如果他打你的头，是不是很痛呀？”或者“你忘记了，上次小明打你，你很痛，你都哭了。”通过自身的感受来理解他人的感受，这样容易被孩子接受。另外，遇到类似的情况，父母可以重复讲述他人的感受给孩子听，慢慢地他就会了解别人的感受了。

怎样让孩子学会分享

小孩子不肯与人分享是很自然的，而且很小的孩子常常认为凡是他能够得到的东西都是属于他的。但是他们也喜欢讨大人的欢心，如果教给他们分享，他们五六岁时，一般能在大多数时间里和伙伴一起好好玩。与人分享不是自发的，必须教给孩子怎样去做。学习合作，让孩子看到一起“工作”和分担“任务”的好处。或者告诉两个孩子，他们可以得到一份好吃的东西，但必须两个人分

享。告诉孩子必须分享。很多孩子愿意在别人家玩人家的玩具，但是让他拿出自己的玩具，他就不乐意了。如果是这种情况，你在客人到来之前，让孩子挑选几样他愿意让别人玩的玩具，告诉他不要担心玩具被弄坏。这样当他无条件地与别人分享东西时，他能感到自己对这些东西仍有控制力，它们还是属于他的。

别让孩子成为问题儿童

现在的孩子中，学习困难、多动症、抽动症等居高不下，虽然没有全面的统计数字，但是给门诊医生的感觉是这样的小病人越来越多。目前孩子生活状态紧张，很多家长对孩子有很高的期望，也容易使孩子一直处于精神紧张状态，加上孩子对电视、电脑、游戏机的痴迷等，都会导致体内神经介质的改变而出现失调，从而引发各种问题。

淘气可能被当成“多动”。由于目前对轻微多动症的诊断没有标准，所以，界定其与正常行为的差别是比较难的。大多数来就诊的小病号都是家长或老师觉得有些不对劲的。从门诊来看，有的孩子确实有比较明显的问题，比如七八岁了仍不能安静地坐着，注意力涣散，稍坐一下就要站起来找同学，喜欢嘟嘟囔囔，动手能力和运动能力都显得比一般孩子笨拙。有的孩子有奇怪动作，总是不能控制地耸肩、挤眉弄眼。还有的语言很呆板，经常发愣，喊他也不知道，嗓子经常发出怪声等，如果孩子出现这些异常现象，希望家长能带孩子到医院检查一下，看看有没有神经系统或发育迟缓的问题。

不少孩子上幼儿园后，总是坐不住。经医生检查发现，孩子其实并没有问题，只是比较淘气，再加上年纪太小，自控能力差，所以和别的小朋友相比要差一点儿，会经常走走、动动，这种情况只是对环境不适应，家长也无需过于紧张。

调整生活习惯不能急于求成。多动或其他心理问题很多时候是生活习惯养成的。有这样一个小男孩，他 5 岁多了，脾气非常大，稍有不顺心就发出很刺耳的尖叫声，医生检查之后发现他没有什么问题，仔细一问才知道，孩子是在外地跟爷爷奶奶长大的。老人非常溺爱他，快上学了父母才把他接回身边。因为在外地长大，他有口音，学习起来有困难，家长的教育有些急躁，让孩子非常反感，结果出现上述情形。

其实，家长的教育方式是孩子行为的重要影响因素。有的孩子从来没有看书的习惯，也没有这方面的训练，等到上学就需要适应的过程。所以，在上学前家长应该有意识地让孩子学会安静地坐一会儿。玩儿的时候要让他们玩儿充分，多到户外踢球、做游戏，让孩子体力尽情释放，然后每天留一段时间让他们读读小画书，问他们一两个问题，之后再满足他们看电视、打电子游戏等的要求，这样训练才能慢慢让孩子养成坐得住的习惯，培养孩子不能急于求成。

预防要从日常做起。在日常生活中，一些平时不被人注意的行为其实可能对孩子有很大影响。家长都知道应该让孩子远离污染，而且一些孩子的不良习惯家长是可以纠正的。比如有的孩子喜欢闻汽油味，就一定要扳过来，因为这可能造成血铅的升高。另外，画画儿，尤其是经常接触油画棒的孩子，家长要格外留心，因为色彩中通常有重金属，画完画儿要好好洗手。孩子经常接触的彩色印刷品中的油墨也不安全，即使是自己的玩具、书也要注意清洁，接触它们后也应该洗手。孩子的房间不要弄得太色彩斑斓，因为彩色油漆中铅含量一般也比较高。同时，家长应注意不要让孩子精神太过紧张，学习中间应有休息时间。在出现感染性疾病时及时去医院，免得病毒感染影响神经系统。

治疗需要时间。如果孩子真的存在病理性的多动或者抽动，目前，西药和中药都有一些可以缓解的作用，在这期间，孩子要听从医生的要求，按时按量吃药。有的药物需要孩子身体的逐渐适应，所以，药量要慢慢增加，这都需要时间。所以，家长不能太心急，更不能因为在吃了一两个月药没有什么反应的时候就有病乱投医。另外，由于中药和西药药理不同，不能为了求快让孩子很多药混吃，这样容易中毒。只有循序渐进才能有好的治疗效果。

儿童品德教育的好方法

充分发挥艺术作品的效能。儿童的思维具体形象，利用儿童最喜爱的艺术形象教育孩子作用相当大。如当幼儿听了“没有牙齿的老虎”故事后，吃糖次数就减少多了；不讲卫生的孩子也像“小猪变干净了”一样讲卫生，养成饭前便后洗手的习惯。

掌握好教育的时机。时机是指进行活动或行动的有利机会，对孩子教育也

有个时机问题。教育时机往往表现在以下几个方面：如孩子获得一些小小的成功时，家长在鼓励之后可提出新的要求，例如玩后把玩具摆得整齐些就更好了；当孩子受到挫折时，家长要关心帮助孩子改正缺点；当孩子对某事产生兴趣时，家长因势利导，引导孩子形成良好的行为习惯；当孩子发怒激动时，家长要冷静，等孩子平静后再教育；当孩子生病或疲劳时，家长最好少要求，多关心，但决不迁就。

潜移默化的暗示法。苏霍姆林斯基说："任何一种教育现象，孩子在其中越少感觉到教育者的意图，他的教育效果越大。"因为暗示教育法能融洽教育者与被教育者的关系，避免受教育者产生逆反心理，促使孩子积极主动的小理。归纳起来暗示法有以下几种好处。

易接受性，孩子从小不喜欢"赤裸裸"的教育形式，不愿老处在受教育，受管制的地位。暗示法使他们感到平等，受到尊重，暗示手段使孩子感到愉快，轻松。比如：丰富的面部表情，生动的语言，具体感人的情景，易使孩子接受、消化或变为自己的行动。通过暗示手段，使儿童在道德认识、情感意志和行为等方面都得到发展。暗示的方法包括有语言的暗示与榜样的暗示等。

对儿童影响最大的暗示就是体态、手势、表情。比如：孩子爱说话，大人噘噘嘴；孩子做小动作，大人摆摆手；孩子打瞌睡，大人敲敲桌子等；这些都能帮助孩子克服缺点。

儿童良好习惯的养成

儿童是人生的初始阶段，一切都要学习，可塑性强，自控力弱，既是养成良好习惯的关键时期，又是容易沾染不良习惯的危险阶段，如果不适时培养孩子的良好习惯，便会错失良机，给未来的发展造成难以弥补的缺憾。著名教育家叶圣陶先生说："什么是教育？简单一句话，就是要养成良好习惯。"可以看出完美的教育从来都是非常重视良好习惯的训练和养成的。促进儿童养成良好习惯采取的措施与方法，可参考以下内容。

(1)耐心教育，讲清道理。孩子的年龄小，理解能力差。对于孩子的教育就更需要耐心。在讲道理的时候要把握两点：一是要明确，不能含糊其词。什么

是对，什么是错，一定要对孩子讲清楚。二是讲道理要具体，将事情解释清楚、说明原委。比如："对人有礼貌"孩子对礼貌还不是很明白。家长就告诉孩子见到大人就要打招呼，不打招呼就是不礼貌；打招呼时不要直接叫大人的名字，小孩叫大人的名字也是不礼貌；早上去幼儿园、晚上离开幼儿园要向老师问好、再见，如果不问好、不再见也是不礼貌的。必要时，家长还要用礼貌的用语做示范给孩子看。通过反复地"讲"以及反复的"示范"，使孩子逐步加深印象，形成认识。

(2)反复训练，形成习惯。培养孩子的行为习惯，要在日常的活动、游戏中一点一滴地渗透和强化。比如：在培养孩子要有爱劳动的品质，要求孩子学会自己的事情自己做，自己穿、脱简单的衣服、自己将玩过的玩具收好等。通过不断的强化，不断的累积，使孩子良好的教养逐步形成良好的习惯。

(3)环境配合，熏陶强化。养成良好的习惯，与环境的熏陶作用密不可分。家长在培养孩子良好的习惯时，除了加强教育，也要在美化家庭生活环境方面下功夫，比如：家长首先要做到自己与他人和睦相处，对别人要有礼有节。以欣赏的眼光去发现孩子身上的闪光点，及时予以肯定和表扬。通过这样一些小事，使孩子在帮助、关爱他人之中得到乐趣，从而使好习惯得以巩固。

孩子天赋智能大检验(Test)

孩子拥有多方面的智能，包括语文智能、数学逻辑智能、音乐智能、空间智能等。家长只要细心观察，悉心培育，必定能发掘孩子的才华潜能。但家长应该怎样去发掘孩子的智能呢？以下是各种智能的特点，若家长发现孩子具有以下智能特点的若干表现，说明孩子有可能具备该种智能的潜能，家长就更应留意栽培了。

数学逻辑智能有 8 个方面。1. 比同龄儿童对事物间的因果关系更有概念；2. 思考方式比同龄儿童较抽象化、概念化；3. 喜欢把事物分类或分等；4. 喜欢思考逻辑或智力难题；5. 喜欢玩象棋或其他策略游戏；6. 喜欢数学课；7. 心算快速；8. 见到新鲜事物能联想很多问题。

语言智能有 8 个方面。1. 善于与人沟通交流；2. 书写正确；3. 擅长记忆人名、地点、日期或其他琐事；4. 具备编写故事的才智；5. 擅长讲故事或讲笑话；

6. 写作能力较其他同龄孩子高;7. 喜欢阅读;8. 喜欢听故事、广播剧、故事录音带。

音乐智能有 8 个方面。1. 声线佳,歌声动听;2. 能够发觉音乐走调和拍子错误;3. 擅长记忆歌曲的旋律;4. 说话时很有节奏感;5. 擅长弹奏乐器;6. 会无意识地自己哼唱曲调;7. 对外来噪音很敏感;8. 经常在桌子上打拍子。

空间智能有 7 个方面。1. 喜爱艺术活动;2. 画图画表现出色;3. 喜欢看电影、幻灯片或其他视觉上的表演;4. 喜欢玩立体模型;5. 阅读时能从图画中获取较文字更多的讯息;6. 爱在书本、纸张或其他东西上画画;7. 理解地图、图表较文字容易。

肢体动觉智能有 7 个方面。1. 擅长一种甚至多种体育运动;2. 喜爱触摸所见的事物;3. 手工技巧(如木工、缝纫、机械等)或其他方面动作协调能力高;4. 喜欢粘贴或其他用手触摸的技艺(如手指画);5. 喜欢拆开,然后再重新组合物件;6. 喜欢模仿其他人的动作和言谈举止;7. 不能长时间坐定。

人际智能有 7 个方面。1. 爱跟同伴交流沟通;2. 在同辈中表现出领袖能力;3. 活跃于课外活动;4. 关心别人;5. 喜欢跟其他孩子一起玩耍;6. 其他孩子喜爱跟他结交;7. 喜欢给其他小朋友提出建议。

内省智能有 9 个方面。1. 独立、意志坚定;2. 清楚了解自己的优缺点;3. 自我目标明确;4. 喜欢独立工作多于跟别人合作;5. 准确表达自己的感受;6. 能从生活的成功和失败中学习;7. 拥有高度的自尊感;8. 能准确表达自己的感觉;9. 生活和学习方式与众不同。

增强孩子记忆的八部曲

一部曲:利用游戏。"哪里没有兴趣,哪里就没有记忆。"歌德的话正好说中了孩子的记忆特点。明智的家长绝不能命令孩子记住这、记住那,而是让孩子在玩中学、玩中记。家长只要想想"你拍一,我拍一,早早睡早早起……"唱唱这样的拍手歌,就不难想像利用游戏可以让孩子无意间记住多少东西了。可以训练孩子记忆力的游戏很多,如说歌谣、讲故事、猜谜语、唱儿歌等等。

二部曲:明确任务。不用说孩子,就是家长也不记得走过的楼梯是多少台

阶。但是,家长如果跟孩子说:“数数楼梯有多少台阶,星期天好去告诉姥姥。”孩子准会记牢。又如,家长给孩子讲故事,先跟他说:“妈妈讲个故事,回头你再讲给爸爸听。”这也能促使孩子记住所听的故事。为什么?就是因为明确了任务。记忆的任务、目的明确,可以提高大脑皮层的兴奋性,形成优势兴奋中心,因而记得牢。

三部曲:充分理解。什么算理解?就是新知识与脑子里原有的知识“挂上钩”。一旦挂上钩也就记住了。因此,您应充分利用孩子已有的知识,使他学的新知识与脑子里的知识建立联系。比如,孩子记“乘法口诀表”,你可以启发孩子理解“乘数不变,被乘数增加‘1’,积就增加一个乘数”的道理。这样,他就借助已有的加法知识很快记住了乘法口诀。

四部曲:附加意义。要求孩子记的内容有意义,家长可以让孩子在理解后再去记。如果是一些没有意义联系的材料呢?家长可以引导孩子给要记的材料附加上“意义”。具体方法有:

假想法。例如,要让孩子记住富士山海拔12365英尺,就可以把富士山假想为“两岁”的山,即前两位数想成12个月(为一岁),后三位数想成365天(为一岁),这样一假想很容易记住。

形象法。看图识字要算最典型的形象法了。比如,让孩子记阿拉伯数字的字形,可以形象地想成:1像铅笔细长条,2像小鸭水上漂,3像耳朵听声音,4像小旗随风飘,5像鱼钩来钓鱼,6像豆芽咧嘴笑,7像镰刀割青草,8像麻花拧一遭,9像匙子能吃饭,0像鸡蛋做蛋糕。

歌诀法。比如,“一三五七八十腊,三十一天整不差”的歌诀,可以帮助孩子很快记住哪个月份是31天。

推导法。比如,孩子是4月份的生日,妈妈是5月份的生日,爸爸是6月份的生日。孩子只要记住一个人生日的所在月份,加以推导就全记住了。

五部曲:巧用时机。不同时间学的东西,记的效果不一样。研究表明,人在入睡前学的东西记得牢。因为学后就入睡,不再有别的东西来干扰,使大脑有一个很好的自行巩固记忆的过程。因此,家长给孩子讲的故事、谜语、歌谣等,不妨在孩子临睡前讲给他听。

六部曲:多用感官。有个实验,以10张画片为材料,单凭听觉记的效果为60%,单凭视觉记的效果为70%,而视觉、听觉和语言活动协同进行,记忆效果为86.3%。这是因为多种感官同时参与识记活动,可以在大脑皮层建立多通道

的神经联系。

七部曲:反复强化。明朝有位很有学识、记忆力很强的人名叫张溥,他锻炼自己记忆的方法是:一篇文章,先读一遍,再抄一遍,如此反复7次,然后烧掉,从而使他博闻强记。张溥所用的就是反复强化法。至于儿童因其记忆保持的时间短,就更需要经常强化,以巩固记忆了。

八部曲:系统归类。记忆应该是能记善忆。有的孩子知道得不少,就是到时候想不起来,他不是没有记住,而是不善于回忆。所以,训练孩子的记忆力,不光是让孩子善记,还要让他善忆。让他把记在脑子的东西系统地归类,整理得井然有序。比如,孩子学了一定数量的字,你可以帮助他按字形或读音归类,以后再学,继续归人相应的类别。这样,系统地存在脑子里就容易回忆起来。总之,“存”在脑子里的东西系统性越强,到时侯就越容易“取”出来。

记忆能力和人的其他能力一样,可以经后天训练而加强,所以可以采取以下措施来提高孩子的记忆能力。

一是提供形象具体的记忆对象。充分利用生动具体的形象来吸引孩子的注意力,让他的无意记忆发挥作用,并且在日常生活中,给孩子提出明确的记忆要求,促使孩子从无意记忆过渡到有意记忆。

二是帮助孩子理解。3岁以前孩子的记忆以机械记忆为主,因为他的理解能力不够,妈妈在给孩子讲故事或者学儿歌的时候,应该多给孩子讲解详细内容,帮助孩子理解其中的含义,在理解的基础上进行记忆。

三是多和孩子一起回忆。也许孩子并没有记住以前发生的事情,但是如果父母多和孩子一起谈论以前的事情,一起念以前学过的儿歌,能够帮助孩子回忆,巩固孩子的记忆。而且和孩子一起谈论以前的事情,跟他一起分享他的生活,还能够帮助他更深地了解自己。

四是循序渐进。孩子记忆的过程不是一蹴而就的,需要从简单到复杂,从少量到众多。所以讲故事的时候,可以让孩子先记住题目,然后记住故事的人物,再让他记住其中一个一个的具体内容,等到这些内容都记住了以后,再让他把整个故事连贯起来记住。

第六章 小学生教育

6岁的孩子心里在想什么

6岁的孩子感情异常强烈，情感的高潮常常在相反的极端中摇摆，一会儿在爱，一会儿在恨，母亲不再是世界的中心，世界的中心是自己，6岁左右的孩子生气勃勃、精力充沛、猛烈地向外或向内发展、喜欢尝试新的事物，因为自己要求过于强烈，而难于适应他人。若遇到如意的事，能够顺利合作；若稍不称心，则大哭大闹。

6岁的孩子一般已经是个比较强壮、会走会跳，极有反叛性的儿童，小肌肉发达，喜欢练习大肌肉的技巧，手眼合作完善，食量大增，非常好动，尤其喜欢竞争游戏。不能控制情感，喜怒哀乐表现无遗，感觉及反应能力十分敏捷，开始有矛盾和比较的心理："服从父母还是听从师长？""喜爱家庭还是学校？"希望自己能干，但有时又觉得渺小；觉得自己长大了，但又好像仍十分幼稚；很想独立，但又觉得自己是个小孩。总之，情绪上不稳定。

6岁的孩子语言开始完善，能发表己见，好问，能解答，会明白语言与文字的关系，理解时间、空间的概念，喜欢剪贴，欣赏简单的几何图案，喜欢扮演角色。他们的社交从家庭走到学校，很看重友伴的关系，喜欢团体生活，不喜欢困在家中，对于玩具及游戏有性别之分。

6岁的孩子自以为什么都能做，其实内心很矛盾，因此家长不应完全放心让其独断独行，他们极喜欢群体生活，外界的环境对其影响极大，朋友的选择也十分重要。

孩子换牙应注意的事项

孩子换牙期的保健与护理非常重要，直接关系到孩子今后的牙齿是否整齐、美观。因此，做父母的应对孩子加强护理，让孩子拥有一口好牙。

一是乳牙是否滞留或早失。乳牙脱落有一定的时间和顺序，应脱落而不脱落称乳牙滞留，其后果是恒牙不能在正常的位置萌出。大多数孩子在五六岁时开始换牙，早的从 4 岁开始，晚的到 7 岁才掉第一颗乳牙。牙齿的脱落通常从下边的两颗门牙开始，继而是上面的两颗门牙。最常见的是下前恒牙在乳牙内侧长出，上前恒牙在乳牙外侧长出，看起来像双层牙。遇到这种情况应尽快带孩子去医院拔除滞留的乳牙，腾出位置，让恒牙萌出。若乳牙在应脱落之前就脱落了，称为乳牙早失，这会造成两侧邻牙向缺牙空隙倾斜，使缺牙间隙变小，恒牙因间隙不够而错位萌出。此时应在乳牙缺隙处戴缺隙保持器(由医院口腔科订做)，防止两侧牙齿倾斜，以保持恒牙应有的萌出位置，直至恒牙萌出。

二是恒牙萌出是否有困难。乳牙过早脱落，孩子习惯用牙床咀嚼、舔吮，牙床会变得肥厚，阻碍恒牙萌出。因此，如果孩子已到换牙的年龄而恒牙未长出，应带孩子到医院检查。孩子缺钙也是恒牙迟迟萌出的重要原因，父母要及时给孩子补钙。换牙时前恒牙从乳牙的下方或内侧萌出，萌出的恒牙即为成人牙齿的大小，出现轻度拥挤、扭转是正常的，可随邻牙的萌出和颌骨的生长发育而自行调整排齐，只要不是反牙(即地包天)，一般不必矫治，但要定期观察，最长不应超过半年。如在乳牙完全替换后仍排列不齐，应及时就诊。

三是纠正孩子不良习惯。在换牙期，乳牙与恒牙共存，恒牙刚刚萌出，特别是作为咬合关键的“六龄牙”，体积大、咬合面窝沟多，容易滞留食物残渣，加之多数儿童刷牙不彻底，常容易发生龋坏。此时最重要的是教会孩子正确地刷牙。在换牙期，乳牙松动即将脱落时，儿童常习惯用舌舔松动的牙，这是一种不良习惯，会影响恒牙的正常萌出，应及时给予纠正。

四是牙齿错位咬合会影响容貌。儿童在换牙期牙齿在替换，颌骨在发育，随之逐渐建立咬合关系，有时会出现暂时性的错位咬合，在牙齿的发育过程中，往往能自行调整而恢复正常。有的错位咬合，不能自行调整，会影响颜面发育，

应去医院诊治，否则将影响孩子的容貌。

五是预防和治疗乳磨牙龋病。换牙期乳磨牙易患龋病，如龋齿引起根尖病，可影响继发恒牙的生长萌出，因此要注意乳磨牙龋病的预防，绝不能有“乳牙迟早要换，坏了也不必治”的错误观念。医生忠告：应当尽量使乳牙保留到恒牙萌出，如乳牙过早缺失，常导致继发性恒牙萌出间隙不足而引起牙列不齐。

六是换牙时宜多吃耐嚼食品。孩子到六七岁左右，恒牙就开始陆续萌出，替换原有的乳牙。有些孩子恒牙虽已萌出，乳牙却常常不肯“让位”，迫使恒牙不得不从乳牙的内侧长出，形成“双层牙”，造成恒牙排列不整齐。引起乳牙滞留迟脱的原因很多，最常见的是孩子进食过于精细，没有充分发挥牙齿的生理性刺激。牙齿的主要功能是咀嚼食物，咀嚼食物能促进乳牙牙根的生长发育以及自然吸收、脱落。因此，随着孩子年龄的增长，应让孩子多吃些耐嚼食物，以保持对乳牙良好的刺激作用，促使乳牙按时脱落。当孩子门牙和后磨牙都已萌出时，可给其增加些芹菜、玉米、苹果等食物，使其换牙顺利完成，让孩子拥有一口健康整齐的牙齿。

和亲友谈论孩子要注意场合

亲戚朋友凑在一起，往往爱把东家长西家短的话拿出来说，甚至是添油加醋。在父母看来，亲戚朋友不是外人，把孩子的事情拿出来说没有问题。然而，父母却忽略了一点——亲友之间很难保密，这样就会让一些本应局限在家中谈论的事情到处流传，无形中就侵犯了孩子的隐私权，有可能对孩子的自尊心产生不良影响。

在“口口相传”的过程中，还可能引发很多误会，因为在辗转传递的过程中，每个环节都可能有误解、有放大，一些不太了解孩子的亲友或者不存善意的亲友，很可能在传言中加进自己的一些负面评价，然后再继续流传。如果只是父母与孩子知道这些事情，当误会消除的时候，孩子也可以及时告知父母。然而，如果大面积都产生了误会，最后的澄清就是很困难了。

父母担忧孩子在所难免，而当内心有了担忧时，作为父母求助可以严格保密的心理咨询师也不太现实。那么作为父母应该采取哪些变通办法呢？比如

可以向亲友讲一些孩子的事情，但在讲的时候应当有所选择和保留，比如一些只适合在自己家里说、孩子不希望别人知道、说出去可能会损伤到孩子的自尊心和名誉的事情，就不要说出去。

选择合适的倾诉者也是很重要的。必须选择一些真正是善意地倾听、愿意帮助别人，并且忠诚可信的亲友来倾诉，在向他们倾诉后，还应要求他们保守秘密。而对于一些喜欢说长道短的亲友，则不应当与他们讨论孩子的问题。

不理不睬也是一种教育方式

做为家长是不是经常遇到这种情况：孩子胡乱发脾气；越是当家长忙得不可开交时孩子越对你吵闹不休……，这时的家长该怎样做呢？大声训斥，揍他一顿？其实对待孩子的这种情况可以这样：不理不睬也是一种管教方式。不理不睬和奖励恰恰相反。不理不睬就是对孩子的行为不给予任何的援助——孩子犯错，父母故意视而不见。当然，有许多时候，并不能收到预期的效果；有时候这一招很管用，比如在孩子发脾气时，可以使用这种方式。父母甚至可以径自走出房间不理会在发雷霆的孩子，如此一来，孩子就会失去观众了。

孩子干扰家长时，采用视而不见的方式也有可能见效。面对孩子的干扰，家长表现得越在意，他越不会就此罢休。如果家长不理不睬，他下次就不会在家长忙得不可开交时故意吸引家长的注意力，因为他知道那根本没有用。当然这需要事先和他沟通，家长可以告诉孩子说：如果我正在和别人谈话，你要找我只要过来站在我的身边，我一定会在一分钟内看看你为什么要找我。如果你一直叫我，而且在旁边吵闹，那么我就绝不会理你。家长说到做到，一定要在一分钟内注意他，特别是对学龄前的孩子。

如何防止孩子的学校恐怖症

“恐学症”是一种较为严重的儿童心理疾病，多见于7～12岁的小学生。由

于学生对学校、上学和学习有恐惧心理，也称为学校恐怖症。

“恐学症”有三个特征：1. 害怕上学，甚至公开表示拒绝上学。2. 发病期间，如果父母勉强孩子去上学，会使其焦虑加重，倘若父母同意暂时不去上学，则孩子焦虑马上缓解。3. 焦虑的症状表现为：心神不定、惶惶不安、面色苍白、全身出冷汗、心率加快、呼吸急促，甚至有呕吐、腹痛、尿频、便急等。

“恐学症”的病因是：1. 内因。这类孩子均有胆小、仔细、敏感、多疑、特别爱面子、经不起批评等性格特点。2. 外因。这类孩子的家长、老师对他期望值过高，往往超过孩子心理所能承受的程度，因而导致孩子心理失衡。

怎样治疗“恐学症”？首先，要寻找孩子不爱上学的原因。当发现孩子不爱上学的现象时，家长应该与他谈心，尽可能了解与其上学有关的情况。要注意开导，不要采用简单的恐吓的方法迫使孩子去上学，以免加重孩子的心理创伤。当不爱上学的原因找到后，父母、老师、医生应共同制定一个治疗计划。这个计划应包括以下两点：

1. 尽快设法使孩子回到学校去。假如不爱上学的孩子焦虑症明显，父母不要性急，应通知学校，取得老师的配合。然后，家长要耐心等待并陪伴孩子，以消除或减轻其焦虑症状。开始时让孩子在学校呆一个小时也好，如果这步成功了，可将时间延长至 2 小时，再延长至半天，逐渐过渡到不陪孩子上学和让孩子独自去学校。每当孩子有进步时，应及时给予表扬和奖励。

2. 帮助孩子克服恐惧心理。患学校恐怖症的孩子均有不同程度的焦虑症状，在找到原因后，要有针对性地请儿童心理医师进行心理治疗。肌肉松弛疗法是帮助这类孩子克服恐惧心理、解除焦虑症状行之有效的方法。即当孩子接近学校门口时，反复做深呼吸，待全身肌肉渐渐放松之后，再进校门，以克服上学时产生的恐怖感和焦虑症状。采用上述方法效果不明显时，可在医生的指导下，在短期内应用抗忧郁剂，同时并用抗焦虑剂，以消除或减轻患儿的症状。

防止“恐学症”应注意以下几点：1. 家长和老师对胆小、细心、忧郁的孩子，不宜要求过于严格。2. 家长切勿对这类孩子期望值太高。期望值太高易使这些孩子在不良的性格基础上增加心理压力，促发学校恐怖症。3. 一旦发现孩子有学校恐怖症的迹象，即应及早治疗。

对受挫力差的好孩子怎么办

成绩优异的孩子在受到很多褒奖的同时，无形中也感到了一定的压力，觉得自己事事都应该争第一。即使面对不算严厉的批评，他也会一下子难以接受。其实好孩子的心理状态，的确应该引起大家的关注，很多成绩拔尖的孩子是高敏感、高脆弱人群，越是优秀，越是不想把自己的弱点暴露给大家，最后把自己逼进了死胡同。所以，做为家长，孩子成绩好，在人前人后也要低调，你的低调，就是帮孩子释压。做为家长，应该在家为孩子营造一个释压的环境。就拿爸爸来说，爸爸在女孩的成长道路上扮演着非常重要的角色。再者，要让孩子能够正确地评价自己，既看到自己的优势，也看到自己的弱势。每个人都有自己适合做的事，不适合做的事，这个世上没有全才，也没有无用之才。对竞选班干部这事，要让孩子明白，他们的“世界”里也会有嫉妒和猜忌，有人不理解你，这是不可避免的。要让孩子坦然面对批评，更重要的是，怎样努力让批评你的人改变对你的看法。

电视节目对孩子的影响

在超过 1/4 世纪的时间里，电视里的暴力场面对孩子们的行为有着相当持久的影响。在 1982—1986 几年间，每周电视中暴力节目所占的时间比重已经大大的增加了，而近年来，电视中的暴力节目已由每小时 19%上升到了 27%。鉴于在此时段内孩子收看了电视节目，这些暴力行为就可能成为孩子们模仿的最有力的模式。

对游戏的影响。孩子的本性通常会让他们渴望得到在节目中展示或者做了广告的那些玩具，有了这些玩具，他们在游戏中更会倾向于模仿而不是发挥想象了。孩子们仅仅模仿那些在电视上看到的行为，因此游戏中原有的想像力功能和表现力功能则遭到了破坏。电视广告中大部分与暴力有关的玩具范围

相当狭小，因此就会危及玩具应有的功能——即帮助孩子更好地理解自己的情感，解释周围的世界。有研究表明，一些孩子将从电视上看到的行为用于现实生活中。

父母的帮助。让父母来管理孩子的看电视时间是个好主意，如果你的孩子表现出对战争游戏和武器的狂热，对他们所看的电视进行控制是有效的方法。因此你应该从现在就开始建立一个限制孩子看电视的模式。给你的孩子解释他所看到的节目，帮助孩子思考，给孩子解释电视节目中的现象，理解电视节目是怎样制作出来的。对电视节目作简单的评论，但不要带有暗示，让孩子自己通过联想，对自己因为这些戏剧性的情节和武器着迷而感到内疚。可以和其他孩子的父母讨论一下这个问题，联合起来控制孩子对暴力节目的收看时间，以及不让此类暴力玩具在家里出现。尝试为孩子安排能够代替看电视的玩玩具时间，或者帮孩子找些健康的、非暴力的节目，鼓励他们将其作为看暴力电视节目的替代品。

增强孩子自信心的妙招

第一招：在日常生活中寻找可赞赏的事情。在全家一起吃饭时，每个人都分享其他家庭成员的成功和快乐，使这一时刻成为愉快的聚会而不是约束；孩子遇到困难时给予帮助；每个人都是家人注意的对象，都应受到别人的关怀和爱；可以经常将卡片或画片贴到门上或放在桌子上，以表示相互的爱；可以在孩子的床头上挂两张照片，一张是他正在做父母赞赏的某件事，另一张是全家人愉快地在一起，以此提醒孩子的可爱和能力。

第二招：抽时间单独和孩子在一起。有些父母工作忙，时间十分宝贵，但再忙也要抽出一定的时间与孩子单独在一起，这非常重要。要做到这一点的最好办法，是把与孩子在一起的安排列人计划，小到一起散步，大到外出郊游，这对父母与孩子之间的感情联络是十分重要的。与孩子一起玩耍时，要遵守他的规则，不要超出他的水平。对于重组家庭，父母应该考虑孩子的特殊情感需求，对于感到孤独的继子女，家长应抽出专门时间和他在一起。

第三招：允许孩子做自己的事情。许多父母认为，替孩子做他感到困难的

事是帮助孩子。事实上，这等于告诉孩子他不行，不利于培养孩子的自尊。孩子需要鼓励和挑战，要给他解决问题和发现自己能力的机会。当他需要帮助时，指导并协助他去想办法，寻求答案，而不是代替他做。

第四招：珍视孩子的物品。不少父母经常控制送给孩子的玩具和书，有时认为某件物品不适合孩子了，但事实上他可能仍然需要它，甚至这种喜欢会持续几年。因此，在处理某件孩子的物品时，父母不要擅自作主，要由孩子自己决定何时放弃某件物品。

第五招：帮助孩子正确处理身体方面的问题。孩子在成长过程中，脸上出现粉刺、雀斑或身体出现肥胖倾向时，父母要帮助他解决精神上的负担，并让他不要太在意自己的外表，要让孩子意识到这些问题可能是暂时的，也是可以解决的。

第六招：孩子贬低自己时父母要干预。孩子贬低自己是在传达一种有碍自尊的信息。这时父母应表现出实事求是的态度和对他的爱，认真地倾听，然后再告诉他应有的态度。

孩子假期返校前的必要准备

经过一个漫长假期，如果你的孩子在两周后就要返校的话，就要开始做好准备。重点是睡眠和阅读方面的准备。

一是睡眠。睡眠是一个大问题。在暑假期间，多数家长都会让孩子晚一点起床，有的甚至很晚才起床。人的正常的生物钟的时间会比 24 小时略长一点。如果让一个人在没有窗户的房间里呆几天，晚上他会一天比一天晚睡，而且早上会越来越晚醒，最后他会整夜都清醒而白天则睡觉。我们之所以不会越来越晚睡觉和晚起床，就是因为有日光调整着我们的生物钟，就如警钟那样。当然，孩子不是因为生物钟而熬夜，而是为了看电视或者打游戏机，这些都是好玩但又容易形成习惯的活动。八月中下旬是调整孩子睡眠习惯的最好时间。

二是阅读。在改掉沉迷看电视习惯的同时，孩子还需要重新开始进行阅读。放假以后就不想碰书的孩子会突然发现阅读原来这么有趣。让他们重新读书的最好方法就是你读给他们听，最好是一些惊险、吸引和刺激的故事，让他

们欲罢不能。比如最流行的《哈里·波特》丛书或其他优秀的历险故事。为什么每天晚上读故事给孩子听呢？因为听故事和读故事一样，同样可以提高孩子的理解能力，这也是激发孩子读书兴趣的最好方法，最重要的是这样可以有助于孩子改掉沉迷电视的习惯。对于大部分的孩子来说，电视开着的时候让他们入睡是几乎不可能的。这种情况下孩子最需要父母的帮助，需要父母拔掉插头，然后带他回房睡觉。这就是让孩子由一个轻松假期回归到有序紧张的学习生活的方法。同时父母也该为孩子准备好上学的文具用品了。

如何能让孩子有兴趣做作业

“功课做完了吗？”这几乎是家长下班回家见到孩子的第一句话。它凝聚着做父母的许多期望，又包含着做父母的不少焦虑。适当做些作业是必要的，问题是有些孩子讨厌做功课，家长督责过严，就会和孩子关系紧张；父母之间看法做法不一，更为家庭增添烦恼。

要正确解决这一问题，就应具备科学的方法。比如家长可以这样问孩子：“今天你什么课上得最有意思？”“你向老师提了什么问题？”“球赛胜负如何？”“你借到了什么新书？”……假如父母对孩子的精神生活表示淡漠，缺少起码的关注，只是想到营养与成绩，长此以往，孩子的热情与求知欲就会减退，学习就会日益被动。甚至还会造成两代人感情上的隔阂，而感情一旦淡漠，心灵就很难沟通了。

有些话孩子听不进，可能是道理过于笼统。如果把道理说得具体些，效果会好一些。艾宾浩斯遗忘曲线告诉我们：知识遗忘的速度并不均匀，开始学习后的第一天遗忘得最快，可能损失60%，以后则逐渐变慢。因此在学习的当天及时复习加以巩固，对提高记忆效率将事半功倍。家长可把这个道理，结合作业用通俗的语言讲给孩子听，让其亲身体验，使其切实感到及时完成作业的好处，从而自愿接受作业。如果只是笼统地讲学习目的与作业态度，甚至施加压力，恐怕都无济于事。

在少年儿童的学习动机中，兴趣占了很大比重。引发孩子的兴趣是教育文明化的标志之一。兴趣有巨大的内趋力，可以引发奔放的热情。人类文明史上

卓有建树的伟人，对此都有深切感受。家长如果仔细观察，就会发现孩子在做作业时，不时会闪现兴趣的火花，家长要善于捕捉并及时“助热”。例如小学生作文造句，可以帮助孩子创设一些有趣的情景等等。只要有心，机会很多。

大人尚能笑谈真理，何况孩子求知呢？有些家长将一味宣传“苦读”的文章给孩子看，而且似乎愈苦愈高尚。殊不知，随着人类文明的发展，成年人都在力求愉快地进行生产劳动，我们为什么要使孩子认为读书做作业是“苦”的呢？除此以外，家长也应尽可能把孩子做作业所用的时间和情况告诉老师。从学校教育的角度看，这正是学校所期待的信息反馈，学校可以据此作出调节。家长在不懈地引导孩子提高学习效率的同时，还应当劝阻孩子不要经常“挑灯夜战”。在肯定其热情的同时，要讲清危害。鼓励孩子分清主次，学会“弹钢琴”。如果仍未完成，家长还应协助孩子消除负疚感，使其心情“多云转晴”，在他感到愉快些时，再不失时机地鼓励他“攻一下”。

8岁前是开发智力最佳阶段

美国科学家布卢姆提出，如果把17岁时所达到的普通智力水平看做100%，那么从出生到4岁，就获得50%的智力；从4岁到8岁又能获得30%的智力；而余下的20%的智力则是在8岁～17岁这个时期获得的。尽管人们对布卢姆的这个假设还有争议，但是对从出生到8岁这一时期是人的智力发展最快时期的论点，看法都是一致的。他们认为婴幼儿期、童年期最容易接受外界刺激，最容易形成大脑神经联系。

我国儿童心理学者认为：4岁前是儿童发展形象视觉和口语语音的最佳期；5岁是掌握数概念的最佳期；5～6岁是丰富口语词汇的最佳期；7岁是儿童品德形成的最佳期。如果在这些关键时期里能对儿童进行及时的教育和培养，就可以取得事半功倍的效果。从教育心理学的另一角度分析，8岁前这一阶段人生经历了两次大的环境转变和两次角色转换，它是儿童品德个性形成的重要阶段。

按心理学理论把人生初期划分为6个阶段：0～1岁为乳儿期，1～3岁为婴儿期，3～6岁为幼儿期，7～12岁为童年期。两次角色转换即经历了从婴儿到

幼儿，从幼儿到儿童的转换。两次环境转变即从自由的无拘无束的以个体生活的家庭到纪律约束的以集体生活为主的幼儿园；从以游戏活动为主的幼儿园到以学习为主的正规学校。现实生活中人们可看到有好多小学生，看上去活泼、顽皮、聪明、智力也正常，但就是学习成绩一直上不去，究其原因，就是没有适应上述两次环境转变和角色转换。已经是小学生了却仍是幼儿的心理，已经在学校正规班级了却还像在自己家一样贪玩任性。

正如我国儿童教育家陈鹤琴所说：从出生到7岁是人生重要时期，儿童的习惯、语言、才能、思想、态度、情绪等都要在此时期打好基础，如果基础不牢固，那健全的人格就不易造就了。事实的确如此，这一年龄段的孩子年龄小、经验少、玩性大、模仿性特别强，最易受周围环境影响，这时养成良好的行为习惯既容易又牢固。在这一阶段如果教育得法，引导得当，可以使儿童的自我意识和集体荣誉感得到增强，逐步形成诚实、认真、负责、善良等优良个性品德，从而为其未来的成长打下坚实的基础。

总之，了解人材早期教育的重要性和必要性，重视关键期教育。从而自觉投入到孩子的早期教育实践中。

孩子智商高低与环境因素

孩子的智商高低，除与遗传、营养以及早期智力开发等因素有关外，给孩子一个良好的生活与学习环境也特别重要。

宁静益智：研究表明，生活在宁静、柔和环境中的孩子智商较高，而生活在一个噪声的环境则使智力发育障碍。试验显示，噪声在55分贝时，孩子的理解错误率为4.3%，而噪声在60分贝以上时，理解错误率则上升到15%。因此，应让孩子尽量避免各种噪音的干扰，有利于智力发育和学习成绩的提高。

和睦益智：家庭和睦，气氛融洽，充满亲情之爱，可增进孩子的智力。相反，夫妻反目，争吵不休，孩子享受不到母爱和父爱，这样的家庭环境，致使孩子心情压抑、孤独，使孩子生长激素减少，身材矮小，智商降低。

交往益智：交往既能扩大信息，也能促进脑功能发育，儿童尤其如此。观察发现，从小学三年级开始即喜欢和成人打交道的孩子，其学习成绩普遍较好，而

不愿与成人交往的孩子普遍较差。成人的语言、思维和行为,有助于增进儿童的智力发育。相反,患有孤独症的孩子智商较低。因此,家长应多鼓励孩子走出家庭,与同龄和大龄儿童,甚至成人交朋友。

芳香益智:在孩子的居室和教室放一些花草或芳香物品(如芳香枕巾、书笺、香袋等),或洒一点天然的香水,造成一个香气洋溢的环境,有益智的功效。科学家认为,与一般环境比较,生活在芳香环境中的儿童,无论视觉、知觉,接受与摹仿能力等,都有明显的优势。奥妙在于芳香能给人一种良好刺激,使人心情松弛,情绪高涨,增强听觉与嗅觉及思维的灵敏度,从而进一步提高智商。

颜色益智:淡蓝色、黄绿色以及橙黄色能振奋精神,提高学习注意力;而黑色、褐色、白色可损害智力,降低智商。故将孩子的居室或教室的墙壁悬挂一些淡蓝色背景的挂画或条幅,将有助于孩子学习。

怎样知道孩子的智力情况

智力包括:认识能力、理解能力、想象能力、解决问题的能力,是人的一种综合能力。智力尽管广泛,内容尽管复杂,但仍是人的一种属性,是可以测查的,这就是智力测验。韦氏智力测验主要有以下内容:1. 知识的保持和广度;2. 实际知识和理解力与判断力;3. 心算及推理能力;4. 抽象概括能力;5. 注意力和暂时记忆力;6. 词语的知识广度;7. 学习和书写速度;8. 视觉记忆和视觉空间理解力;9. 视觉空间的分析综合能力;10. 对故事情境的理解能力;11. 处理局部和整体关系的能力。

那么智力测验能预测孩子的智力吗?心理学家认为:7～8 岁的孩子测得的智力水平,与他们未来的智力有很大的关系。如果单纯测查孩子的智能水平的高低,对父母来说不过是增加了喜悦或添加了烦恼而已。应该认识到智力仅仅是反映孩子智能水平的情况,孩子学习成绩的好坏除了与智力因素有关,在很大程度上还与非智力因素有关,如学习的动机、学习的兴趣等等都可以影响孩子的学习情况,所以孩子的未来发展还取决于是否能刻苦学习。

增加孩子学习的兴趣。这个阶段的孩子在读写能力上,大都较以前的孩子提高许多,6 岁就看得懂约八成左右的拼音符号。但是在教孩子识字之前,词汇

语句的教育是非常重要的。如此，既能充分地理解别人所说的话，又能将自己所见所想的用字清楚地表达出来。换句话说，父母在日常生活中，应经常留意孩子在使用词汇、语句上的正确性，让孩子对学校生活充满希望。

掌握教育孩子的十个时机

一是新学期开始或进入一个新学习环境的时候。此时，孩子会有一种新的意识感、新的动力，家长若能注意因势利导，就会旗开得胜。

二是享受成功喜悦的时候。家长若能在祝贺、鼓励的基础上对孩子进一步提出明确具体的要求，将会收到满意的效果。

三是感受到委屈的时候。家长要主动以冷静、宽容、同情的态度对孩子解释，进行宽慰，孩子就会产生感激之情并易于接受家长的告诫了。

四是老师来家访的时候。家长应把孩子的长处告诉老师，同时以希望的口气提出孩子的缺点，不宜单纯地“告状”。

五是在困难、失败的时候。这时，家长应做的不是训斥，而是肯定成绩。对不足之处给予点拨，帮助孩子树立信心，走出困境。

六是有较大过失的时候。家长除了明确指出孩子的问题所在，不宜过分唠叨。这时理解、同情、体谅是孩子最需要的，不能一味地批评、指责，循循善诱常常会收到很好的效果。

七是对某一事物怀有浓厚兴趣的时候。这时家长应积极支持、鼓励，不能打击、扫兴。要知道兴趣能推动孩子寻求知识，激励孩子深入钻研。

八是有较大集体活动的时候。这是教育孩子遵守纪律，为集体争光，培养孩子集体观念的好时机。

九是他人取得成绩的时候。遇到这种情况，孩子往往会暗下决心：我也要做出成绩。家长要抓住这个时机，对孩子加以鼓励，提出适当目标要求，使其将一时热情变为持久的行动。

十是外出作客或家中来客时。孩子一般都喜欢听好话，不愿在别人面前出丑，所以每当这种场合家长要特别注意保护孩子的自尊心，不在客人面前揭孩子的短，应多谈孩子的优点和长处，并恰当地提出自己的希望。

开拓孩子智力的刺激四法

采取以下四种方式循序渐进地刺激孩子大脑，有助于开拓孩子的智力：

一是低级刺激：让孩子观赏花草、听音乐、逛公园、学做家务，有利于开启孩子的心智。

二是中等刺激：看电视大奖赛、戏曲或智力比赛、浏览报刊、集体旅游、参加演唱会、演讲会及辩论会等，可培养孩子观察、欣赏、鉴别及语言表达能力。

三是高度刺激：集邮、摄影、下棋、收藏、插花、剪报、饲养小动物等，可以磨炼孩子的耐心和鼓励开动脑筋。

四是更高度刺激：吟诗、作画、木刻、石雕、泥塑、演奏乐器、练武术、踢足球、搞小发明及航模等，可培养孩子的求知欲、应急能力和创造精神。

培养孩子礼仪增添家长面子

教育专家认为，生活中的许多场合都可以成为礼仪教育的课堂。孩子不会给来访的客人让座、不会主动问候，这些日常生活中的小事反映出家长礼仪教育的缺失。它不仅常常使家长没有面子，而且还会影响孩子的社会交往和身心发展。春节将至时，家长带着孩子走亲访友的过程正是开展礼仪教育的最佳时机，让孩子在餐桌上学会尊重他人，在交往中学会谦让。

且把餐桌当课堂。我国的“餐桌教育”古已有之，孔子早就有“食不言，寝不语”之说，但现在很少有家长重视这方面的教育。一些在教育方面有成功经验的家长都有一个共识，那就是：餐桌是对孩子进行礼仪教育的最好时机。如告诉孩子吃饭时不要大声喧哗或敲打碗筷；长辈入座后，晚辈才可以入座；吃完饭要向长辈打招呼后才能离开；不要用手抠牙，大一点的孩子要学会使用牙签等。

迎来送往学尊重。日常交往也是培养孩子礼仪的好机会。当有客人来访或到别人家做客时，家长就可以借机教孩子一些礼仪。节假日是人们交往的密

集期，也是对孩子进行礼仪教育的最佳期。有客人时，家长要引导和鼓励孩子亲切、主动地和客人打招呼，在客人的夸奖声和递过来的一包糖果或一件玩具中，孩子会认识到“礼尚往来”的确是一种乐趣。客人进屋后，可以让孩子做些简单的招待工作，如招呼客人坐下、给客人沏茶倒水等。在大人谈话时，要让孩子明白安静地做自己的事才是有礼貌的，来回走动和随便插话是对客人的不尊重。当有小客人时，让孩子大大方方地拿出玩具一起玩。客人走时，家长可以领着孩子一同送客。在这样的耳濡目染中，孩子一定会成为一个有礼貌的小主人。

领着孩子出去做客，让孩子在回访中体验礼貌的回应，是很实际的礼仪练习。在家长指导孩子按了门铃之后，要和孩子在门口安静地等待，直到主人开门。进门后，家长要引导孩子在问好之后主动把脱下的鞋子排整齐。当孩子受到招待时，记着让孩子说声“谢谢”。孩子的天性就是好奇，在陌生的环境中更是如此，告诉孩子随便乱动别人的东西是不礼貌的，如果想玩玩具或看书，一定要经过主人的同意。在自己玩时不要打扰大人谈话，玩过之后把东西放回原处。

接听电话有讲究。接听电话是透视一个家庭是否具有礼仪的窗口，所以家长要借助这一载体，适时地对孩子进行礼仪教育。

以下 9 条礼仪要求，可供家长借鉴。

(1)孩子接电话时，要学会说“你好”、“请问”、“请等一下”等礼貌用语；

(2)接电话的声音要放轻一些，不要在电话中大声嚷嚷；

(3)接电话时要有问有答，回答问题时要大方，不可以长时间不回应对方的问题，也不要在不知如何回答时，把电话一扔跑到别处去；

(4)大人打电话时，孩子不要在一旁插嘴或抢话筒；

(5)打电话时要先报上自己的名字，并说明要找的人；

(6)不要一边吃东西一边接电话；

(7)挂话筒时，要轻拿轻放；

(8)打完电话，要学会说“再见”，然后再挂机，不要自己讲完就挂电话；

(9)要注意打电话的时间，通话时间不可太长，也不要选择太早或太晚的时间打电话，以免影响别人休息。

多鼓励锻炼性格内向的孩子

家长对性格内向的孩子，不能用自己认为的“好方法”去达到促使孩子交往的目的。比如，家长代替性格内向的孩子去处理问题，时间久了，不仅没有给孩子锻炼的机会，而且还会遭到同伴的讥笑。因此，关注孩子的个性特点，选择恰当的方法，将会出现事半功倍的效果。

鼓励锻炼性格内向的孩子，可参考以下方法。

1. 帮助性格内向、不善表现的孩子提高自身的能力，利用孩子的长项帮其建立自信，并利用建立起来的自信发展其短项。

2. 不强迫孩子做他不喜欢做的事情，寻找孩子的意图，鼓励孩子产生想法，让孩子按照自己的兴趣和想法做事。根据孩子的个性特点，实施指导策略。

3. 让孩子选择自己的活动方式去与其他孩子交往。当然，要循序渐进，不要拔苗助长，要知道“欲速则不达”，教育有时需要等待时机。

性格内向、不善表现，是很多人成长中都要经历的过程，关键是要让孩子在活动中充分体验成功的快乐。适当的挫折更会提升孩子坚强的性格，家长也应该让孩子补上这一课。

正确诱导“只能赢不能输”的孩子

有些孩子天生好强，做事“只能赢不能输”。对此，一般情况家长都会采取迁就、放纵的态度，担心孩子发脾气。例如，有时下棋家长故意输棋，以满足孩子的虚荣心。殊不知这样会助长孩子的坏脾气，使孩子不能正确控制自己的情感，更加肆意地出现愤怒、暴躁和霸道，坚强的性格更无从谈起。由于孩子的霸道，会严重影响以后的人际交往，可参考如下方法正确诱导孩子。

一是让孩子懂得输与赢是很平常的事，应该学会面对它。在生活中多给孩子讲述一些表现坚强勇敢品质的故事，如《铁杵磨成绣花针》、《玛雅历险记》、

《谢军阿姨的故事》等，让孩子知道，输与赢是生活中经常会碰到的。只有输得起，才能赢得起。

二是让孩子学会通过协商和调停的方法解决矛盾。当孩子因玩棋而发生矛盾冲突时，要给孩子提供解决问题的环境，让他通过自己想说的话和行为去解决他们自己的事情，以达到双方继续游戏的目的。

三是通过移情的方法，让孩子学会体验别人的情感。对于年龄小的孩子，采取移情的方法教育是很有效的。对于只能赢不能输的孩子，家长可在孩子赢棋后，故意采取冷淡孩子的方法，并明确地告诉孩子："你输棋不高兴，我输棋也不快乐。如果总让别人让着你，即使赢了，别人也看不起你。"这种方法可以克服孩子以自我为中心的倾向，并在输棋后可以有效控制不良情感的发生。

孝心是教育孩子做人的根本

教育最重要的就是教孩子学做人，学处世。做什么样的人呢？做孝敬父母的人，做诚实正直的人，做自尊、自爱、自信、自强的人。其中，教孩子孝敬父母是最主要的，是一切道德的基础，是做人的根本。我国历史上最著名的思想家、教育家孔子说："孝悌者，为人之本也。"孝为"百德之首，百善之先"。

"孝心"是培养教育出来的。孝敬父母包括子女对父母的亲爱之情、敬爱之心、侍奉供养之行。但对孩子"孝心"的教育必须根据其年龄特点，以下几种基本教育方法可供参考。

一是身教重于言教。有这样一则广告：一位刚下班的年轻妈妈，忙完了家务，又端水给老人洗脚，老人对她说："孩子，歇会儿吧！别累坏了身子。"她笑笑说："妈，不累。"年轻妈妈的言行举止被只有三四岁的儿子看到了，儿子一声不响地端来一盆水。年幼的儿子吃力地端着那盆水，摇摇晃晃地向妈妈走来。盆里的水溅了出来，溅了孩子一身，可孩子仍是一脸的灿烂。把水放在母亲的脚下，为母亲洗起了脚。广告画面定格在这儿，广告语说：父母，孩子最好的老师。是啊，孝心就是这样学会的，就是这样传递的，孝心就是在父母的榜样下养成的。因此，要想培养孩子的一颗孝心、懂得爱，父母首先要以身作则，要做孝敬长辈的楷模，因为"身教重于言教"。

二是学会感恩。要让孩子学会感恩。感恩源于良心、良知、良能，这是孝心的亲情基础。然而，感恩这种情感不是自然而然产生的，必须通过教育。做家长的应有意识地让孩子体会父母的辛苦，体会父母挣钱养家的不容易，体会父母对孩子的关爱，体会父母也同样需要孩子的关心和爱护。因此父母不妨经常给孩子讲讲自己一天的情况：起床、做饭、洗衣服、整理家务、上班等。让孩子体会到父母是如何关心孩子的，如：孩子生病了，父母怎样心疼，怎样整夜地不睡觉护理孩子……细节最能感染人。知恩就要感恩，感恩就要报恩。要让孩子从小养成关心父母、体贴父母、爱护父母的好习惯，比如为妈妈梳梳头，给爸爸捶捶背等等。

三是从小抓起、从小事做起。让孩子养成孝敬父母的好习惯，要从一点一滴的小事着手塑造和培养。比如：平时教育孩子要关心父母的健康，要帮父母分担忧愁，要帮助父母做家务。当孩子不会做某些事时，父母要耐心地教，孩子做错事时，不要横加指责，孩子做得好时，要多表扬鼓励。孩子只有在亲身实践和体验中才能体会到父母的辛苦，尝到为别人付出的快乐。当孩子"父母养育了我，我应当为他们多做事"的观念逐渐形成时，孩子就有了一份生命的义务感和责任感。这也是当代孩子最缺乏的。因为他们平时只知道接受爱，而不知道付出爱，没有学会关心和感激。家长千万不要这样想：孩子还年幼，主要任务是学习，只要学习好了，什么也不用干，而是要转变观念：不要以学习成绩作为唯一的评价标准，好孩子的标准是多方面的，孝敬父母就是一个重要的标准。常言道："一岁看大，三岁看老"。因为习惯成自然，从小养成的不良习惯，长大了也是难以改变的。培养子女的孝道，必须从小抓起。

四是制定家规。国有国法，家有家规。没有规矩，不成方圆。一个家庭需要民主，不可家长制、一言堂，但必要的家规是不可缺少的。家长可与孩子共同商量，制定"孝敬父母"行为规范。比如提出"五要五不要"。"五要"是：要了解父母，要亲近父母，要关心父母，要尊重父母，要体贴父母。"五不要"是：不要影响父母工作与休息，不要惹父母生气，不要顶撞父母，不要独占独享，不要攀比享受。配合"五要五不要"还有几条具体要求：(1)记住爸爸妈妈的生日；(2)自己的事情自己做；(3)我当一天家长；(4)单独走一次亲戚；(5)我和爸爸(妈妈)共上一天班。

五是亲子互动。家长要与孩子多交流、多沟通，共同做游戏，共同搞活动，共读一篇文章。比如，亲子共唱一首歌：《一封家书》、《常回家看看》、《烛光里的

妈妈》、《世上只有妈妈好》、《妈妈的吻》、《母亲颂》等；亲子共诵一首诗词：《游子吟》、《妈妈的雨季》、《妈妈，我的守护神》等。在亲子互动的活动中，不仅可以尽情地享受天伦之乐，而且可以在潜移默化中使孩子养成孝敬长辈的好习惯、好品德。

六是"家校"配合。家长可主动与学校配合，请老师给学生出家庭调查问卷，要求学生以"父母习惯知多少"为题回家访问父母。参考题目如下：

(1)父母一天的作息时间安排；

(2)父母一天都作了哪些工作，工作多少时间，劳动强度如何，平均获得多少劳动报酬；

(3)父母回家都做了哪些家务，花了多少时间；

(4)父母为子女做了哪些事情，花费多少时间；

(5)你了解父母的兴趣爱好、身体状况、生活习惯吗；

(6)你是否体会到父母的辛苦，是否体谅父母；

(7)你平常对父母采取什么态度？

在调查的基础上，制定一个与父母沟通和孝敬父母的方案。

让孩子拥有一颗善良的心

不能忽视对孩子进行关于善良的教育。特别是孩子的母亲，要用自己的爱，教育孩子"从善如流"，让孩子从小培养博爱、同情、宽容等品德。生活中，许多父母往往对孩子进行一些特殊的教育，例如："从小不吃亏"才能更好地保护自己等。"人善被人欺"的思想让父母们忽视了对孩子进行善良教育。然而，没有善良心的孩子更无法很好地保护自己。因此，作为父母，绝不能放弃对孩子进行善良教育。

关于善良教育的内容包括四个方面：一是保护自然环境和动物；二是同情并帮助弱者，创造机会让孩子帮助有困难的人；三是包容他人，有宽容心；四是唾弃暴力。不给孩子提供暴力玩具，远离暴力镜头，在处理问题时不用暴力行为。

以上内容，其中最核心的部分是家庭教育，在一般的家庭之中，存在着以下

四种不同关系、不同性质的爱，只有当孩子生活在这种健全的爱的环境中，才能享受到如此关怀，培养出一颗善良之心。

子女之爱。孩子对父母的爱是对其所受到的父母之爱的回应，其自尊、自爱、孝顺、负责任等素质都是从父母的日常表现中获得的，所以，父母要给孩子正确的爱，正确的榜样作用。

同伴之爱。看到父母及其他长辈爱他们的同伴，孩子也会学着爱自己的朋友。目前我国家庭中大多只有一个孩子，缺少同胞兄弟姐妹之爱的实践机会，这个阶段爱的学习就只能由幼儿园、学校或社区环境加以弥补了。父母要多创造机会让孩子和同伴在一起。这本身就是一种教育，孩子会从中学会理解、分享、团结和帮助。

夫妻之爱。夫妻关系的和谐美满，对孩子也是一种教育，孩子可以从夫妻的相互关心和爱护中，学会理解、接纳、欣赏、真诚和肯定等美好的道德品质。夫妻之爱给孩子传递的另一个观念是忠诚，这也是培养孩子善良之心的关键。

父母之爱。当孩子在接受了以上三种爱的教育以后，他们就会成为一个善良的、健康的和良好道德品质的人。当他们未来也成为父母时，他们就会自然而然地把正确的爱、善良的心传递给他们的下一代。所以，这种教育是代代相传、生生不息的。

培养孩子乐观品质的十大建议

快乐品质的人通常都有乐观的世界观，亲密的家庭关系，善解人意，众多好友，坚信自己的人生有意义等特点。以下建议，可帮助父母找到合适的方法，培养孩子成为一个快乐的人。

建议一：家庭传统意味着快乐"长久"。无论是每天共进晚餐，还是每年一起庆祝生日或节日，对一个家庭而言，没有什么比建立家庭传统更有价值的了。过春节时的饺子、鞭炮，或是过生日时的蛋糕、蜡烛，这些传统都十分重要，因为它们赋予孩子生活的意义，加强家庭成员之间的感情，教给孩子"长久"的含义。同样珍贵的是每个家庭独特的小传统，例如每个周末全家外出晚餐，每个月末全家一起看一场儿童电影等等，这些熟悉而亲密的传统习惯会带给孩子强烈的

安全感。

建议二：歌唱的鸟儿最快乐。人们常说音乐可以陶冶人的情操，一点儿也不错。在古代，西方人坚信音乐可以医治一个人肉体和心灵的创伤。在现代，儿童医学研究发现，给患病的孩子听他喜爱的歌曲，可以减轻他的疼痛症状。成年人听一首好歌有时也会精神振奋，身心舒展。而对孩子来说，每当全家一起唱一首他喜爱的儿童歌曲，他都会很快乐。

建议三：快乐也可以放大。积极参加社会活动至少教给孩子两件事情。例如父母积极参与孩子的社区汇演，孩子会意识到父母对他的重视，这会大大增强他的自信心。同时，父母的参与也教给孩子"社会"的基本含义，让孩子感到自己也是这个大社会的一部分，而每个人都可以通过它对别人作出贡献。研究表明，奉献和快乐之间有着密切的关联。让孩子参加社区公益活动，会从中发掘付出的快乐。

建议四：再见吧，负面评论。成人时常对各种人与事进行评论，其中不乏负面的东西。例如，父母评论孩子的老师无能，或者儿童医院的医生马虎等等。父母也许不会意识到这些评论对孩子产生的影响。但事实上，它会让孩子渐渐丧失对周围人和环境的信任，从而失去安全感，而没有安全感的孩子是不会快乐的。父母应该让孩子觉得世界是美好的，而人们本质上都是好人。

建议五：兴趣爱好是永远的快乐。全身心投入到一项充满挑战的任务中，会给人带来很大的快乐。对于孩子而言，培养他的兴趣爱好，例如集邮、绘画等，让他投入其中，会让他很快乐。但这里的投入并非指给孩子安排满满的绘画课程或者舞蹈练习等，因为那样只会让孩子失去兴趣，失去从中得到的快乐。而兴趣爱好也不一定是指某种技能，例如集邮、拼图等，它们并不是某种竞技，却同样可以开发孩子的智力，更能让孩子学会投入的快乐。

建议六：花开叶落是快乐。生活在高科技时代，成人们常常忘了亲近大自然。对孩子来说，大自然充满了神奇的力量，无论是雨雪、白云，还是花开、叶落，都可以从中发掘到很多快乐。亲近自然还可以培养孩子的各项感官能力、观察能力、反应能力。

建议七：从饲养小动物中学习。父母经常犹豫是否该让孩子饲养小动物，例如兔子、金鱼、小猫或小狗，因为饲养它们需要时间和精力。即使孩子保证自己会全力照料小动物，通常大部分工作还是要由父母来完成。不过，花工夫饲养小动物是值得的。因为当孩子感到担忧或害怕时，小动物的陪伴会让他更觉

安心。孩子从饲养的小动物身上可以学到忠诚、共鸣、依恋等情感。通过饲养小动物，孩子学会体贴和照顾他人，感觉自己有价值，有成就感。

建议八：温馨的家是快乐的田园。建议把家变得更温馨，看来是个小问题，但对孩子而言，这却是很重要的。如果家里乱七八糟，孩子会不希望小朋友来家里玩。另外，井井有条的家会给孩子带来平和与满足。需要注意的是，温馨不代表干净过头，因为舒适才是快乐的一个组成部分，而干净过头只会给孩子带来束缚。

建议九：吃得开心可以更健康。作为成年人，父母会注意饮食健康和饮食习惯，但孩子通常没有这些概念。所以，父母要为孩子及早建立正确的饮食习惯，包括全家坐下一起用餐，选择健康营养的食物等等。

建议十：运动的感觉真棒。经常参加体育运动不仅有助于孩子的身体健康，还有助于孩子的心理健康。健康强壮、体力充沛会带给孩子良好的自我感觉，让孩子快乐。另外，对孩子来说，跑、跳、游泳、骑车等等体育运动本身就十分有趣，而这不恰恰就是快乐的源泉吗！

用轻松温柔化解孩子逆反心理

采取硬碰硬的方式，只能让孩子逆反的心理更加强烈，不妨试试用以下的方法化解孩子的逆反心理。

一是让孩子自觉自愿地接受任务。给孩子准备一些图书，或者给他编一些有趣的故事，让他的任务变成一种期待，或者父母做出示范动作，但是根本就不要求他去做，他会因为好奇而产生模仿的欲望。

二是利用孩子的逆反心理。当想要孩子去做某件事情的时候，反着说出要他完成的任务，这时候，他可能就会按照你实际的要求去做了。

三是交待任务时态度要认真。有时孩子没明白父母的真正意图，他也会毫不犹豫地说不。因此，跟孩子交代任务的时候要眼睛看着孩子，十分严肃地将任务交给他，这样他会明白你不是在跟他开玩笑，他就不会随随便便说不了。

四是和孩子轮流来。因为父母也做同样的事，并且大家都有机会去做这样的事情，而且必须按照一定的规则来做，这样他会觉得很有趣，一般都会乐于接

受父母的建议。

五是冷落孩子。如果孩子不听从父母的建议，不要理睬他，撤销父母对他的要求，让他觉得很无趣，过一段时间他会明白这样不是吸引父母注意的好方式，于是他会尝试改变。

六是鼓励孩子自己动手。孩子一般都喜欢自己动手，因此，当孩子说不的时候，父母可以想办法鼓励他利用这个机会来显示自己的能耐，他就会乐于自己来了。

七是让孩子做事有选择。当想要孩子去做某件事情的时候，最好给他两个选择，一个是你要他做的事情，另一个就是他不喜欢做的事情，通常孩子都会选择你要他做的那件事情。

将自信的种子深埋在孩子心中

自信是一种情感体验，对于孩子而言，树立自信，将会为其成功度过一生，打下坚实的基础。然而，如何才能把自信的种子深埋在孩子的心中呢？专家给出以下几条建议。

无条件地给予关爱。让孩子知道，不管他长得好看与否，健康与否，父母都会爱他，这将是增强孩子自信心的最佳土壤。作为父母，应该慷慨地给孩子爱，更多地拥抱他、亲吻他。在帮他改正某个错误时，明白地告诉他，家长不能接受的是他的行为，而不是他这个人。

给孩子足够的关注。尽量抽出时间陪陪孩子，这样会让他感觉到来自父母的重视。陪孩子的时间不一定要很长，例如家长在上网浏览时，停下来跟正想和你交谈的孩子聊上两句；或者关掉电视，回答孩子提出的一个问题等。保持与孩子眼睛平行的交流，这会清楚地告诉他，你是在认真关注他。

给孩子选择的权利。给孩子选择时，最好让他在两种选择中作出决定，比如，穿背带裤还是条纹裤；画硬笔画还是水彩画等。因为如果不加限制，孩子往往会做出数不清的选择。孩子在一次次为自己作主的同时，也一次次赢得建立自信的机会。在自己的判断得到肯定时，孩子的自我评价也会大大提高。

支持孩子健康安全的冒险行为。支持孩子在安全状态下探索新鲜事物，尝

试各种体验。尽管这些冒险行为会有多次失败，然而，不去尝试就永远也不会成功。面对孩子的失败，父母如果能在自己“帮助和保护孩子”的愿望和孩子完成冒险的需要之间找到平衡点，将会有利于孩子建立良好的自我意识。

允许孩子犯错误。给孩子选择的权利并鼓励孩子适当“冒险”，无疑会使孩子时不时犯些错误。事实上，这些犯错体验，也是孩子树立自信心的必修课。孩子犯错时，父母不要指责，而应帮他找出改正错误的方法。这样不仅不会伤害孩子的自尊，还会使他明白，接受和改正错误是件很容易的事情。

给孩子的成功搭个梯子。给孩子买易穿易脱的衣服；准备一个可以让他够得着的地方，放他的书和玩具……所有这些，都是给孩子创造满足自我需要的机会，不仅有助于培养孩子的独立性，还会让他产生“自己的事情能够自己做”的自豪感。

肯定孩子良好的行为。每个人都会从别人的肯定中获得积极的情感体验，因此，父母每天应尽量多地夸夸孩子一天中做对的事情。表扬孩子时，一定要具体。具体实在的表扬语言，会令孩子产生成就感，提高自信心，同时，也让他懂得做什么是对的。

多给孩子表扬和鼓励。鼓励是一种认可的行为，而不仅仅是对所取得成绩的奖励。它意味着，尽管孩子在学着用餐具的时候，可能把一盘食物掀翻在地，家长还是面带微笑支持他；尽管孩子在学唱一首歌的时候漏了好多词儿，家长还是要给他一个深深的拥抱……表扬和鼓励的不同之处在于，前者是奖励行为（你做到了），后者是奖励人（我为你感到自豪）。表扬让孩子觉得把一件事做得完美的时候是好孩子，而鼓励则是对孩子努力的认可。

培养孩子会倾听的能力

倾听是孩子感知和理解语言的行为表现。倾听能力在现实生活中运用非常广泛，大到听报告、欣赏音乐等，小到一句话及每个字的听和用等，日常生活中时时处处需要倾听。倾听能力的强弱直接影响孩子知识技能的接受和掌握。那么，对孩子该怎样培养其倾听能力呢？

（一）养成孩子良好的倾听习惯。良好的倾听习惯是提高孩子倾听能力的

前提和条件。由于独生子女在家庭中的特殊地位，孩子的语言表达能力增强了许多。要发展孩子的倾听能力，必须培养孩子良好的倾听礼貌，养成孩子良好的倾听习惯，这是提高孩子听懂语言的重要保证。应让孩子懂得在听故事、听别人讲话时，要尊重他人，可以自然地坐着或站着，眼睛看着说话的人，并且不随便插嘴，认真地安静地听他人把话说完。这是一种倾听礼貌，也是一种倾听习惯。

(二)利用“按指令行事”法培养孩子的倾听能力。好动是孩子的天性之一，也是身心发展的一个阶段，为此，可以用按指令行事的方法来培养孩子的倾听能力。如：要求孩子听指令做相应动作，或在日常生活中交给一些任务，让孩子完成，以锻炼孩子对语言的理解能力；结合培养注意力，让孩子根据某种音乐或节奏等，一边看着大人的手势，来完成某些动作或相应的行为等。

(三)利用“听辨错误”法来发展孩子的倾听能力。常发现有的孩子听说一件事时，只听到其中的一点儿就听不下去了，这就说明倾听的质量不高，听得不仔细、不专心和不认真。因此，应有目的地让孩子在日常生活中，去判断语言的对错，吸引孩子注意倾听，并加以改正。比如“玉米棒结在地下，葡萄结在树上”等让孩子倾听后，挑出毛病并纠正。

(四)利用传话法培养孩子倾听能力。父母如果想要印证孩子是否仔细倾听，只有让孩子把听到的内容说出来，才能知道孩子的倾听能力是否正常。可以让孩子听一段话或一个故事，要求孩子认真、仔细听完后回答问题。如：“小蚂蚁想去哪里”，“汽车上坐着谁”等等。传话法可训练孩子的记忆力和倾听力，如让爸爸每天告诉孩子一句话，再让孩子告诉妈妈，这样就逐渐培养了孩子仔细倾听的能力。

小学生人际交往家庭指导

朋友是人生不可或缺的一部分，小学是人际交往开始的第一步，怎样指导一个小学生处理好他的人际关系？毕竟，只有第一步走好了，才能让他的未来走得更好！因此，家长应该就人际交往问题与孩子进行必要的沟通，帮助孩子形成正确的人际交往观，这对于提高小学生的交往素质具有重要作用。

小学生人际交往的家庭指导应从以下几个方面着手。

家长的待人处世态度对孩子形成正确的人际交往观有重要影响。家庭成员之间互敬互爱，和睦相处，父母对孩子关心、体贴，使之体会到家庭的温暖，那么，就能使孩子形成积极的交往意识，善于发现自己和他人的优点或长处。相反，如果家庭关系紧张，就会使孩子缺乏归属感和信任感，有的还会逃避人际交往甚至导致交往障碍。

家长处理邻里关系的方式也会影响孩子的人际交往观。严以律己，宽以待人，以诚相待，关心他人，这些良好的交往品质往往给孩子树立起鲜明的榜样形象，对孩子的人际交往有重要的导向价值。与此相反，那种对邻里和他人冷漠的态度或其他不好的举止，往往会在孩子心中留下深刻印记，影响他的人际交往观念和态度。

总之，要让孩子形成正确的人际交往观，家长必须在日常生活中为他们做出表率，并有意识地进行适当的引导和教育，这样才能收到好的效果。

从小培养孩子的人际交往能力和技巧，对其未来顺利地走入社会，建立和谐的人际关系，具有非常重要的意义。

对孩子进行人际交往的具体指导应注意两个问题：第一，要善于利用各种机会指导孩子与人交往。比如，去别人家做客，要教育孩子有礼貌；家里来了客人，要让孩子主动打招呼，帮助做些接待事宜；成人间谈话，如果没必要让孩子回避，可以让他参与，并允许他们发表自己的意见，这是孩子学习人际交往的极好机会。家长对孩子敢于在别人面前说出自己看法的行为应给予鼓励，对孩子正确的见解应及时肯定。对孩子的一些不妥做法，如只顾自己说话，随便打断别人谈话等，要及时提醒，并在事后进行必要的教育和指导。第二，要鼓励孩子多与其他同学和小朋友接触。小学生往往存在自我中心现象，不了解他人的心理和感受。家长应鼓励和指导孩子积极与同伴交往，在与同龄人的交往中，逐步了解别人心中的陌生世界，了解自己与他人在感受和处理问题方法上的同异点，使自己逐渐学会关心他人、帮助他人或求助于他人。小学生在交往的过程中出现一些冲突和争执是很自然的，家长不应过多干预，要尽量让孩子自己来解决问题。通过独立解决冲突和争执，使孩子学会协调、同情、忍让等处世技能，这往往是在与成人的交往中学不到的。如果孩子在争执中表现过分，家长应予以制止，使孩子从小养成文明礼貌的交往方式和习惯。

第七章 初中生教育

女孩的青春发育期有何特点

青春发育期是指生理上从童年期向成年期过渡的发育阶段，也是胎儿期内外生殖器官的发育经过一个静止时期（即幼童期）后，继续向成熟期推进的过程。这个时期的女孩在生理和心理上有其独特的方面。

生理特点：女孩的青春发育期有两个重要方面的特点：其一，从约9岁半起，女孩的身高增长突然加速，高峰时每年长6～8厘米，然后再逐渐减慢，直至骨骺闭合不再长，约至18岁左右，身高可增加25厘米左右。其二，体内皮下脂肪沉积增多、髋、臀部尤其明显，同时骨盆、髋部亦增宽，形成女性曲线柔和的体态。这一系列体格形态的变化，标志着一个女孩逐渐成长为一个少女。

心理特点：在心理方面，女孩到10岁以后，就萌发出了朦胧的意识，开始对两性差异及两性关系发生兴趣，对异性的鉴赏思慕之情，亦开始潜滋暗长。所谓“情窦初开”便是形容这个时期。15～16岁后，随着生理上第二性征的发育，心理上也进一步成熟起来。她们开始认为自己是大人了，他们要求自立，要求别人（包括父母）尊重自己，平等对待自己，要求有独立交友，独立思考问题及有自己活动的小天地。

这个时期，女孩体格及大脑发育迅速，是她们智力才能迅速成长的时期，也是其事业发展的起点和人生旅途中最重要、最珍贵的阶段。因此对他们进行树立远大理想及志向的教育，引导他们把主要精力放在充实自己的真才实学方面是十分必要的。在这阶段也应开展正面的性知识、性道德教育；帮助他们建立正确的世界观及道德观，为今后事业及生活奠定下良好的基础。

男孩在青春期要注意保护声带

进入青春期的男孩，正处于青春变声期。此时应特别注意保护好声带，否则将影响终身。成年男性的声带宽度与厚度远比少年和女性为大，所以男性很少人能发出高音。声带若发生毛病，往往声音变得嘶哑。

男孩青春发育期声带变化较大。这时的喉结迅速长大，声带增长变厚较快，并有轻度充血，原有的童音逐渐消失，出现低沉的声音，此时即称为变声期。

变声期的男孩，声带变化明显。女孩虽有些变化，但不显著。变声期首要的是保护好嗓子，不要过度地使用嗓子，否则会加重声带的负担，使声带更加充血和水肿；不食或不宜食辛辣与油腻食物；青少年应禁止吸烟和喝酒；一旦声音变嘶哑时，应立即休息少说话，更不能大声说话，要心平气和不生气。

家长应教育孩子平时坚持体育锻炼，提高身体抵抗力，做好上呼吸道感染的预防和治疗工作。

紧张焦虑情绪有碍女孩身高

整天生活在紧张焦虑情绪中的女孩子，比具有快乐稳定情绪的女孩子身材矮小，而且这些紧张焦虑的女孩子在长大成人后也不会成为“高”人。由于这些具有紧张焦虑情绪的女孩子并不是生来就身材矮小，因此情绪很可能抑制了掌管身高的荷尔蒙的正常分泌。

心理学家发现，在成人中有心理恐慌症状的病人，与其体内控制身高的荷尔蒙分泌的不正常现象有关。更令人惊奇的是，这项研究还发现紧张情绪似乎不会造成男孩子身材矮小。这很可能与男女孩子面对压力的生理反应不同有关。心理学家说：比起男孩子来，女孩子往往处于长期甚至经年累月的紧张焦虑情绪下。

两种紧张焦虑情绪与身高成长有直接关系。一种被称为“分离紧张感”，指

的是一些女孩子恐慌于与父母分离，这种恐惧严重到使她们经常称病在家而不愿去学校，也有的表现为不肯与父母分睡在不同房间。另一种则是“长期的紧张焦虑者”，一般表现为性情胆怯，缺乏自信，害怕别的孩子会不喜欢她，不断地担心自己做事不如别的孩子好等不健康心理现象。

少女胸部发育的困扰

丰满高耸的乳房是塑造女性优美曲线的重要环节，它能让成年女性引以为荣，却为那些刚刚踏入青春期的女孩子们增添了不尽的烦恼。刚刚进入青春期的女孩子，由于心理准备不足而无法接受这突如其来的变化，尤其是那些发育过早的女孩子，当同班女同学的胸部还是刚刚隆起的时候，大胸脯的女生就已成为男同学注视的目标。为此，很多时候她们会刻意掩饰自己的胸部来避免在公众场所中可能遇到的窘迫。

常常有女孩子为此感到烦恼，她们甚至开始抱怨为何自己要发育，又为何不能和同伴一样呢？这时家长应告诉孩子，其实当你成熟以后，你会为自己丰满的乳房和优美的曲线感到自豪与骄傲的。因为你和所有的女孩子没有什么不同，只是每个人发育的时间有早有晚，恰巧你是那个发育早一点儿的女孩子，等到所有的女孩子都发育成熟时，你就不会如此的引人注目了。

还有些女孩子觉得渐渐丰满的乳房已成为自己身体上的负担，尤其在运动的时候。我们知道，女性进入青春期，乳房就开始发育，直到发育成熟。乳房发育的大小是受遗传、种族、营养、体育锻炼等多方面因素影响的，女性的乳房除了细嫩的乳腺外，绝大部分是脂肪组织，其作用是保持女性体形特有的美。

但是，乳房发育长到一定的体积和重量时，一旦参加运动，乳房就会随之颤动、下垂，使人感到不舒服，也影响美观。于是，有些女孩子索性不上体育课了，因此便缺乏了对身体有益的正常运动。这时家长便要提醒女孩子，配戴胸罩是解决这个问题的最好方法，用胸罩托住乳房，有利于乳房的正常发育，不下垂，并且能够避免乳头受到磨擦，使乳房保持原有的弹性和健美。

配戴胸罩一定要“量体裁衣”，以舒适、无压迫感、无紧束感为宜。有条件的，还可随季节的变换，选用不同面料，不同厚薄的胸罩，也可戴用有松紧的胸

罩，这样有利于参加文体活动和必要的家务劳动。

男孩子不要拔胡须

男孩子到了18～19岁，随着性发育的逐渐成熟，口唇部开始出现胡须，这是一种很自然的现象。但是有些男青年认为长胡须不好看，爱用手或镊子一根一根地拔，这是一种不良的卫生习惯。

胡须是毛发的一种，在结构上同身体其它部位的毛发一样分为三部分：露出皮肤外面的部分叫毛干，埋在皮肤里面的部分叫毛根。毛根末端膨大部分叫毛球，毛球下端凹陷的部分叫毛乳头，毛乳头里含有神经末梢和血管，它供给毛发营养并接受毛发的感觉。毛根周围的袋状结构叫毛囊，它与附近的皮脂腺相通。只要有毛球、毛乳头和完整的毛囊存在，毛发就能再生。

拔胡子时不仅疼痛。而且拔掉的只是毛干、毛根。由于拔不掉毛球、毛乳头和毛囊，因此胡子仍可再长出来。拔胡子时虽然拔不掉毛囊，但是却极易损伤面部皮肤、毛囊及相邻的皮脂腺。附在皮肤表面的细菌就会乘虚而入，引起毛囊和皮脂腺发炎形成疖肿。

胡须所在部位正是医学上所说的“危险三角区”。发生在这个区域内的感染很容易扩散，引起更为严重的炎症。如果蔓延到颅腔内的海绵状静脉窦，有可能引起脑膜炎或脓毒败血症。

因此，男孩子的胡子长了不要拔，可以用剃须刀刮去。

初中生的心理特点与管理

初中生一般年龄在12～14岁，这个年龄段在儿童心理学上称为少年期。少年期是一个从童年向青年过渡的时期。这个时期是人生青春发育，生理、心理变化的关键期，也是人生最富有特色的时期。少年期的特色用四个字概括就是“短、快、多、大”。所谓“短”，是指这个时期时间上短促；“快”，是指生理、心理

发展急剧变化快;"多",是指这个时期心理矛盾多;"大",是指这个时期对一生影响大。所以初中阶段往往被看作是心理危机的时期,也是教育上的一个重点和难点时期。

初中生的心理特点是:发现和探索新自我;思维的独立性和批判性增强;开始意识到自己的性别角色;在依赖中求独立,出现对成人的反抗。针对青春期的生理、心理特点,在管理上,一方面要尊重和支持孩子的独立愿望;另一方面,要指导和帮助孩子,但又不要对孩子要求太高。

尤其是孩子由小学升入初中以后,学习压力马上就会体现出来;同时,由于孩子的心理承受能力较弱、自我协调能力较差,因而此时的孩子比较容易产生心理危机。一但孩子出现心理危机,那么家长和家庭成员就要进行有效的帮助,使孩子顺利渡过心理危机。

初中生有哪些焦虑紧张心理

初中生焦虑紧张心理,表现为持久地出现过度担心、烦躁不安的情绪体验,这是一些初中生较常见的情绪问题。这些孩子总是对家长或他人诉说内心的不安,经常为小事抱怨父母、抱怨周围环境,总是不高兴、不满意,感到精神紧张而自己又无法放松。有时甚至出现无故地担心亲人会遇到伤害或一去不复返;担心自己学业失败、人际关系不良或被老师批评、被同学嘲笑等等。

在各种焦虑中,最主要的是对学习的焦虑,表现为学习压力过大,对考试不能很好地控制,出现考试焦虑等。还有过渡性焦虑,主要表现为对学校不能适应,在学校时表现出心情焦虑不安,上课如坐针毡,对父母及家庭有依赖情绪。

对于孩子的焦虑状态,家长应给予更多的理解、同情与关心,使孩子感受到亲情的温暖。批评孩子以委婉为宜,特别是对于孩子的微小进步要及时给以鼓励。利用心理疗法、松弛疗法和生物反馈疗法,都是解决孩子焦虑紧张心理的方法。对患有严重焦虑症的孩子,应请心理医生或适当地服用一些药物。

初中生心理健康的标准是什么

根据当前对初中生心理健康的衡量，一个心理健康的孩子，应该是：

一、行为符合常规，不出格，能进行正常的学习、劳动和生活，能在教师的指导下完成规定的学习任务。

二、能与他人保持良好的人际关系。他能理解别人，别人也能理解他。在生活中有朋友和友谊，不感到孤单，在集体中受到大多数人的欢迎，人们愿意接近他。

三、具有良好、稳定的情绪状态，对外界的反应适中，既不过分强烈，也不麻木不仁。

四、日常行为符合初中生的身份，对人、对事、对物均有一个相对稳定的态度，且其行为能为大多数人所接受。

兴趣是孩子学习的动力

很多家长在为孩子的学习操心，但从来不操心孩子玩游戏，而且还担心孩子玩得太多。

为什么孩子在喜欢的领域不用督促就很努力，就能玩得很好呢？有的孩子游戏机玩得非常好，简直是无师自通。有的孩子足球踢得非常好，而且不知疲倦。在孩子有兴趣的领域可以做到既自觉又努力，而且成绩很好，这就是兴趣的奥秘。对有兴趣的事情，为什么会乐此不疲呢？为什么即使做得很辛苦还心甘情愿呢？这就是由兴趣而产生的一种内在动力，如果用在学习上，它就是特别重要的一种积极性。

对孩子兴趣的观察与体会。细心的家长可能会注意到，孩子学习不理想往往与对学习没兴趣有关系，孩子学习好的功课在一定程度上与对学习有兴趣有关系。反过来讲，对某一门功课有兴趣往往与某一门功课学习成绩好也有关

系；对某一门功课没兴趣往往与某一门功课学习成绩不好也有关系。

父母对孩子的兴趣应该有细心入微的体会。当父母指责孩子、埋怨孩子、督促孩子学习的时候，应该知道孩子的兴趣是什么。孩子的兴趣就像一个火苗，这个火苗是大是小，是将要熄灭了还是燃烧得很旺盛，应该观察的很清楚。智慧而聪明的家长一定会对孩子的兴趣有细心的透视、清楚的观察和深刻的体会，然后因势利导，让兴趣变成孩子学习的动力。

初中生成绩下滑的原因

一是初中与小学教育的差异。孩子在小学时，学校倡导的是快乐学习，重点在于养成孩子良好的学习习惯。为了给孩子增加自信，在小学采取了大范围的鼓励措施，每个孩子都会感到自己“棒极了”。由于缺乏“补漏”教育，进入初中后，随着学习强度的加大，孩子的知识漏洞逐渐显现出来。然而父母更多地是通过看成绩来了解孩子，一旦孩子“成绩下降”，父母便会表示不满。实际上，孩子的问题早已存在，只是父母不知情，继而错过了弥补的机会。因此，父母既要给孩子赞美，更要给孩子一个自省的机会。

二是父母的期望值较高。“希望我家孩子将来能考上重点高中，就得从初一做起”，这是父母对学校的要求。父母对孩子也抱有较高的期望，孩子为了不让父母失望，回家时只能报喜不报忧，父母无法了解孩子的真实情况，结果当孩子成绩一降再降时，父母才感到需要做些什么了。

三是孩子的适应性较差。面对新的环境、新的同学和新的生活，孩子一下子好像出现了“高原反应症”。孩子努力想去改变这种状况，却无能为力。而既然努力没有任何意义，那么孩子只能倾向于顺从，顺从自己的惰性，顺从自己现在的状况，而不再想去做任何改变。

四是缺乏学习热情。有的孩子，由于受学习环境、学习气氛以及其他同学学习态度等因素的影响，使他逐渐轻视了学习过程。平时学习懒于动脑，上课总是被动接受；注意力不集中，以完成当日作业为目标。最后，当学习成为负担时，孩子就会逃避，开始厌学，学习成绩怎么能不下降？

五是意志比较薄弱。孩子的生长环境优越，然而在心理上意志薄弱，缺乏

吃苦精神。不爱学习，躲避困难，做题挑简单的；买了不少辅导书，但只做自己喜欢的题目；更重要的是心理脆弱，遇到挫折便一蹶不振。其结果只能是内心活性越来越弱，惰性越来越强。

六是诱惑的外因。孩子们的信息来源广泛，外边又充满了无法抵御的诱惑，当学习不能满足自己的心理需要时，其兴趣便转移到了课外、校外，如足球、电子游戏、网吧、武侠书、卡通书、动画片等。甚至去尝试早恋。

如何激励孩子提升学习成绩

孩子成绩下降并不可怕，可怕的是父母不知所措。与其一味地责备孩子，不如好好地帮助孩子。从以下几个方面可以激励孩子提升学习成绩。

接纳孩子的成长。父母不要把孩子当成工具，一切都照着自己的意思去做。孩子是在跌打滚爬中成长，而不是在父母的说教中成长。例如，孩子不肯弹琴，与其唠叨孩子说："你长时间不弹就都荒废掉了，以后想再捡起来就难了"。不如换种方式，告诉孩子："你的琴声是最美好的东西，爸爸妈妈最喜欢听的就是你的琴声了"；"不错，这次考试，虽然分数不高，但你比以前确实提高了，我们分析分析原因吧。"不断发掘孩子的优点，唤起他对自己优点的回忆。

家长可以心平气和地告诉孩子："父母是过来人，过于担心你在成长中会出现问题才会经常教育你。但你不妨参考一下我们的意见，最后怎么走还是你自己决定。"在接纳了孩子的成长之后，孩子都愿意向父母诉说一切，孩子成绩上不去的各种原因，也会在无意中透漏给家长。

莫把什么事都与成绩挂钩。就拿给孩子零花钱来说，不要认为以此为手段，就能激励孩子提高学习成绩。其实，这中间是没有因果关系的，不能什么都与成绩挂钩。给不给零花钱应该看孩子是否需要，孩子明明要买一些学习用品，父母却因为他的成绩不理想而拒绝。这样孩子就会觉得自己受到了不公正的待遇，从而会联想到自己在学习上也不能得到公正待遇，这样反而更加影响学习成绩。

与孩子进行双向沟通。孩子进入中学后，学习成绩突然下降或长期不良时，父母应该帮孩子找到问题的根源，在理解的基础上与孩子沟通。事实上，孩

子对学习成绩不良并非完全无动于衷，他自己找不到成绩下降的原因，内心也是十分害怕和担扰的。

所以，当父母唠叨时，孩子只能用反应过度的吵架方式来拒绝学习或保护自己。这时家长最好不要责备孩子，也不应陷于焦虑和愤怒的情绪之中，而应在分析原因后给孩子以切实的帮助，让孩子养成良好的学习习惯、掌握好的学习方法和技巧等。孩子从小学进入中学是一个转折，更是一种成长，家长在帮助孩子成长的同时，自己是否也需要学习和长进呢？虽然，一些家长在开始这样做时感到不习惯，但只要能够激励孩子主动学习、奋发向上，做父母的不妨坚持去做，功夫不负有心人，总会收到好的效果的。

如何帮助孩子劳逸结合

孩子是否会正确用脑，在很大程度上取决于孩子自己，但父母可以在孩子身边送上一句贴心的话，一个温馨的提示，一次善意的监督，这些都是对孩子间接的帮助。

告诉孩子劳逸结合，适当休息。父母要告诉孩子正确用脑，就是要注意劳逸结合，有张有弛，这样才能使大脑的工作有节奏，不致疲劳过度。孩子看书时，父母可以提醒孩子把各门课程交替学习，这样能让大脑皮层中的兴奋剂从一个区域转到另一个区域，结果大脑神经系统不但不会疲劳，而且还能促进两种学习相互提高。早晨起床后，大脑的活动能力很强，记忆力最好，家长可让孩子做一些记忆性较强的学习，比如背英语单词等。临睡时，因为知识信息进入大脑后就入睡，也有助于知识的条理化，所以早上和晚上临睡前，背诵课文或公式是一个很好的学习方法。

帮助孩子制定合理的作息时间。巴甫洛夫曾说："在人类机体活动中，没有任何东西比节奏性更有力量。"因此，父母可以帮助孩子制定一个合理的作息时间表，白天学习、活动，晚上按时睡觉。平时养成合理安排时间的习惯。

防止孩子用脑过度。父母应该注意，孩子连续用脑的时间不要太长，一般学习一个小时左右就要休息，不要等到"脑袋发木"才停止学习。如果长时间用脑，消耗过程超过恢复过程，就会产生疲劳。如果孩子用脑过度，不仅反应迟

钝、动作不协调与记忆减退，而且还会造成头疼、失眠、食欲不振等，极易引起身心疾病。

告诉孩子要乐观向上。因为情绪不仅影响健康，而且也是影响智力活动的重要因素。所以，当心情开朗、精神愉快时，大脑就兴奋灵敏，学习起来效率就高。否则，当情绪低沉、精神抑郁时，大脑就会处于迟滞状态，学习就会没精神。因此，只有心胸豁达，精神愉快，才能使孩子更好的学习。

让孩子经常变换学习内容。车尔尼雪夫说："变换工作就等于休息。"居里夫人在谈到自己的学习方法时，也说："我同时读几种书，因为专研究一种东西会使我宝贵的头脑疲倦。"告诉孩子在每天的学习中，不要总是学习某一学科的内容，而应该不同学科交叉进行，或者将听、说、读、写等不同学习活动交替进行。

给孩子的大脑提供充足的营养。大脑在工作时要消耗大量的氧气和其他的营养。因此，父母要给孩子保持足够的营养，一日三餐的合理搭配，可以让孩子的大脑得到健康发展。讲究营养的均衡，除必要的主食外，每餐给孩子安排一定比例的鸡蛋、鱼、肉、豆制品等含高蛋白的食品和新鲜的蔬菜或水果。尤其是早餐，一定要让孩子吃好。

如何培养孩子提高求知兴趣

父母应该从以下三个方面培养孩子的求知兴趣。

一、为孩子创造一个愉悦的学习环境

孩子步入了初中，父母可以不必像孩子小时候那样与其一起学习。但无论如何，也要让孩子感到学习的环境是愉悦的。当孩子在阅读课外读物时，父母可利用读物内容，作为与孩子对话的因由。这样，孩子在一个宽松愉悦的学习环境中，可以不时地受到启迪，并逐步养成主动学习、主动探索知识的兴趣与习惯。

二、给孩子营造一个民主的学习氛围

鼓励孩子多提问题，尽量让孩子自己思考、观察判断并寻求答案，而不只是一味死记所学的知识。这样不仅使他体会到学习的乐趣，也会养成自觉的学习

习惯。

孩子如整天为功课所累，久而久之，学习效率必然会降低。家长可以让孩子根据要复习或预习的知识，自己制定每天的学习计划表，自主管理时间、安排作息。同时要注意孩子计划的落实情况，有计划的学习方式，可达到事半功倍的效果，使孩子养成合理分配时间的学习习惯。

三、让孩子对学习更有自信心

在学习的过程中，孩子所取得的每一点成绩，家长应给予适当的鼓励，让他获得一种被人承认、被人接受的感觉。这种适时鼓励的方式，积累到一定程度，就会发生质的变化。同样，孩子对某一问题、某一学科的兴趣也就在这一次次的鼓励中得以形成、得以发展。

父母也应看到，孩子接受新事物的能力比较强，世间的万事万物都能引起他的兴趣，然而，由于孩子生活阅历欠缺，对真善美、假恶丑的分辨能力有限，不良的学习兴趣和学习习惯也会乘虚而入。这时候，父母就应该适时加以引导，告诉孩子哪些是对的、哪些是错的，哪些该做、哪些不该做。只有这样，才能让孩子对学习更有信心。

如何调节孩子的考试紧张心理

考试不仅是考孩子的文化知识，更多的是在考孩子的学习能力、反映能力以及心理素质等。就像孩子生活的每一步，酸甜苦辣都尝遍，并不是一种简单的味道。那么，父母怎样帮孩子度过考试紧张这一关呢？

一是告诉孩子要充满自信。让孩子树立一种信念——我一定能考好，就会发挥出自己的聪明才智。要记住心理学家说的话：感觉就是一切，结果是没有的。不要过多地考虑结果会如何，因而产生不良心理状态。

二是每天有足够的学习时间。每天都在学习新知识，随着知识的增加，孩子的信心也就增强了，孩子就会觉得自己有很大的收获。相对于考试来说，孩子的信心前进了一步，紧张就会减少一分。重要的是父母要告诉孩子：一定要相信自己的能力，相信自己的知识，相信自己能考出良好的水平。充满自信，以旺盛的斗志投入考试，就会考出好成绩。

三是以积极的心态关注孩子。考试临近，孩子有点紧张和焦虑是正常的，重要的是父母不要焦虑。不要给孩子施加压力，多倾听孩子的话语，多观察孩子的行动，只要父母的心与孩子相通就可以了。

四是为孩子提供良好的生活环境。不必在各种模拟考试分数上与孩子多计较；对孩子的起居照顾最好是与平时差不多；工作中的情绪和家庭中的事情尽量别影响到孩子；提供合理膳食，对孩子的情绪能起到良好的调节作用。复习期间，可以多给孩子补充一些瘦肉、动物肝脏、鱼、蛋、奶、豆制品等。

五是恰当处理孩子的困惑。孩子学习的"好与不好"，很多时候是家长们暗中较劲的"面子问题"。用平常心看待孩子的考试结果，不必拿其他孩子作比较。考试终究是孩子自己的事情，仅是人生的一个环节而已。心灵健康的孩子，在哪里都是人才。对于孩子来说，只要努力了，也就足够了。

六是帮助孩子制定合适的复习、应考计划。告诉孩子学习、休息不可偏废，考前一周内，不要再把复习安排得过于紧张，以保证充足的睡眠。考试的当天不需去得太早，也不能急匆匆地去赶考。到场后不要再与同学讨论问题，避免影响情绪和水平的发挥。

七是多鼓励多减压。家长应对孩子说"尽力去考就行了，考不好也不怪你"，在孩子考前和考试期间为孩子营造温馨轻松的家庭氛围。有效的减压方法很多，比如父母可以为孩子选择一些适合自己的轻音乐，放松自己，减少紧张感。

另外，健康用脑也可以在无形中帮助减压。很多时候，压力是在高度用脑导致学习效率低下的过程中产生的。睡眠是消除脑力疲劳和恢复精力的最好方法，考试的时候尽量保证孩子充足的睡眠和休息，可以使孩子的大脑清醒、敏捷，从而提高应试效率。

如何妥善处理孩子初恋问题

初恋是青春期孩子对异性的向往和情感萌动的正常表现，14～17岁的孩子最容易陷入初恋的困扰，但初恋能够保持长久的情况极少。如果出现这样的情况，父母不要惊慌和生气，而应该理解，通过心平气和地心理沟通，帮助孩子学

会健康的异性交往。父母对孩子的初恋迹象，应该抱着“阳光态度”，尽量注意做到如下几点：

(1)保持镇定，微笑着与孩子谈心，避免发生矛盾冲突，良好的亲子关系引导是谈话成功的前提。

(2)旁敲侧击，举一反三，尊重孩子的感情，帮助孩子冷静思考，帮助孩子做出正确的选择。

(3)交流看法，开诚布公，观点鲜明。首先，支持孩子与异性交往，正当的男女交往有益身心健康。其次，告诉孩子应该是兄弟姐妹加朋友式的交往，只有在学业完成、经济独立之后，才有资格考虑恋爱问题。

(4)正确对待女孩可能出现的“失恋”问题，并引导调整情绪，必要时求助于心理医生。

(5)明确支持孩子参与小组和集体活动，为自己创造温暖、宽松的交往环境，避免过早陷入狭隘的“二人小天地”。

如何改善父母与孩子的关系

反省自己。不要总说孩子“死拧”与“倔犟”，那么，做为家长是否个性强了点；对孩子的占有欲望过了些，“孩子越大越不属于妈”的规律是否忘记了？

修复关系。修复父母与孩子之间的关系——爱，让孩子感受到父母的慈爱，用“慈爱”建立相互信赖，使其主动体恤父母，使其唤醒善良之心。

检讨管教方法。有许多家长对孩子的管教，要么是过分关照，要么是过度严格，这样往往导致孩子的反感。比如管得太多、太细，没完没了、过分挑剔，甚至好心管错了等。

不要粗暴。强迫压制虽可暂时消除孩子的表面违拗，但孩子口服心不服。强迫压制还会给孩子提供不良的示范作用，导致孩子今后更加违拗。

坚持真理。如果确实是正确的，不能因为孩子的违拗或对抗而放弃原则，否则孩子今后会以此来迫使父母满足其不合理的要求。

查明原因。通过调查了解孩子违拗或对抗的原因，找出症结所在，根据情况作出合情合理的调整，同时吸取教训。

加强沟通。与孩子进行诚挚的交谈，了解孩子的思想状况，让孩子体验到父母的一片良苦用心，通过讲道理的方式及时解决问题。

把孩子的自由还给他

孩子假期究竟应该怎么过，是放手让他尽情地玩儿还是趁机把学习“恶补”一下，恐怕这都不是办法。假期，本来就是属于孩子的，家长应把属于孩子自己的东西还给他。假期里，家长可以让孩子养成自主生活的习惯，让孩子学着自己安排丰富多彩的假期生活。

假期，顾名思义就是以休息为主的养精蓄锐的时期。但孩子大多数是随波逐流地选择补课，这反映出竞争的激烈。其实，进行可重复的、疲劳的学习，往往适得其反。因此，以休息为主，安排丰富多彩的活动，让孩子充实自己，不断积累阅历，才是理想的假期。

一个高考优胜者说：他在初、高中阶段没补过一次课。每个人的学习方式都不同，变换授课老师，学生可能并不习惯，最终学习效果不很明显。他的同学有些就是这样，课没少补，成绩还是上不来。他认为自己玩得还不够，没有利用中小学时期的假期好好培养自己的特长。上了大学才感觉到，自己喜欢篮球、足球、电脑游戏、看科普书籍等等，爱好虽然广泛，但不精通。在大学里，学生的动手能力、自主能力都很重要。一个优秀的学生，必将是全面发展的综合型人才。

为孩子提供更多的活动项目。父母要给孩子一个轻松的假期，尽可能地多抽出时间与孩子交流，陪孩子出去旅游或者做些室外活动。在课业上，孩子往往觉得假期作业太单调了，其实可以把娱乐融入到假期作业里。比如，可以让孩子每天收看电视节目，记下一条重要内容；参观一次展览或听一次讲座，写出自己的感想和收获；洗一次衣服，记录下洗衣服的过程；与父母或朋友进行一次心灵的对话，并把它整理成文；每天锻炼身体一小时，做出具体记录；选择一些中外名著阅读，记下读书篇目；利用假期整理几门课的学习档案，把自己的经验教训记录下来；每天坚持一次英语学习，写出几段学习记录，等等。

如何成为孩子的朋友

做智慧型的父母。作为智慧型的父母应善于通过言传身教，把理性的教化、爱的滋润、美的熏陶有机地融为一体，倾注到孩子的成长过程之中，指导孩子在做事中开智明理，让孩子体会到爱的滋润和美的熏陶。父母给孩子一个充分展现自我的空间，让孩子充分发挥自己的想象力与表现力，给予孩子自我，鼓励孩子自信，相信孩子之间只有个体差异，没有好坏之分。把孩子的理想当作是令人欣赏的志向，当作经过努力可以实现的希望，鼓励孩子要大胆尝试。

只要孩子努力去做了，家长都应该说："好，非常好。"因为，孩子只有对自己充满信心，长大后才能在无限的空间实现飞跃。一个人连自己的能力都不相信，怎能借助别人的力量来推动自己？

告诉孩子：世界是不够完美的，人间不总是温暖的，人生的道路不总是平坦的。每个人都需要被他人接受和重视。一个完全接受自己的人，也容易接受和重视他人，不愿接受他人，主要是因为他人有这样或那样的短处。人能接受自己有这样或那样的短处，人也就容得下他人的不足之处。当你接受和重视别人时，你也就被别人接受和重视了。

人的一生是一个不断接受自己与不断完善自己的过程。只有完全地接受了自己，才能不断地完善和提高自己。完全接受自己的人心中踏实、充满信心，也能做到体谅别人、关心别人和宽恕别人。

父母的多重角色。父母对孩子来说，应该既是长辈，又是朋友，父母应注意倾听孩子酸甜苦辣。孩子犯点小毛病，尽量不发脾气。多抽出些时间陪孩子一起学习，一起聊天，可以给孩子讲述一些过去的经历，平等地和孩子交流；在决定有关孩子的事情之前，家长应先征求一下孩子的意见。可以问问孩子："我这样做可以吗？""你认为这样做怎么样？"孩子对父母的希望不是苛求，而是一种发自内心的需求，我们可以尽量满足孩子的需求。

第八章 高中生教育

高中生的生理特征

高中生处于青春发育末期，他们身体的各器官及其机能正逐步达到成熟的水平，是身体发育的定型期。此时，他们的身高体重的增长速度再一次缓慢下来，从15～18岁的4年里，男生的身高年平均增长1.72厘米，体重年平均增长2.2千克，女生身高年平均增长0.62厘米，体重年平均增长0.94千克。

但是高中生肌肉的增长速度却在加快，其肌肉增长量占整个肌肉增长期的58.5%，其增长值是初中生的4倍。与初中时相比，此时的肌肉组织的增长主要表现在纤维的增粗上，使肌肉组织变得更加结实。女生肌肉的增长明显低于男生，但皮下脂肪的厚度大约是男生的两倍。

高中生的脑细胞内部结构不断完善，脑的回沟增多、加深，大脑的机能迅速发展，他们的兴奋和抑制过程逐渐平衡。但是，高中生的内分泌腺比较活跃，分泌的肾上腺素和甲状腺素较多，这些激素会促进大脑的兴奋，因此，他们在情绪上仍不稳定，容易疲劳。高中生心脏的大小及机能都已接近成人，但是，由于其血管的发育落后于心脏，内径较小，因此，会出现生理性的高血压现象，这是发育过程中的正常现象，会随着年龄的增长自然消失。高中女生的性生殖器已发育成熟，而男生则属性萌动到性成熟的过渡阶段。

高中生的心理特征

高中生的心理水平在很多方面已接近成人。

在认知心理方面。他们观察的目的性、持久性、精细性、自我调控性都远远超过了初中生的发展水平；他们的语词逻辑记忆、有意记忆、意义记忆越来越成为记忆的主导；他们可通过概念的定义和上下文获得新的概念，还可以用语言表达精确、清晰和抽象的概念；他们的推理能力趋于成熟；他们的创造性思维有很大的发展，在思维的三个特性中，高中生思维的流畅性发展最快，其次是变通性，最慢的是独创性。

在情绪情感方面。高中生处于典型的烦恼困扰期，他们消极情绪出现的频率和强度均高于积极的情绪。他们表达情感的方式由外露逐渐转变为内隐，虽然他们越来越敏感，但对于情感情绪的自我调控能力在不断增强，而且，其情感的产生与发展更具有社会性。

在行为机动方面。高中生已能把自己的行动和未来的发展及社会的需要联系起来，远景动机越来越成为他们行为活动的源泉，而且，他人和集体对高中生动机的影响渐渐淡化，自己的深思熟虑越来越成为他们动机形成的最主要的因素。由于高中生的动机一般具有较强的社会性，因此，他们会形成相对稳定的主导动机。

在自我意识方面。由于性意识的发展，高中生特别注重自己的体貌，他们爱照镜子，爱打扮，总希望自己的外貌漂亮得体，能吸引异性同学。他们自我评价的独立性有所发展，开始自觉审视自己的内心世界和人格特征。但是，他们的自我评价一般不太客观，要么过高地估计自己，目空一切，妄自尊大；要么过低地估计自己，自卑自贱，妄自菲薄。

在自尊心方面。高中生的自尊心在其自我意识中最敏感，一方面，他们积极在同学、老师面前表现自己，渴望得到老师和同学的承认；另一方面，当其自尊心受到伤害时，容易引起强烈的情感反应。他们的自我控制能力有了很大的发展，行为调控已由自发走向自觉自主。

在道德知识方面。高中生社会性的发展，标志着他们正在走向成熟。他们的道德知识结构日益复杂，对道德概念的理解达到了较高的水平，能够一分为二地评价道德事件。他们的道德情感越来越丰富，对义务感、责任感、良心、幸福感、集体荣誉和爱国主义情感等都有不同程度的体验。尽管其道德动机系统非常复杂，但其中起主导作用的社会性道德动机已初步形成，对其他道德动机起着调节、控制的作用。

父女关系对青春期女孩的影响

父女关系的好坏，将会直接影响到女孩青春期的发育。这种关系，要么促使女孩正常或提前到达青春期，要么延迟女孩跨入青春期的门槛。年幼时女孩与父亲之间关系的好坏与她们进入青春期的早晚有十分密切的关系。虽然母亲与女儿的关系也会对孩子的青春期发育产生影响，但却远不及父亲对女儿的影响大。

没有父亲的女孩或常受到父亲辱骂的女孩其青春期发育较早，而父女关系较好的女孩青春期发育较迟。这表明父亲在生活中对女儿关心程度的高低和情感投入的多少，不仅影响女儿的生理发育，还会影响到女儿的心理发育。

青春期女孩的心理健康

心理健康就是合乎中上水准的社会行为：一方面为社会所接受，另一方面能为本身带来快乐。社会环境、个人心理的协调平衡是心理健康最基本的标准。一般说心理健康的女孩，必须具备以下条件。

一、必须智力正常，并能充分发挥自己的聪明才智。因为正常的智力水平是人的生活、学习、工作、劳动的最基本的心理条件。

二、必须与大多数人的心理一致，并且符合年龄阶段的心理要求。因为在人的一生中，不同的年龄阶段，都有着与之相适应的心理特点。对于女孩来说，天真活泼、朝气蓬勃、勤奋好学、奋发向上、富于幻想，才是符合她们年龄特点的心理要求。

三、必须具有完整的人格。能确立正确的世界观、人生观和价值观。具有统一的、协调的思想和行为，胸怀坦荡，言行一致，情绪稳定，意志坚强，行动有自觉性和果断性。

四、对现实有较强的适应能力。能与社会环境协调一致，时刻意识到自己

对国家和社会所负的责任，并根据国家和社会的要求努力掌握知识和技能，以促进社会的进步。

五、具有正常的人际关系。能正确地、积极地对不同人际关系作出不同的心理反应。与人交往，不卑不亢；既善于理解别人，又能够被别人所理解，并为别人所接纳，在集体中有自己的朋友。

六、对自己有正确的认识和评价。既能看到自己的优点和长处，又能看到自己的短处。

高中生心理变异的防治

一般来说，“初生牛犊不怕虎”的青少年不会因为父母的严格而软弱，相反，这个年龄段会逆向而行，更有甚者从而走向人生的另一个极端点。

其实原因有两方面：一是孩子自身的原因，又叫主观原因；二是父母的原因，又叫客观原因。孩子在青春期都会知道自己本身有一种挣脱感，所以要加以节制，切不可任其发展。要鼓励孩子多读书，多读适合其年龄段看的有益于身心健康的书，如心理咨询(健康)方面的，成长纪事方面的，通过讲故事论述道理的等等。因为这个时期孩子的心理很不稳定，所以多阅读一些通过故事来讲道理的书籍，对其心理稳定是有益的。

毕竟这个年龄段的孩子童心未泯，而且身心还尚未完全成熟、健全，这样既能促使孩子多看有益于身心健康的书籍，再加上这个时期的记忆也是比较强的，所以有许多知识不容易遗忘，可以受益一生，还可以学到积极向上的名篇佳句，有助于提高自身的文学修养。如果能与同年龄段的人一起欣赏，还会达到互相沟通、互相学习、互相进步的效果。

家长要尽量满足孩子的正当精神需求，多给予正当的心理诱导和物质关怀，使孩子消除孤独感或寂寞感。从而孩子会乐于和家长讲述一些心理的微妙变化，这样孩子和家长之间就不会产生一些不必要的摩擦了。

家长还要多给孩子买一些励志方面的书籍。家长切不可强逼孩子只学习学校里教授的书本知识，那样会适得其反。虽然说家长起的作用属于客观原因，但是这个年龄段父母对孩子多关心一些不算为过，因为这是一个年轻生命

开始成熟的季节，需要有人扶植培养。如果父母的客观原因没有了，那么，孩子的主观原因也会变得薄弱的。

高中生受挫后心理对策

挫折是指个体在满足需要的活动过程中，遇到无法克服的或自以为无法克服的阻碍和干扰，使个体动机不能实现、个人需要不能满足的事件。现代生活中每个人都可能遇到挫折，面对困难和挫折，许多人常常会痛苦自卑、怨恨，失去希望和信心。受挫后的心理失衡，不仅影响人的工作、生活，还严重影响人的健康。为了避免受挫后消极结果的产生，可采取如下心理对策。

一是倾诉法。又叫发泄法，即将自己的心理痛苦向他人倾诉，这是近年来医学心理比较提倡的一种治疗心理失衡的方法。受挫后如果将失望焦虑的情绪封锁在心里，会凝聚成一种失控力，它能摧毁人体的正常机能，导致体内毒素滋生。适度倾诉可将失控力随着语言的倾诉逐步发散出去。倾诉作为一种健康防卫，既无副作用，效果也较好，如果倾诉对象具有较高的学识修养和实践经验，将会对失衡者的心理给以适当抚慰，使其鼓起勇气，在一番倾谈之后收到理想的效果。

二是优势比较法。受挫后有时难于找到适当的倾诉对象以诉衷肠，便需要自己设法平衡心理。首先要求受挫者去想那些比自己受挫更大、困难更多、处境更差的人。通过挫折程序比较，将自己的失控情绪逐步平静下来。其次寻找分析自己没有受挫感的方面，即找出自己的优势点，强化优势感，从而扩张挫折承受力。认识事物相互转化的辩证法。挫折同样蕴含力量，挫折刺激能激发人的潜力，如果能正确转化挫折的刺激，那么就能挖掘自身的潜力。

三是目标法。一旦挫折干扰了自己原有的生活，毁灭了自己原有的目标，那么就重新寻找一个新的目标，这就是目标法。确立目标的过程，是一个由消极心理转向理智思索的过程。目标一旦确立，犹如心中点亮了一盏明灯，人就会生出新的信念和意志力，从而排除干扰，为实现目标而努力。目标法可以激发和推动人们去从事达到目标所必需的行动，从而鼓起人们战胜困难的勇气。

良好学习习惯的养成

习惯是经过反复练习而形成的较为稳定的行为特征，学习习惯是指学生为达到好的学习效果而形成的一种学习上的自动倾向性。著名教育家叶圣陶先生说："什么是教育，简单一句话，就是要培养良好的习惯。"那么中学生必须养成哪些良好的学习习惯呢？

一、阅读自学的习惯

自学是获取知识的主要途径。就学习过程而言，教师只是引路人，学生是学习的真正主体，学习中的大量问题，主要靠自己去解决。阅读是自学的一种主要形式，通过阅读教科书可以独立领会知识，把握概念本质内涵，分析知识前后联系，反复推敲、理解教材，深化知识，形成能力。学习层次越高，自学的意义越重要，目前我国的高考就是选拔有学习潜能的学生的途径或方法，对考生的自学能力有较高的要求。

二、总结归纳的习惯

每章每节的知识是分散的、孤立的，要想形成知识体系，课后必须有小结。对所学知识进行概括，抓住应掌握的重点和关键，对比理解易混淆的概念。每学习一个专题，要把分散在各章中的知识点连成线、辅成面、结成网，使学到的知识系统化、规律化、结构化，这样运用起来才能联想畅通，思维活跃。

三、观察思考的习惯

对客观事物的观察是获取知识最基本的途径，也是认识客观事物的基本环节，因此，观察被称为学习的"门户"和打开智慧的"天窗"。每一位学生都应当学会观察，逐步养成观察意识，学会恰当的观察方法，养成良好的观察习惯，培养敏锐的观察能力。"观察"这两个字有两层意思，"观"是看的意思，"察"是想的意思，看了不想，不是真正的观察，对认识客观事物毫无意义。要做到观察和思考有机结合，通过大脑进行信息加工，总结得出事物的一般规律和特征。

四、切磋琢磨的习惯

《学记》上讲"独学而无友，则孤陋而寡闻"，学生之间的学习交流和思想交流是十分重要的，遇到问题要互帮互学，展开讨论。每一个人都必须努力吸取

别人的优点，弥补自己的不足，像蜜蜂似的，不断吸取群芳精华，经过反复加工，酿造知识精华。

五、练后反思的习惯

读书和学习过程中，尤其是复习备考过程中，每个学生都进行强度较大的练习，但做完题目并非大功告成，重要的在于将知识引申、扩展、深化，因此，反思是解题之后的重要环节。一般说来，习题做完之后，要从以下几个层次反思：怎样做出来的？反思解题采用的方法；为什么这样做？反思解题依据的原理；为什么想到这种方法？反思解题的思路；有无其他方法，哪种方法更好？反思多种途径，培养求异思维；能否变通一下而变成另一习题？反思一题多变，促使思维升华。当然，如果发生错解，更应进行反思：错解根源是什么，解答同类试题应注意哪些事项，如何克服常犯错误？"吃一堑，长一智"，不断完善自己。

应当培养的优良习惯还有许多，诸如有疑必问的习惯，有错必改的习惯，动手实验习惯，课前预习习惯，查找工具书的习惯等等，总之，成长中的学生，一定要培养好习惯，克服坏习惯，这将在人的成长过程中起着至关重要的作用。

父母在高考前要和孩子一起放松

临近高考，孩子"挑灯"夜战，在题海书堆里"摸爬滚打"，家长心疼不已却又爱莫能助。最后冲刺，家长究竟该怎样做才是对孩子最好的帮助？以下方法也许会给家长一些启发。

一、帮助孩子缓解压力。高考进入了倒计时，考试一场接一场，孩子的压力是不言而喻的，家长的心理也最为敏感而脆弱，这个时候家长最重要的工作就是帮助孩子解压，让孩子以自信轻松的状态度过最后冲刺阶段。这一阶段，孩子考得好与不好都不必太在乎，只要孩子不生病，健健康康就好。通常家长应做到的就是关心孩子每天能不能睡好觉，有没有适当的活动和体育锻炼，至于知识方面，主要是提醒孩子理清思路，避免遗忘。

孩子备考的时候家长既要关注孩子的饮食起居，又要做好孩子的后勤保障，但这种关注要"适度"，过度的"热情"反而会使孩子感到有压力，让孩子喘不过气来。面对孩子出现的诸如记忆力下降、考试紧张、低级失误等烦恼，作为父

母，要和孩子一起放松心情，要用微笑传递信任、激励和关爱。

二、给予孩子准确定位。高考对孩子来说是人生至关重要的一步。高三家长对孩子有一个准确的定位是很重要的。如果不顾孩子的客观条件，盲目地希望孩子上北大、清华，孩子拼个“头破血流”也无济于事。对于孩子的期望值不要太高。到了这个阶段，父母对孩子的成绩在什么位次，也都应该心中有数，只要让孩子保持正常发挥的状态，一直坚持到高考那天就是胜利。

三、千万不要训斥孩子。家长尽量不要训斥孩子。比如家里来了客人，孩子旁若无人地自顾自拿东西吃，家长不要当面责备他。等客人走了之后，再静下心来与孩子就待人接物的话题进行沟通，让孩子从内心认识到自己行为不妥。对于孩子的错误，家长应先忍住不说，然后寻找最恰当的机会提醒孩子，以提建议的方式，通常孩子很乐意接受；对于孩子的成绩，应毫不吝啬地及时表扬，得到表扬的孩子一定是兴高采烈。作为父母，有什么理由不让孩子快乐呢？

平时不唠叨，关键时候郑重其事地对孩子提建议或指导，孩子往往听得进去。倘若平时家长唠叨太多，孩子无所适从。有人说夫妻关系需要用心经营，实际上亲子关系同样需要用心经营。不少家长在孩子面前“为所欲为”，伤害了孩子的自尊心。家长对孩子不要管得太多，更不能动不动摆出一副居高临下的样子，一定要注意尊重孩子。

父母要克制自己，要以理服人，不能想说就说，想训就训，结果会把孩子“训”坏的。家长平时在外面和其他人怎么相处，在家里就要和孩子怎样相处。作为父母应该明白，孩子学习固然重要，但孩子的人格完整更为重要。

父母怎样与孩子友好沟通

“怎样与孩子友好沟通”的命题，应该是每位家长面对的问题。做为家长，是与孩子沟通的实践者，同时也是与孩子沟通的初学者。

首先，要建立与孩子沟通的良好基础。共同的目标取向是家长与孩子沟通的重要基础。望子成龙、望女成凤是每个家长的美好愿望，本身无可厚非。关键是家长应该正确看待“龙”、“凤”的标准。如果一味要求孩子处处争第一，最终成为“人上之人”，这样必定造成与孩子沟通的目标障碍。试问我们做家长

的，又有几个成了真正的“真龙天子”呢？家长应让孩子多一些幸福，少一些苦恼。如果孩子能开开心心过一生，也应该算是人中龙凤了。既不能让孩子因为现在一时的玩乐而荒废自己，失去未来幸福的基础。也不必让孩子“吃得苦中苦”，去追求未必能实现的“方为人上人”的结果。人生犹如一场长跑运动，领跑者未必能最终领先，跟跑者只要不掉队，就有可能成为最后的冠军，大可不必时时处处都争第一。

平等是父母与孩子沟通的前提。“先做朋友，再做父母”。父母与子女之间应该成为相互理解、相互信任、相互帮助、相互平等的知心朋友。只有平等地相处，孩子才有可能向父母袒露心灵，父母才能对孩子进行适当的指导。

建立与孩子的平等关系，家长必须认真倾听孩子的心声并适时做出反应。要对孩子充分的理解和信任，给予足够的自由空间。对于中学阶段的孩子，家长对有关事项，在做出决定之前最好征求一下孩子的意见，让孩子知道他是家庭的重要一员，是家长的主要倾诉对象，实现“双向沟通”。

其次，要创造多元化的沟通渠道。孩子到了中学阶段，已经有了比较强的独立意识和自理能力。繁重的学习任务，使家长与孩子沟通的时间相对减少，尤其是住校的孩子，双方沟通机会更少。家长与孩子要共同创造尽可能多的沟通渠道。周末是家长与孩子的重要沟通机会，家长应回避应酬、减少工作，尽可能与孩子一起呆在家里，利用饭后稍息的时间或孩子写作业的休息时间与孩子沟通，聊天、看电视、听音乐、上网等都是沟通的有效形式。周末晚餐后与孩子一起散步，谈天说地，既能减轻孩子的学习压力，又是与孩子沟通的好时机。假期是家长与孩子沟通的另一个重要机会，一个学期下来，孩子已经很累了，如果能陪孩子出去旅游一趟，与孩子一起长见识，同时又可以进行充分的沟通。不要忽视电话的作用，与住校的孩子每周或临睡前通个电话，相互问候一声，是家长与孩子都能感受的一件很愉快的事。

要在与孩子的共同享受情感中增加沟通渠道。托尔斯泰说：“在一个家庭里，只有父亲能自己教育自己时，在那里才能产生孩子的自我教育。没有父亲的先锋榜样，一切有关孩子进行自我教育的谈话都将变成空谈。”家长不仅要不断学习新理论，学习新知识，学习做人做事的方法和技巧。如果家长无所追求、不思进取、碌碌无为、自私自利，久而久之，成长中的孩子就会失去与家长沟通的兴趣。而且，还要根据孩子的兴趣爱好，加强自身在这些方面的修养，培养与孩子沟通的共同语言。

第三，要学习与孩子沟通的有效方法。家长与孩子的沟通有很多方法，如善于倾听，善于发现，慎用批评，要有耐心，要讲诚信等等，这些都是与孩子沟通的最基本方法，家长应该认真学习、努力把握。此外，家长还应该学会从孩子的犯错中寻找亮点。每个人都会犯错，要容忍孩子犯错，还要努力在孩子犯错时发现闪光点。

每个家长都很关注孩子的学业，如果孩子考试考得不够理想，那么，就与孩子一起对考试结果进行分析，总结经验，吸取教训，这是家长应该有的基本功。如果能在孩子考试前基本准确地判断出考试结果，并做出恰如其分的分析，说明与孩子的沟通达到了比较高的境界，这是每个学生家长要努力做好的功课。

教育孩子要勇敢面对挫折

人生难免会遇到挫折，甚至可以说没有经历过失败的人生不是完整的人生。但作为高中的学生，正确认识挫折，勇敢面对挫折是一个全新而重要的课题，许多认识上的误区甚至悲剧的产生都是因为当事者不能正确对待挫折。所以，开展“生命教育”非常有必要，教会孩子勇敢面对挫折更是重要一环。

首先，正确认识挫折。挫折是指从事有目的的活动时遇到的阻碍和干扰，此时受到挫折的人多会由于其需要得不到满足而表现出一种消极情绪状态。学生可能遇到的挫折主要表现在学习方面、情感方面和生活方面。

要明白挫折是任何人都不能避免的，具有普遍性、客观性。当自己尽了最大努力还不能完成看来似乎不太高的目标时；当自己的观念与社会相矛盾时；当自己认为合理的要求不能满足时等等都会产生挫折感。许多名人也曾经经历过重大挫折，例如鲁迅曾彷徨过，歌德、贝多芬还曾想过自杀，但他们都顽强地战胜了自己的消沉和软弱，通过自己的努力，最终坚定地走向成功。

要看到挫折并不可怕，适度的挫折具有一定的积极意义，它可以帮助人驱走惰性，促使人奋进，帮助人成长。人的成长过程是适应社会要求的过程，正如贝弗里奇所说：“人们最出色的工作，往往是处在逆境的情况下做出的。”因此，不要惧怕挫折，事实告诉我们：只要吸取教训，不被困难吓倒，就能重整旗鼓，在新的起跑线上搏击，去夺取新的胜利！

要认识到挫折又是一种挑战和考验。没有挫折的考验,便没有不屈的人格。正因为有挫折,才有勇士与懦夫之分。记住"天降大任于斯人也,必先苦其心志,劳其筋骨,饿其体肤,空乏其身,行拂乱其所为,增益其所不能"。巴尔扎克说:"挫折和不幸,是天才的进身之阶;信徒的洗礼之水;能人的无价之宝;弱者的无底深渊。英国哲学家培根说过:"超越自然的奇迹多是在对逆境的征服中出现的。"

其次,积极应对挫折。积极应对挫折的方法很多,主要有以下几个方面。

遇到挫折时应进行冷静分析,不要冲动。要学会客观地对待自己,对自己有一个正确、全面、客观的认识,有哪些优点、缺点;有哪些成功的经验和失败的教训,应当心中有数,实事求是地分析,从客观、主观等方面,找出受挫的原因,采取有效的补救措施。

迅速调节压抑心态。一是学会向他人倾诉自己心中不快,改变内心的压抑状态,以求身心的轻松;二是转移注意力,暂时把烦恼的事情放一放,让时间抚平不宁静的心,填平心灵上的创伤,给找到适当解决办法留出时间;三是学会宽容,善心于人,越是在遭受挫折,越是要忍让,对别人宽容大度,心怀坦荡。

要学会心理防卫。预期目标受挫,可以改变途径达到目标;或者改换新的目标,将自己的情感和精力转移到有益的活动中去,获得新的胜利,所谓之"失之东隅,收之桑榆"。

最后,要善于在挫折中锻炼和增强自己的意志力。现在的孩子大多生活在被服务的环境中,对各种困难体验得不深,缺乏忍耐力和坚强的意志。实际上生活中许多轻度挫折是意志力的"运动场",当人们大汗淋漓地跑完全程,克服了学习的困难,战胜了生活的挫折,都会获得愉快的体验。要学会在每一次挫折中总结经验,强化力量,增强意志,不断提高面对挫折的自信心和心理调节能力。

高中生人际交往的方向

一是与朋友交往:做到"四真",顺其自然。首先要擦亮眼睛,交到真正的朋友。孔子曰:"友直友谅友多闻。"庄子云:"君子之交淡若水,小人之交甘若醴。"

朋友就是自己的影子,多交“诤友”、“净友”,且忌“酒肉朋友”。其次真正的知己来源于充分的信任和平等,猜忌与自私是友谊的大忌,真心的赞美朋友、真切的关心朋友、真诚的鼓励朋友、真挚的帮助朋友,“四真”在心,友谊之花定会越开越艳丽;最后还要顺其自然。

最珍贵的友情总是像北极星那样,永恒而又遥远。朋友相交,决非“韩信点兵”,而是“宁缺勿滥”。“路遥知马力,日久见人心”,缘起缘灭,决不能以自己的主观意识为转移,自己要以一颗平常心冷静对待。

二是与同学交往:己所不欲,勿施于人。除了朋友之外,同学就是高中生每天相处时间最长、相处数量最多的人,所以与同学的交往也十分重要。孔子有言:“己所不欲,勿施于人”意思是说:自己所不想要、不需要或不希望的,不要施加到别人身上。正如哲人所说:你希望别人怎样对待你,你就先怎样对待别人。

同学交往,集体生活,应能够经常站在别人的立场和角度思考问题,善于体谅他人,向往平和、宽容、豁达,不求推心置腹,力争将心比心,自会海阔天空;“花有两样红,人与人不同”,即使遇到那么一些心胸相对狭窄、见识相对短浅的同学,也十分正常,礼貌待之即可,不必破坏了自己的心情,更不能动摇自己的交往原则,否则两败俱伤。记住:爱出者爱返,福往者福来!

三是与父母交往:养儿不孝,不如养猪。这话听起来有点传统,但现实的情况让人们必须重拾孝顺的美德。由于各种原因,现在的高中生在与父母的交往中,和谐、和睦,双方感觉良好又温馨的很多。但是,轻视、顶撞、欺骗父母,花着父母亲的血汗钱,干着与学业风马牛不相及之事的孩子也不少。父母天生有责任关爱儿女,扶养儿女;儿女也天生有责任爱自己的父母,孝顺、赡养自己的父母。

四是与老师交往:亦师亦友,教学相长。曾有言:小学老师是个神,初中老师是个人,高中老师不是人。意思说小学时期对老师充满了信任和崇拜;初中时期与老师是沟通和尊敬;高中时期自己长大了,对老师也不以为然了。故高中生和老师之间正常、友好、和谐的交往势在必行。

从老师角度讲,“师者,父母心”,真心热爱自己的学生,奉献一片赤诚。从学生角度看,高中生年龄长大了,学识增加了,更应该懂得尊师重道、理解交流,是师生亦是朋友。《礼记》有言:“虽有嘉肴,弗食不知其旨也;虽有至道,弗学不知其善也。是故学然后知不足,教然后知困。知不足,然后能自反也;知困,然后能自强也。故曰:教学相长也。”

五是与异性交往：女生要学会说“不”，男生要学会“自觉”，距离产生美感。女同学要学会说“不”，理智谢绝异性的追求，识别并抵制异性的挑逗，克制自己的“单恋”心理及某些冲动，拒绝任何金钱物质的引诱。

男生要自觉投人到紧张的学习生活之中，培养男子汉应有的正气和责任感；要自觉抵制黄色诱惑，提高道德修养与自制力。异性同学之间讲究群体交往和公开交往，保持应有的距离，距离产生美感。

六是与他人交往：与人为善，不亢不卑。高中生的交往圈子当然不止师友同学父母，家中有亲戚，校内有职工，外有“社会人”，又怎么与他们交往呢？曾有一则小故事，说有一位 16 岁的少年去拜访一位智者。少年问：“我如何才能变成一个自己愉快、也能够给别人快乐的人哪？”智者说：“我送你四句话——把自己当成别人，把别人当成自己。把别人当成别人，把自己当成自己。”这四句话体现的正是“与人为善，不亢不卑”的交往原则。待人要从真诚出发，从善良做起，以忍让处之。有对他人的尊重和帮助，更要有自己的独立和尊严，“人不可有傲气，但不可无傲骨”，内心应是非分明，处事可外圆内方，做人要光明磊落！

卡耐基说过：“和谐的人际关系是一笔宝贵的财富。”“新东方”创始人之一的俞敏洪也把“与社会和人打交道的能力”列为他认为“支撑起美好人生”的五种必备能力之一（另四种是：自然能力、技术能力、知识能力、人的生理和心理承受能力），可见，学会与各种人打交道是步人成功之道的必备能力之一。

高中生是社会的产物，而且很快将步入大社会，能够在高中阶段头脑清醒、积极主动，处理好必有的交往关系，既能让自己减少不必要的烦恼，在一个融洽和谐的环境中健康成长，快乐学习；又能为自己的未来积累丰富的经验，保持良好的心态，打下坚实的基础，拥有幸福美好的人生！

教孩子自觉遵守男女交往的六个准则

中学时期正是性趋向成熟的时期，又是学习文化知识、增长才干的黄金时期，如何正确处理学习文化与异性交往之间的关系，自然而健康地与异性交往呢？那么，首先应该教育孩子建立正确的道德观念，使它能起到调节、控制的作

用,以解决性的需要与社会规范的矛盾,作出个人行为的正确选择。男女交往中应自觉遵循以下六个准则。

一、要有分寸地交往。既要反对"男女授受不亲",又要做到男女有别,要在时间上和空间上尽量避免男女同学或朋友的单个接近,男女彼此间的接触要与同性的接触有所区别,要举止适度、大方诚恳。

二、要有节制地交往。对某个异性产生好感或爱慕时,要有节制、注意时间与场合。不要冒然地传条子或写信给对方,不要随便约会,更不要随心所欲地逗引异性同学等。要知道,随意干扰他人的学习和生活,是不尊重别人的表现,当然也是不尊重自己的表现。

三、要有礼貌地交往。男女同学交往要团结友爱,讲究文明礼貌。文明礼貌是人与人之间交往的社会公德,是人们应当共同遵守的行为规范。同学相处彬彬有礼,和蔼可亲,互相关心,互相爱护,是有礼貌的具体表现。男女同学之间不开过头的玩笑。一个有趣的玩笑能使集体充满生气,引起大家愉快的情绪,玩笑不当则会引起大家的不悦,如果持续不断地开过头的玩笑,甚至会破坏班级良好的风气,对个人和集体都没有好处。

四、要有修养地交往。男女同学或朋友交往时要注意在仪表、举止、语言方面的修养。举止要文雅而不放荡,如不相互打闹、挑逗;语言要幽默而不污秽,如不说粗话、脏话;仪表要整洁而不过分打扮,如不涂脂抹粉。

五、要有尺度的交往。对方约你一同参加某项活动,如听音乐、看电影、观画展、逛书市,这是正常的、公开场合的交往,完全可以大大方方地赴约。女孩应端庄、坦荡、不使对方产生误解和非份之想;男孩要沉稳庄重,尊重对方。

假如两人互有好感,相处愉快,约会的次数会增多,时间会延长,直到两人难分难舍,恨不得每时每刻都和对方在一起。这时一定要注意适可而止,不能占用对方太多的时间,不能因为两人的约会,使一方或双方无法集中精力学习,无暇与家人、同学、亲友相聚。必须有所节制,减少单独在一起的次数和时间,见面时多谈谈学习上的事情,使双方的感情降温。

为了防患于未然,对于以谈情说爱为目的的约会,最好婉言谢绝,让对方明白你的心思,放弃对你的追求。但要注意方式方法,不可伤害对方的自尊心。对于纠缠不休,甚至威逼诱吓的人,就要请家长、老师、同学、朋友们帮助处理了。只要把握与异性交往的尺度,诚恳对人,热情大方,自尊自重,便能处理好与异性的关系,以自身良好的修养和人品赢得异性的尊重和友情。

六、提倡集体交往。课堂上的讨论发言，课后的议论说笑，课外的游戏活动等，为大家创造了交往的机会，使一些性格内向、不善交际的同学免除了独自面对异性的羞涩和困窘；而一些喜欢交际的同学又能满足与人交往的需要，每个人都融入了浓浓的集体气氛中。在集体中的异性交往，大家各有所长，或幽默健谈，或聪明善良，或乐观大度，或稳重干练，……使男女同学在吸收他人优点的同时，开阔了眼界和心胸，避免了只盯住某一位异性而发展“一对一”的恋爱关系。

附　录

古代教子名篇——孟母教子经

天煌煌地泱泱　母教子大文章　善教子顺天时　得人和享地利
修其身齐其家　治其国平天下　母齐家先修身　儿女立是大任
子不教母之过　子不立母之惰　教不当母之错　教不灵母无能
一年计在于春　教儿女要抓紧　子年幼母相伴　品与行多濡染
百姓事天下事　母与子共知悉　明担当亲万民　辨是非知乾坤
千里行足下始　拘小节重小事　蚁穴堤溃千里　古来训莫忘记
布衣暖菜根香　读诗书滋味长　读一日启心智　读一生真本事
闻鸡舞早读书　惜时光用功苦　今日事今日毕　有良习天自助
苟日新日日新　求新知换脑筋　读活书通经史　历万事得真知
三人行必有师　见贤哲要思齐　读一寸行一尺　学万物自得师
行万里读万卷　广见闻存高远　身体健是本钱　心胸阔养浩然
先读书后习艺　书若舟艺如楫　艺在手饭一口　书在手天下走
子厌学勿打骂　效中医细观察　望闻问切病根　方子好最要紧
子顶嘴多有识　子不言多善思　子平庸多顺从　子好奇多鼓励
燕择户人择邻　环境好风水顺　学堂好四邻善　乡风淳金不换
家贫寒子多立　富贵家常败子　穷励志贫养气　贵生娇富多戾
跌一跌筋骨壮　蹲蹲苗苗儿壮　吃点亏是福音　逆风行最练人
爱子女不护短　观其行听其言　知其善很平常　知其恶大不易
明人伦重礼仪　孝父母敬老师　修仁德守方圆　讲廉耻能慎独
丝半缕米一粒　勤四体分五谷　讲节用惜字纸　尚农耕庆有余

朱者朱墨者墨　疏小人亲君子　少结义慎交友　远损友近诤友
爱吃喝喜赌博　好打架三大恶　山吃空人斗穷　家赌光辱祖宗
一家仁一国仁　一家让一国让　仁者寿让者贤　继者圣天地和
德不孤必有邻　效君子做大人　礼为门义为路　仁义家万事福
家积财子孙累　重家教出贵人　传一经家道兴　教一生享太平

古代教女名篇——女儿经

女儿经，女儿经，女儿经要女儿听。第一件，习女德。第二件，修女容。第三件，谨女言。第四件，勤女工。我今仔细说与你，你要用心仔细听。

习女德，要和平，女人第一要安贞。父母跟前要孝顺，姊妹伙里莫相争。父母教训切休强，姊妹吃穿心要公。东邻西舍休轻去，早晚行时须点灯。油盐柴米当爱惜，针线棉花莫看轻。莫与男人同席坐，莫与外来女人行。兄弟叔伯皆避忌，唯有娘亲步步从。若有丫头听使唤，使唤亦须量人情。外奶舅妗或看望，看望亦须不久停。坐立行走须庄重，时时常在家门中。但有错处即认错，纵有能时莫夸能。出嫁倘若遭不幸，不配二夫烈女名。此是女儿第一件，听了才是大聪明。我今仔细说与你，你要用心仔细听。

修女容，要正经，一身打扮甚非轻。搽油抹粉犹小事，持体端庄有重情。莫要轻薄闲嘲笑，莫要恼怒好相争。身歪体斜伤体面，抛头露面坏声名。光梳头发净洗脸，整洁自是好仪容。衣服不必绫罗缎，单棉衣服要干净。油水菜面容易染，做时须要小心行。箱柜桌炕勤打扫，自无半点尘土生。有时出外看亲戚，先须腹内要安宁。吃喝宁著不尽量，莫贪饭碗与酒盅。衣架衣服须搭整，衣箱叠板莫乱拥。此是女儿第二件，听了才是理性通。

谨女言，要从容，时常说话莫高声。磨牙斗嘴非为好，口快舌尖不算能。莫要半晌说闲话，莫要无故冒搔风。父母使唤休犟嘴，姊妹言语要和平。但遇面生莫开口，休要轻易冒答应。家中纵有不平话，低声莫叫外人听。

好翻舌头多惹事，好说谎的落骂名。有该说处休多说，不该说处且消停。
姑姨妗婶当问候，也要沉重莫发轻。闲言碎语休细整，七嘴八舌莫乱争。
正正经经说几句，止须说个理儿明。此是女儿第三件，听了不是木蛊虫。

勤女工，要紧情，起早莫到大天明。扫地梳头忙洗脸，便拈针线快用功。
纺织裁剪皆须会，馍面席桌都要经。件件用心牢牢记，会做还须做得精。
不要闲立又闲坐，不要西去又往东。临明莫要贪睡觉，到晚莫要空点灯。
殷勤女儿终须好，懒惰女儿总无成。百拙一件不会做，临了落个败家名。
何不上紧细用心，要在女中做英雄。虽好不快跟不上，虽快不好不为赢。
描花绣彩皆女事，不可一件有不通。这是女儿第四件，听了便是大才能。

信手编成女儿经，女德女容女言工。当做曲儿要记熟，句句还要懂得清。
后来若到公婆家，仍是这般一样行。自然到处都夸好，万古千秋有令名。
君子莫嫌多俗语，文话女儿不会听。且再从头仔细看，哪件不在经史中。
小学内则并左传，君子再去看分明。只为女儿容易晓，且把俗语当正经。

更有古今贤德女，我再说来你再听。举案齐眉是孟龙，上书救父有缇萦。
令女断鼻不忘夫，少君汲水乡邻称。养舅卫姑娘子军，画荻和丸夫人城。
子贵纺麻文伯母，十岁织机吾母行。奉姑存殁皆尽孝，难处更在姑失明。
善行一一数不清，助夫成家子孙荣。此是古今名节事，也要用心仔细听。

更有古今不贤女，我再说来你再听。打公骂婆人人恨，搅家不良有丑名。
偷吃怕做常受气，抛撒柴面太无情。收拾脚手不谨慎，串门搭户任意行。
多说丑话太村粗，好讦人短少涵容。闲要不管正经事，翻梁搅舍懂不清。
黑了熬油明不起，一日活做七八更。猪狗鸡鸭不照管，三家厮靠坏门风。
盆罐碟碗多毁坏，男儿骂是破败星。偏她还有多心病，不是嗔西就恼东。
但动跳崖又落井，时常拿刀又弄绳。究竟死了竟白了，枉把公婆男儿坑。
何如夫妻同年老，子女儿孙闹轰轰。热热闹闹过光景，一生受用尽无穷。
手搭心前自己想，哪个糊涂哪个明。此是古今笑骂事，也是用心仔细听。
听了学好莫学瞎，不枉听了女儿经。